高等职业教育新商科系列教材 经济管理专业系列

浙江省普通高校“十三五”新形态教材

浙江省高职院校“十四五”首批重点教材

U0867000

中小微企业管理实务

朱月双　李庆海◎主编

ZHONGXIAOWEI QIYE GUANLI SHIWU

扫描二维码，
获取课程说明

北京师范大学出版集团
BEIJING NORMAL UNIVERSITY PUBLISHING GROUP
北京师范大学出版社

图书在版编目(CIP)数据

中小微企业管理实务/朱月双，李庆海主编．—北京：北京师范大学出版社，2025.5

ISBN 978-7-303-27536-6

Ⅰ.①中… Ⅱ.①朱… ②李… Ⅲ.①中小企业—企业管理—高等职业教育—教材 Ⅳ.①F276.3

中国版本图书馆 CIP 数据核字(2021)第 244622 号

出版发行：北京师范大学出版社 https://www.bnupg.com
北京市西城区新街口外大街 12-3 号
邮政编码：100088

印　　刷：北京溢漾印刷有限公司
经　　销：全国新华书店
开　　本：787 mm×1092 mm　1/16
印　　张：16.25
字　　数：407 千字
版 印 次：2025 年 5 月第 1 版第 9 次印刷
定　　价：46.00 元

策划编辑：包　彤　　责任编辑：包　彤
美术编辑：焦　丽　　装帧设计：焦　丽
责任校对：陈　民　　责任印制：赵　龙

版权所有　侵权必究

读者服务电话：010-58806806

如发现印装质量问题，影响阅读，请联系印制管理部：010-58800608

内容简介

本书针对高职高专教学实际，结合中小微企业管理的实践模式，以能力培养为主线，构成项目化教学体系。本书的内容包括：项目一认识管理理论的演进与发展，项目二建立现代企业制度，项目三中小微企业激励与沟通，项目四实施有效的人力资源管理，项目五构建中小微企业文化，项目六现代中小微企业如何进行生产管理，项目七现代中小微企业如何进行质量管理，项目八现代中小微企业如何开拓市场，项目九现代中小微企业如何理财，项目十学习浙商管理之道。每个项目都有项目导入、项目小结、能力自测、案例分析和实训操作，以支撑学生的实践动手能力。此外，每个项目都配备了教学内容展示、项目说明、拓展阅读等数字资源，便于学生对重难点知识的把握。同时，该教材在编写中突出与校外实训基地的合作，包括实训模块的合作、实践教师的指导合作、企业人员的参与编写等。本教材的编排讲究由管理理论知识逐步演进到企业管理的各项具体工作，以便使学生充分掌握企业管理的实务内容。

本书适合作为大专院校特别是高职院校的教学用书，也适合中小微企业管理一线人员的学习和培养之用。

前　言

目前，企业管理理论研究和实践工作经历时间较长，企业管理理论方面的教材和书籍也很多，但因专门研究高职高专经济类专业教学需要而编写的教材不多，特别是为民营中小微企业培养人才的教材更是少之又少。本书在充分研究高职高专专业教学方法和课程体系的基础上，结合中小微企业的管理实践，突破以往以章节的方式编写教材体系，而以项目化形式全面、系统地论述了企业管理的一般理论、基本原理和方法，又突出了中小微企业管理的实践模式。希望本书既能使读者掌握一定的企业管理理论知识，又能对中小微企业管理者有一定的借鉴作用。

高职教育培养应用型人才同样需要创新精神和开拓能力，如工艺流程的改革、加工方法的创新、管理方式的变革、管理实践与管理艺术的运用。本教材贯彻党的二十大精神，始终坚持用习近平新时代中国特色社会主义思想育人，引导学生要坚持实事求是的科学态度，通过学习提高管理科学思维能力，提高分析问题和解决问题能力，提高创新意识和创新能力。本教材在借鉴国内外著名院校相关教材知识体系和结构的基础上，采用项目化的教学体系进行编排，结合中小微企业的管理视角，体现现代中小微企业管理理论和实践的发展趋势，形成独具特色的教材体系。“创新”和“实用”是本教材的编写宗旨，本教材的编写体现了在高职高专培养高端技能型人才理念的基础上，在内容选择、体系设计、编写模式方面，都以服务与培养组织或企业一线经济管理岗位的职业化人才为出发点，具有概念准确、层次分明、文字流畅，图表清晰、案例具有说服力和引导力的特点。

本书的所有编者均来自教学第一线和企业管理第一线，具有丰富的企业管理经验。为便于读者很好地掌握企业管理的基础理论体系，厘清中小微企业管理的实践模式，本书在文字编写上力求简洁，通俗易懂，内容针对性强，适合高职高专教学之用，也适用于中小民营企业一线管理人员的学习和能力培养。

本书由朱月双、李庆海任主编，全书共十个项目，具体分工如下：项目一由李庆海编写，项目二、项目五由朱月双编写，项目三由林月平编写，项目四由吕园园编写，项目六由苏若葵编写，项目七由朱月双、陈卫宝编写，项目八由张雅淋编写，项目九由宋森编写，项目十由朱月双、贺旭辉编写。本书大纲由朱月双拟定，并负责全书的修改和定稿。

本书在编写过程中广泛参考和借鉴了国内外许多学者的教材、著作、相关文献和部分中小微企业管理实例，在此对上述资料的作者深表感谢！

企业管理是一门动态性和实践性很强的学科，尤其是对于现代中小微企业，管理工作存在多样化、复杂化、精细化等的特点，更加需要管理者能够将理论与实践结合起来加以应用。当你运用管理理论、方法和技术为中小微企业的管理效益服务时，你会有极大的成就感和自豪感。我们希望本书能给学生和管理者在学习和实践工作中提供帮助。

由于我们的知识水平有限，教材难免有疏漏和不妥之处，恳请广大读者提出宝贵的意见和建议，我们将及时进行补充和修正。

编　者

目 录

项目一

认识管理理论的演进与发展

知识目标：

1. 理解管理的内涵；
2. 掌握管理的职能、管理人员的层次和管理者的角色；
3. 了解管理理论的演进与发展。

能力目标：

1. 能运用管理知识分析管理活动；
2. 能分析不同类型、处于不同阶段的企业所适用的相应的管理思想与管理理论。

素质目标：

1. 培养团队合作精神，增强参与感；
2. 培养管理思维与管理能力。

项目任务：

1. 学习管理的基础内容；
2. 领会管理理论的演进与发展。

扫描二维码，获取本项目的教学内容展示。

教学内容展示	预习笔记

项目导入

相关阅读

求　道

有一个年轻人经过长途跋涉来到森林中的寺院，请求寺院里德高望重的住持收他为徒。住持郑重地告诉他："如果你真要拜我为师追求正道，你必须履行一些义务和责任。""我必须履行哪些义务和责任呢？"年轻人急切地问。"你必须每天扫地、煮饭、劈柴、打水、扛东西、洗菜……""我拜你为师是为了习艺正道，而不是来做琐碎的、无聊的粗活的。"年轻人一脸不悦地丢下这句话，就悻悻然离开了寺院。

正道不是高不可攀或高深莫测的理论，它隐藏在日常的工作琐事及生活细节中。同样，管理的道理随处可得，只要用心体会，工作过程中便可深刻体悟管理的奥妙及意义。

扫描二维码，获取本项目的项目说明。

项目说明	预习笔记

任务1　学习管理的基础内容

任务分析

如何成为一个高效的管理者，或者未来公司的首席执行官？作为初学者，应先学习以下相关知识。

相关知识

管理是伴随着组织的出现而产生的，是实现组织目标的重要手段，是劳动协作的必然产物。只要需要通过集体努力去实现个人无法达到的目标，管理就成为必然。因此，小到企业，大至国家，任何组织都需要管理。管理是协调个人努力必不可少的因素，是确保组织各项活动实现预定目标的前提条件。

一、管理的含义

什么是管理？从不同的角度和背景看，可以有不同的理解。从字面上看，管理可以简单地理解为"管辖"和"处理"，即对一定范围内的人员和事务进行安排和处理。

对于管理的含义，中外学者有着许多不同的见解和定义：法国著名管理学家亨利·法约尔认为，管理就是实行计划、组织、协调、指挥、控制。美国著名管理学者、诺贝尔经济学奖获得者赫伯特·西蒙认为，管理就是决策，决策贯穿管理的全过程。美国著名管理学者哈罗德·孔茨认为，管理是一种在正式组织团体中通过别人，并同别人一道完成工作的技能；一种在正式组织团体中创造一种环境，使人们能为达到团队的目标，既作为个人又互相协作地完成工作的技能；一种消除完成工作障碍的技能；一种能以最高效率切实达到目标的技能。

综合以上定义，所谓管理，就是通过决策、计划、组织、领导、控制等多项工作，尽可能合理而有效地利用组织所拥有的资源，实现组织目标的过程。理解这一定义，必须明确以下几点：第一，决策、计划、组织、领导、控制等是管理的基本职能。第二，管理的对象是组织所拥有的资源，包括人、财、物、信息、时间等方面。其中，人是管理的主要对象，时间是管理的最稀有、最特殊的资源，因为时间具有不可逆性。第三，管理是为实现组织目标服务的，是一个有意识、有目的的行为过程。

二、管理的属性

(一)管理的自然属性和社会属性

从本质上看，管理具有两重性，一是与生产力相联系的自然属性，二是与生产关系、社会文化相联系的社会属性。

1. 管理的自然属性

管理过程就是对人、财、物、信息、时间等资源进行组合、协调和利用的过程，其中包括许多客观的、不因社会制度和社会文化的不同而变化的规律。管理的自然属性为我们学习、借鉴先进的管理经验和方法提供了理论依据，使我们可以大胆地引进和吸收成熟的管理经验，以迅速提高自身的管理水平。

2. 管理的社会属性

管理是人类的活动，而人都生存在一定的生产关系下和一定的社会文化中，必然受到生产关系的制约和社会文化的影响。不同的生产关系、不同的社会文化背景都会使管理思想、管理目的、管理的方式与方法呈现一定的差别，从而使管理具有特殊性和个性，这就是管理的社会属性。它既是生产关系、社会文化的体现和反映，又反作用于生产关系、社会文化。管理的社会属性告诉我们，绝不能全盘照搬国外的做法，必须考虑我国国情，建设具有我国企业特色的管理模式。

(二)管理的科学性和艺术性

管理既具有科学性，又具有艺术性，完美的管理应当走科学性与艺术性相结合的道路。

1. 管理的科学性

管理的科学性是指管理是对事物进行观察以后作出的判断。这种判断具有抽象性，并且可以条理化为系统的知识体系，具有规范化和合理化的特点。

管理的科学性表现在它极大地推动和促进了生产的发展和管理实践的发展。人类社会生产的发展是有规律的，管理作为进行社会生产的必备条件，是与社会生产的规律性联系在一起的。社会生产的发展要求管理实现发展，管理的发展也促进了生产的进步和经济的发展。这表明管理具有科学性。

管理学的许多内容可被提炼为科学知识体系。泰罗的科学管理原理如今已发展成为工业工程学，“以人为本”的管理已发展成为如今的行为科学，将数学运用于管理已发展成为运筹学。

由此可见，管理就其内容本身而言，可以发展成为科学的知识体系，这也充分证明了管理的科学性。

2. 管理的艺术性

尽管管理具有科学性，但管理却不是一门精确的科学，科学反映不了全部的管理行为。科学所无法反映的管理内容或行为，人们称之为管理的艺术性。管理的艺术性可以有多种表现。

管理需要凭借人的直觉、经验和洞察力来实现。在许多情况下，直觉、经验和洞察力是难以用语言文字来表达的，它们的运用非常灵活，是富有创造性的，这也正是管理艺术性的巧妙之处。

在管理过程中有些问题在客观上是难以精确测量并量化的，无法用数学公式计算，也没有现成的程序可以运用。例如，人的潜能和行为、人和事的对外交往、管理系统中各个因素相互之间的过程反馈、各种偶然事件……这些问题都需要运用管理的艺术性来处理。

三、管理的职能

相关阅读

管理者应该管什么

蒋华是某书店邮购部经理。该邮购部每天要处理大量的邮购业务。一般情况下，登记订单、按订单备货、发送货物等任务都是由部门中的业务人员承担的。但在前一段时间里，接连发生了多起A要的书发给B了，B要的书却发给了A之类的事，引起了顾客极大的不满。今天又有一大批书要发送，蒋华不想让这种事情再次发生。

他应该亲自核对这批书，还是仍由业务员们来处理？管理者应该管什么？

20世纪初，法国著名管理学家亨利·法约尔提出，所有的管理者都履行着五种职能，即计划、组织、指挥、协调和控制。20世纪50年代中期，美国著名管理学者哈罗德·孔茨提出计划、组织、人员配备、指导和控制等管理职能。20世纪80年代，美国著名的管理学教授斯蒂芬·罗宾斯提出计划、组织、领导、控制等管理职能。

(一)计划职能

计划是管理过程中的首要职能。它包括规定组织的目标，制定整体战略以实现这些目标，以及将这些目标逐层展开，以便协调和将各种活动一体化。

计划的含义可以从两个角度讨论：一是从静态的角度理解，计划是指实现组织目标的行动方案；二是从动态的角度理解，计划是拟订实现组织的行动方案的过程，后者就是管理的计划职能。

(二)组织职能

组织职能包括决定组织要完成的任务是什么、谁去完成这些任务、这些任务怎么分类组合、谁向谁报告、各种决策应由哪一级决定。

组织职能是在组织结构基础上的组织运作所发挥出来的功能，或者说组织职能是通过组织工作体现出来的。组织工作是组织为实现其目标而对组织自身进行结构的设计与调整、业务活动的分类、管理人员职位的设置、管理职权的分配，以及对组织成员的行为加以规范和协调等方面的工作。

(三)领导职能

领导职能是指管理者的一种行为和影响力，这种行为和影响力用于引导和激励组织成员实现组织目标。领导活动是领导者运用权力或权威对组织成员进行引导或施加影响，以使组织成员自觉地与领导者一道实现组织目标的过程。领导是管理的基本职能，它贯穿管理活动的整个过程。

(四)控制职能

在管理活动中，控制也是一项重要的管理职能。控制是促使组织的活动按照计划规定的要求展开的过程。控制职能意味着管理人员主动发现计划实施中出现的(或潜在的)偏差，并加以纠正(或预防)。它是指由管理人员对当前的实际工作是否符合计划进行测定，并促使组织目标实现的过程。控制主要体现在计划的执行过程中，是一种不断地对照计划来检查现有的作业状况的活动。

计划、组织、领导、控制这四种职能是一个互相关联、不可分割的整体，其中某些职能的完成情况会受其他职能完成情况的影响。

四、管理的基本原理

(一)人本原理

人本原理是管理的首要原理。管理的人本原理是指管理者要达到组织目标，一切管理活动都必须以人为中心，以人的积极性、主动性和创造性的发挥为核心和动力来进行。管理的人本原理体现了“以人为中心、以人为目的”的管理理念，强调人是管理中最主要的因素或决定因素，是管理活动的最终目的，管理既是“依靠人的管理”，也是“为了人的管理”。

人本原理要求管理者研究人的行为规律，掌握激励、沟通和领导艺术，真正地做到了解人、关心人、尊重人、信任人和激励人，努力开发和利用人的创造力，充分实现人的社会价值；要从人的本质出发，分析、考虑和满足人的各种合理的需求，开发人的潜能，实现人的自我价值。

(二)系统原理

系统原理是从系统论角度，认识和处理管理问题的理论与方法。管理的系统原理不仅为认识管理的本质和方法提供了新的视角，而且它所提供的理论和方法广泛地渗透到其他管理原理及管理职能之中。从某种程度上讲，系统原理在管理原理体系中起统帅作用。

(三)效益原理

“做正确的事”是追求效益的前提，“用正确的方法做正确的事”则是实现效益的保证。要提高管理活动的效益，管理者必须提高自己和下属的两种能力：一是做正确的事的能力，二是用正确的方法做正确的事的能力。

(四)权变原理

现实中的管理不存在普遍适用的、一成不变的某种固定的模式，管理的有效性总是与特定的管理对象和环境条件相联系。当组织和环境发生变化时，组织的管理也应相应地作出适度的调整。任何管理都要根据所处的内外条件随机应变，实行动态管理。管理者不能将一种场合下使用成功的管理模式简单地照搬到另一种场合，而应根据管理工作所面临的特定情境，开发或选用合适的管理模式。这就是管理中的权变原理。

相关阅读

发现“不拉马的士兵”

一位年轻有为的炮兵军官上任伊始，到下属部队视察操练情况。他在几个部队都发现同样的问题：在一个单位操练中，总有一名士兵自始至终站在大炮的炮管下面，纹丝不动。军官不解，问其原因，得到的答案是操练条例就是这样要求的。军官回去反复查阅军事文献，发现长期以来，炮兵的操练条例仍然是按照非机械化时代的规则。站在炮管下的士兵的任务是负责拉住马的缰绳(在那个时代，大炮是由马车运载到前线的)，以便在大炮发射后调整由于后坐力产生的距离偏差，减少再次瞄准所需要的时间。现在大炮的自动化和机械化水平很高，已经不再需要这样一个角色了，但操练条例一直没有调整，因此才出现了“不拉马的士兵”。军官的发现使上级对条例做了符合实际的调整，并使他获得了国防部的嘉奖。

因循守旧、墨守成规是管理的最大敌人，创新则是使组织生机勃勃的根本和源泉。

五、管理人员的层次

管理人员是指组织中行使管理职能，承担管理责任，指挥、协调他人完成具体任务的人员，如公司的班组长、厂长，学校的系主任、院长，机关中的科长、处长、厅长等。管理人员工作绩效的好坏直接关系组织的成败兴衰。

管理人员是管理的主体范畴。为了更加深入地了解管理者，需要通过对管理人员的分类来进一步认识管理人员。组织中的管理人员分为以下三个层次。

(一)高层管理者

高层管理者是指对整个组织负有全面责任的管理者，如公司的董事长或总经理、医院的院长、学校的校长、政府的最高行政长官等。其主要责任是制定组织的总目标、总战略，掌握组织的大政方针，沟通与其他相关组织的关系，并评价整个组织的绩效。对外，他们代表组织并以“官方”身份出现在各种场合；对内，他们拥有组织中的最高职务和最高职权，并对组织的总体目标、整体利益、长远利益负责。一般来说，组织中的高层管理者的工作绩效将决定一个组织的成败。

(二)中层管理者

中层管理者是指处于高层管理者和基层管理者之间的一个或若干个中间层次的管理人员，如公司的部门经理、工厂的车间主任等。他们的主要职责包括：一方面，接受高层管理者制订的组织的总体目标和全局计划；另一方面，将总体目标和全局计划转化为本部门的细化目标与局部计划，并分解为更具体的目标和更精细的计划到具体的基层部门单位，更要把基层单位的反馈信息及时上报上级主管，供高层参考。

与其他层次的管理者相比，中层管理者更加注重组织的日常管理，既需要贯彻执行高层管理者的意图，负责把任务落实到基层单位，并及时检查、督促和协调基层管理者的管理活动，以确保目标的落实、任务的完成，又要高效、顺利地完成高层管理者交办的工作，并向上级提供作出决策所需要的信息资料和各种方案。在一般组织中，中层管理者可进一步分为技术性管理者、支持性管理者和行政性管理者三种。

（三）基层管理者

基层管理者又称一线管理者，是管理结构中处于底层的管理者。基层管理者是指现场管理、协调作业活动的管理者，所管辖的仅仅是作业者，而不涉及其他管理者，如生产车间的班组长、饭店中的领班等。其主要职责是给下属操作人员分派具体工作任务，制订本班组的作业计划、直接指挥和监督现场作业活动，确保各项具体工作任务的顺利完成。与其他层次管理者相比，他们所得到的指令是具体的、明确的，有权调动的资源也是有限的。对上，基层管理者要及时汇报具体工作任务的执行情况，反映工作中所遇问题，并请求支持；对下，基层管理者是其下属的导师和教练。

值得注意的是，不论处于哪个层次的管理者，他们所从事的都是管理活动，所行使的都是计划、组织、领导和控制等基本管理职能。由于不同管理层次有其各自不同的管理权限、管理责任，所以，不同层次的管理者履行各项管理职能的程度和重点也是有所不同的。高层管理者在计划、组织和控制职能上占用的时间和花费的精力比较多，而基层管理者在领导职能上占用的时间和花费的精力比较多，中层管理者居于两者之间。即便就同一管理职能而言，不同层次的管理者在管理工作中所表现出来的内涵也不是完全相同的。以计划职能为例，高层管理者所关心的是组织整体化、长远的战略规划，中层管理者更关心组织中期的、本部门的管理性计划，基层管理者则更侧重于短期的、本部门的业务和作业计划。

六、管理者的角色

管理者在组织中要扮演一定的角色，然而在实际工作中常常扮演不止一种管理角色。所谓管理角色，是指特定的管理行为类型。在大量观察的基础上，加拿大管理学家亨利·明茨伯格提出了“一个管理者究竟在做什么”的分类纲要。其结论是管理者扮演着以下不同的，但却高度相关的角色。

（一）人际关系角色

这种角色包括象征性领导者、领导者和联络者三类，都涉及人际关系及社会交往。在扮演这类角色时，管理者的主要作用是以某些方式与别人交往。

1. 象征性领导者

为本组织扮演这种角色时，管理者是以组织领导者的身份出现，但其作用仅是礼仪性的，并不是真正发挥领导作用。例如，当学院的院长在毕业典礼上颁发毕业文凭时，或者工厂领班带领一群高中学生参观工厂时，他们扮演的都是此角色。

2. 领导者

扮演这种角色的管理者，负责激励和动员下属，负责人员配备。成功的领导者总是会创建一定的组织文化，提出目标或共同远景，使追随者信服或接受，从而发挥其领导作用。

3. 联络者

管理者的作用虽包括组织内部相互之间的沟通与协调，但主要涉及对外联络交往。例如，代表公司与供应商、客户等进行价格谈判等。

(二)信息传递角色

信息传递角色包括信息监控者、信息传播者和发言人三种，都涉及信息的处理。

1. 信息监控者

信息监控者是指管理者既需要积极地寻觅外界环境中对本组织或其中某些人有价值的信息，又要监控本组织对外输出的信息渠道，严防不宜对外的信息泄露。

2. 信息传播者

管理者在向别人(无论内外)传播信息时，就是在扮演这一角色。例如，指示某一情况或政策应传达至某一级别或某些员工，或规定某种情况只能通知某几家客户等。

3. 发言人

发言人代表本组织对外界发言。例如，在本公司举行的新闻发布会上宣布本公司某一战略性重大决策等。

(三)决策制定角色

明茨伯格围绕制定决策，提出了企业家、混乱驾驭者、资源分配者和谈判者四种角色。

1. 企业家

管理者发起和监督那些将改进组织绩效的新项目。

2. 混乱驾驭者

这主要是指采取纠正行动应对那些未预料到的问题，组织中部门之间产生了较严重的争执与矛盾时，身为上级的管理者必须做调解、仲裁、劝说等工作，以平息这些冲突。

3. 资源分配者

管理者负有分配人力、物资的责任。

4. 谈判者

当管理者为了自己组织的利益与其他团体议价和商定成交条件时，他们是在扮演谈判者的角色。

大量的后续研究试图检验明茨伯格的角色理论的有效性，这些研究涉及不同的组织和这些组织的不同的管理层次。研究证据一般都支持这样一种观点，即不论何种类型的组织或不论在组织的哪个层次上，管理者都扮演着相似的、重叠的角色。

七、管理者的技能

管理者能否行之有效地开展工作，很大程度上取决于他们是否真正具备了相应的管理技能。通常，管理人员应该具备的技能包括以下三种。

(一)技术技能

技术技能是指运用某一种特定领域的工艺、技术和知识的能力。例如，学校的校长在教学方面的造诣，财务总监对财务知识的掌握等，都属于技术技能。尽管管理者未必是技术专家，但其必须具备足够的技术知识和技能，以便卓有成效地指导员工、组织任务。技术技能对基层管理者来说尤为重要，因为他们的大部分时间都是在指导下属并回答有关具体工作方面的问题。对他们来讲，成为业务的内行是作为一个有效管理者的前提条件。而对于中高层管理者来说，技术技能的要求就可以相对低一些。

(二)人际技能

人际技能是指与组织中不同层次的人打交道的能力，包括联络、处理、协调组织内外人际关系的能力，激发组织内部人员的积极性和创造性的能力，正确地指导和指挥组织开展工作的能力等。人际技能是一种重要技能，对各层次的管理者都具有同等重要的意义。人际技能可以有效地帮助管理者在工作中取得成功。

(三)概念技能

概念技能又称为决策技能，是指分析、判断问题并作出正确决策的能力。具有概念技能的管理者往往把组织视为一个整体，并且了解组织各个部门的相互关系，能够准确把握工作单位之间、个人之间及工作单位与个人之间的相互关系，深刻了解组织中任何行动的后果。

概念技能的表现之一是分析和概括问题的能力。具备较高的概念技能，能够使管理者快速、敏捷地从混乱、复杂的动态情况中辨别各种因素的内在联系，抓住问题的起因和实质，预测问题将会产生的影响，判断需要采取的措施及其可能产生的后果。

概念技能的表现之二是形势判断能力。管理者通过对内外部形势的分析，预测形势发展的趋势，以便充分利用机会，避开威胁，使组织获得最理想的结果。

需要注意的是，以上三种管理技能对处于不同层次的管理者的具体要求是不同的。技术技能对于基层管理者最重要，对于中层管理者较为重要，对于高层管理者不太重要；人际技能对于各种层次管理者的重要性大体相同；概念技能对于高层管理者最重要，对于中层管理者较为重要，对于基层管理者不太重要。

任务深层思考

作为一名管理者，如何顺利和有效地完成相应管理工作、扮演好工作角色？

任务 2　领会管理理论的演进与发展

任务分析

在此任务中，你将了解人类社会几千年来最为辉煌的管理思想，直面一个多世纪以来管理学大师们的深邃的管理理念，它将全面提升你作为一个未来的管理者的精神境界。

相关知识

自从有了人与人之间的社会生活或者说集体生活，就有了管理的实践和经验总结。管理经验、管理思想的历史同人类的历史一样古老。有关管理的理论和知识体系，是在人类长期实践、长期积累基础上形成的。

管理学是在自然科学发展到一定程度，伴随着工业革命和市场经济而产生和发展起来的。在西方主流的管理学观点看来，泰罗的科学管理理论出现之前的阶段称作史前时期，自泰罗率先在管理研究中采用实验分析方法开始，管理学逐渐成为一门科学。

广义的管理学是指人类所有集体化、社会化行为中积累起来的一般人文科学。自从有了人的社会生活，就有了管理实践，也就产生了关于管理的学说。狭义的管理学是指近一个世纪以来，特别是近代工业革命以来，主要通过调查、实验、研究、提炼、归纳形成的理论知识体系。本书所指的管理学是狭义的管理学。

截至目前，管理的历史发展经过了史前的积累或早期的管理思想、古典管理理论、近代管理理论、当代管理理论等几个发展阶段。

相关阅读

丁谓重修皇宫

宋真宗时期，大臣丁谓用“一举三得”方案重修皇宫。当时，由于皇城失火，皇宫被焚毁，宋真宗命丁谓重修皇宫。这是一项复杂的工程，不仅要设计施工、运输材料，还要清理废墟，任务十分艰巨。丁谓先在皇宫前开沟渠，然后利用开沟取出的土烧砖，再把京城附近的汴河水引入沟渠中，使船只运送建筑材料直达工地。工程完工后，又将废弃物填入沟中。这就很好地解决了取土烧砖、运输材料、清理废墟三个难题，使工程如期完成。

丁谓重修皇宫的方案给了我们什么启示？

一、中外早期的管理思想

管理思想源于管理实践，同时又指导着管理活动的开展。人类历史发展阶段的社会实践孕育了不同的管理思想。

(一)早期西方管理思想

早期西方文明中的管理思想的形成和发展有着广泛的政治、经济、社会实践基础，同时，这些管理实践活动事实上也是在管理思想的指导下开展的。

古希腊哲学家斯诺芬根据自己在管理领域的经验写了《经济论》和讨论国家财政问题的《雅典的收入》。他认为家庭管理应该成为一门学问，研究的对象是“优秀的主人如何管理好自己的财产”。一个奴隶主是否管理好自己的财产，主要看他是否使自己的财富得到增加。

公元前 2 世纪，古罗马的格拉古兄弟对土地进行了一系列管理，实行了三项重要的措施：一是粮食法，规定国家仓库以低于市场价格向罗马贫民出售粮食；二是审判法，取消元老院指派法官审理案件的权力，将它交给骑士；三是殖民地法，把贫民迁移到殖民地，组织大农场。

管理实践经过不断地发展，到了 18 世纪工业革命时期，既继承了古代管理思想，又体现了强烈的时代特色。该领域的代表人物有亚当·斯密、罗伯特·欧文和查尔斯·巴贝奇。

亚当·斯密认为，劳动是国民财富的源泉，劳动生产力的改良和增进是国民财富增长的基本原因。这一观点成为当时西方管理理论的一个重要论点。亚当·斯密特别强调了分工的作用并分析了劳动分工的经济效益，提出了“生产合理化”的概念。他的这些观点为西方管理理论提出了一条极其重要的原理。同时，他提出了“经济人”观点，即人们在经济活动中追求个人利益，社会上每个人的利益总是受到他人利益的制约，每个人都需要兼顾他人的利益，由此而产生共同利益，进而形成总的社会利益。这对西方的管理理论和管理实践，都具有重要的影响。

罗伯特·欧文最早注意到人的因素对提高劳动生产率的重要性，他反对将人视为机器，强调人和机器的根本区别在于人是有需要的有机体。欧文的管理思想集中体现于他在苏格兰新拉纳克工厂的改良措施中。这些措施包括改善工厂的条件，使生产设备布局合理，缩短劳动时间；提高雇用童工的最低年龄限制；提高工资，在厂内免费为工人提供膳食，开设工厂商店，设立幼儿园和模范学校，创办互助储金会和医院，发放抚恤金；与工人接触，了解工人的生产、生活情况；等等。欧文的改革设想尽管在当时看来很不现实，但他最早注意到管理中人的因素在工业中所起的重要作用。欧文是人事管理的先驱者，他的理论和实践对以后的管理特别是人事管理有相当大的影响。

查尔斯·巴贝奇论述了专业分工、工作方法、机器与工具的使用和成本记录等。他以自己的亲身经验，建议当时的经理人员尽量采用劳动分工方法。通过时间研究和成本分析，他进一步地分析了劳动分工使生产率提高的原因。巴贝奇还重视人的作用，鼓励工人提建议，主张实行有益的建议制度，重视运用管理技术等。

(二)我国古代的管理实践和管理思想

我国古代关于组织管理的实践起源于五千多年以前，当时我国已经有了人类最古老的部落组织。在随后的两千多年漫长的历史中，我国战事频繁，其集权化的王国组织不断变更。周朝制定的官僚组织和制度是当时国家管理的集中代表。在这一体制中，周朝官员分为天、地、春、夏、秋、冬六官，以天官职位为最高，六官又分权，各司其职。这种权力化的国家管理思想，在以后的历代统治者手中继续得到发展和完善。秦朝建立了与现代中国国土面积相近的统一国家，其中央集权的治国思想得以进一步发展。秦朝以后的历代王朝，其统治者出于自身的利益和建立集权的封建国家的需要，一注重治国的管理实践，二注重生产和分配的组织，从而形成了综合性的宏观管理思想。这种综合性的管理思想是治国之道的集中体现。

我国古代曾进行过许多大规模的工程建设，如人们熟知秦代万里长城的修建、隋代联通南北的运河修竣等。这些工程，即使在现代社会也可以称为巨型工程项目。在劳动生产力不发达的时代，要顺利实施并完成这些巨型工程项目绝非易事，需要举国之力，组织数万乃至百万劳动人员，按工程所需的劳动分工形式安排施工、调度物资、控制工期和质量，以确保工程的完成。在大规模工程建设的管理中，我国古代不仅创造了先进的技术，而且创立了分工协作、资源整合、综合管理和控制质量的管理理念与思想。

我国古代十分重视激励创造发明和改良生产工具。孔子曾说：“工欲善其事，必先利其器。”我国古代以四大发明(造纸术、印刷术、指南针、火药)为代表的技术发明和推广，极大地推动了社会物质文明和精神文明的建设。同时，建立在技术应用基础上的手工业的发展，促进了最初的手工业经营思想和工业管理思想的产生，以及社会分工协作管理理念的形成。

扫描二维码，阅读老子、孔子、孙武管理思想的相关内容。

拓展阅读	学习笔记

总体来看，我国古代管理思想大致可分为三个部分：治国、治生和治身。

1. 治国

治国即治国之道。我国古代的治国总方略是“以民为本”，其出自《尚书》的“民为邦本”，即只有民众才是国家的根本，要求国家管理者在制定方针政策时，一切要以老百姓的根本利益为出发点，关心人民的疾苦，减轻人民的负担。

例如，孔子主张“克己复礼”，强调“安人”和“安百姓”。其目的是建立一个“老者安之，朋友信之，少者怀之”的人与人之间互爱的社会。他主张推行“仁政”，将“仁者爱人”用于治国，即要以人为先、以民为本。孟子认为，只有“与民同乐”，百姓不饥不寒的社会，才是理想的社会。

2. 治生

治生即经营、谋生之计。在《管子·轻重戊》中有：“出入者长时，行者疾走，父老归而治生，丁壮者归而薄业。”古人倡导以“德本财末”和“诚、信、义、仁”伦理思想为哲学核心，并以“积著之理”为中心，用客观经济规律来指导生产经营活动。其核心价值是以“德”治生、以“义”取利，以“仁德观”建立企业经营的核心理念。

《周礼》是我国最早有文字记载的、论述较为详尽的劳动生产分工实践。春秋时期的管仲进一步主张以士、农、工、商四大类来划分全国居民，使其分业而居，终身从事一业，子孙世代相传，这样既便于管理，又有利于劳动技艺的不断提高。对于产品在市场中的运作，我国古代有“酒香不怕巷子深”的谚语，这句话强调产品质量过硬，以诚实经营赢得顾客，但却忽视了广告的宣传效应。

3. 治身

治身即强调人的自身修养和行为示范，从而达到服务社会、服务人民的目的。我国古代的“治身”有“圣人”与“君子”两种境界之分。“圣人”是人们追求的最高层次的、最理想的人格。孔子认为，君子从“修己以敬”到“修己以安人”，只不过是“仁”的境界，只有“修己以安百姓”“博施于民而能济众”，才达到了“圣”的境界。

孟子曰：“规矩，方圆之至也；圣人，人伦之至也。”即不论对于什么地位、何种身份、什么角色的人，圣人都是最高的表率或楷模。

二、古典管理理论

（一）泰罗的科学管理理论

1911 年，弗雷德里克·泰罗在他的《科学管理原理》一书中明确地阐述了科学管理理论。1856 年，泰罗出生于美国费城，他中学毕业后考上哈佛大学法律系，后因眼疾而被迫辍学。1878 年，泰罗进入费城米德维尔钢铁厂做了一名普通工人，后被提升为总工程师。泰罗在实践的基础上推行了一套科学的管理方法，后来又进一步提出了被人们称为“泰罗制”的科学管理思想，形成科学管理学派，对整个管理科学有很大影响。泰罗被后人誉为“科学管理之父”。

科学管理的主要内容包括以下几个方面：第一，采用科学的方法代替传统的经验方法，由管理人员把过去工人们自己通过长期实践积累的大量的所有传统知识、技能和诀窍集中起来，然后将它们概括成为规律和守则；第二，工时研究，工时研究的目的在于合理确定工作定额，它为工业生产实现标准化、对工人进行科学方法的培训创造了条件；第三，标准化与科学地挑选工人并进行培训，要使工人能够发挥其最大能力，必须对工人进行恰当的选择，组成一流的工人队伍，要完成按科学方法设定的工作定额，标准化不可或缺；第四，差别计件工资制，差别计件工资制的前提是形成根据工时研究制定的标准定额，完成任务正常报酬，未达到标准定额低报酬，超过标准的高报酬；第五，计划与执行相分离，计划职能不能由生产者承担，而必须由管理者承担，工人只负责执行，在企业设置专门的计划部门负责从工时研究到计划控制等一系列管理工作；第六，实行职能工长制，解决管理人员不胜任工作问题的根本出路在于改造组织方式，抛弃以往的直线组织形式，以职能式组织取而代之；第七，管理中实行例外原则，即在组织中从事管理活动的例外原则。

泰罗科学管理的贡献在于他所倡导的在管理中运用科学方法和实践精神。他指出，在一切组织所进行的工作方面，都要用调查研究和科学知识来代替个人的意见和判断。在管理实践中泰罗采用工时研究，坚持操作程序、劳动工具、操作环境标准化的科学原则，建立起一套科学的管理方法和技术。从而使管理从感性层面上升到理性层面，标志着管理作为一门科学已经形成。

(二)法约尔的一般管理理论

1841年，亨利·法约尔出生于法国君士坦丁堡(今伊斯坦布尔)。他根据自己多年的管理实践，于1916年出版了代表作《工业管理与一般管理》，被誉为“经营管理之父”。

法约尔从企业经营活动中提炼出管理活动。他认为企业的经营有六项不同的活动，即技术活动(生产、制造、加工)、商业活动(购买、销售、交换)、财务活动(资金的筹集和运用)、安全活动(维护设备和保护职工安全)、会计活动(存货盘点、资产负债表的制作、会计核算、统计等)、管理活动(计划、组织、指挥、协调和控制)，管理活动只是其中的一项。但管理活动最为重要。管理是关于人的活动，其他各种财和物都要通过人才能实现组织的目的。

法约尔倡导管理教育。法约尔认为管理能力可以通过教育来获得，“缺少管理教育”是由于“没有管理理论”，每个管理者都按照他自己的方法、原则和个人的经验行事，但是谁也不曾设法使那些被人们接受的规则和经验变成普遍的管理理论。

法约尔提出了一般管理的十四项原则，即劳动分工原则、权力与责任对等原则、纪律原则、统一指挥原则、统一领导原则、个人利益服从整体利益原则、人员报酬原则、集权原则、等级制度原则、秩序原则、公平原则、人员稳定原则、首创精神原则和团队精神原则。

相关阅读

有缺口的句号

一位著名企业家在作报告，一位听众问："你在事业上取得了巨大的成功，那么对你来说，最重要的是什么？"企业家没有直接回答，他拿起粉笔在黑板上画了一个圈，只是并没有画圆满，留下一个缺口。他反问道："这是什么？""零""圈""未完成的事业""成功"，台下的听众七嘴八舌地答道。

他对这些回答未置可否："其实，这只是一个未画完整的句号。你们问我为什么会取得辉煌的业绩，其实很简单，我不会把事情做得很圆满。就像画个句号，一定要留个缺口，让我的下属去填满它。"

(三)韦伯的理想的行政组织体系理论

马克斯·韦伯出生于1864年，德国著名古典管理理论学家、经济学家和社会学家，德国柏林大学教授，被后人誉为"组织理论之父"。

韦伯的官僚制(或科层制)又称为"理想的行政组织"理论，是其庞大的政治社会思想的一个有机组成部分。他认为，任何组织的存在都是靠权威来维持的，而权威的来源主要有三种类型：一是基于习俗惯例的传统权威，二是基于领袖个人超凡魅力的超人权威，三是基于理性法规的法理型权威。按照韦伯的观点，任何统治都企图唤起并维持对它的"合法性"的信仰，而这种"合法性"是建立在三种统治类型之上的。这三种统治类型中，唯有合法型统治是最合理的，这种统治类型造就的正是一种"理想的官僚组织"。

韦伯的理想的行政组织体系理论有如下几个特征：①把全部活动分解为各种具体的任务，将这些任务分配给组织中的各个成员；②按照一定的权力等级将组织中的各种职务和职位形成责权分明、层层控制的指挥体系；③通过正式考试或教育训练，公正地选拔组织成员，使之与相应的职务相称；④除了按规定必须通过选举产生的公职外，官员是上级委任而不是选举的；⑤组织内部的管理人员不是他所管理单位的所有者，而只是其中的工作人员；⑥组织中成员之间的关系是一种不受个人情感影响的关系，完全以理性准则为指导；⑦实行管理人员专职化；⑧管理人员必须严格遵守组织中规定的规则和纪律。

韦伯对组织管理理论的贡献在于他明确而系统地指出理想的组织应以合理、合法的权力为基础，他首推官僚组织，并且阐述了规章制度是组织得以良好运作的基础和保证。他对理想的官僚组织模式的描绘，为行政组织指明了一条制度化的组织准则，这也是他在管理思想上的最大贡献。

三、近代管理理论

(一)巴纳德一般组织管理原理

1886年，切斯特·巴纳德出生于美国马萨诸塞州，他是近代管理理论的奠基人。1909年，巴纳德进入美国电话电报公司的统计部门工作，先后担任很多管理职务。1927年，巴纳德成为新泽西贝尔公司总经理。他的代表作是1938年出版的《经理人员的职能》。巴纳德在管理理论上提出了以下观点。

1. 组织是一个协作系统

巴纳德认为，组织是有意识地加以协调的两个或两个以上的人的活动或力量的系统；

组织不是集团，而是相互协作的关系，是人相互作用的系统。组织是由人的行为构成的系统，组织的成员包括所有通过自己的行动为组织目标的实现作出贡献的人，组织系统是协作系统的一个组成部分。

2. 协作系统的三个基本要素

巴纳德认为，作为正式组织的协作系统，不管它是企业中的各个部门子系统，还是由许多子系统组成的整个“社会”，都包含了三个基本要素：协作的意愿、共同的目标和信息联系。任何一个组织都是由许多具有社会和心理需求的人组成的协作系统。在他们加入协作系统并成为系统的一员后，他们就必须交出个人行为的控制权，使个人的行为非个人化，必须按照协作系统的规范要求来行动。

巴纳德提出一个著名的关系式：诱因≥贡献。他认为只有当组织给个人的报酬大于或等于个人为组织所作出的贡献时，个人才有可能愿意为组织目标的实现作出个人的努力和贡献，组织的共同目标也是组织成员产生协作意愿的前提。

3. 组织平衡理论

巴纳德认为组织能否持续存在，取决于其内外部是否平衡。该理论具体包括：①组织内部平衡，是指组织整体与个体之间的平衡，也是诱因与贡献的平衡，即组织提供给个人的可满足个人需求、影响个人动机的诱因必须等于或大于个人对组织的贡献；②组织与环境的平衡，即组织作为环境的有机体适应环境的行为，组织与环境的平衡主要取决于组织目标与环境状况的适应性和目标实现程度；③组织动态平衡，即组织内外所有相关因素都处在变化中，组织平衡是一种不断打破旧平衡、建立新平衡的动态平衡。

4. 管理人员的职能

管理人员最根本的职能是协调，实现组织的平衡。管理人员有三个方面的基本职能：一是建立和维持一个信息系统；二是从组织成员那里获得必要的努力；三是规定组织的共同目标。

相关阅读

两个饥饿的人

从前，两个饥饿的人得到一位长者的恩赐：一根鱼竿和一篓鲜活的鱼。其中一个人要了一篓鱼，另一个人要了一根鱼竿。得到鱼的人就原地用干柴搭起篝火煮起了鱼，他狼吞虎咽，还没有品出鲜鱼的肉香，转瞬间，连鱼带汤就吃了个精光。不久，他便饿死在空空的鱼篓旁。另一个人则提着鱼竿继续忍饥挨饿，一步步艰难地向海边走去，可当他已经看到不远处那片蔚蓝色的海洋时，他浑身的最后一点力气也使完了，他也只能眼巴巴地带着无尽的遗憾死去。

又有两个饥饿的人，他们同样也得到了长者恩赐的一根鱼竿和一篓鱼。只是他们并没有各奔东西，而是商定一同前往海边。漫漫长路，他俩每次只煮一条鱼来充饥。经过长途跋涉，他们来到了海边。从此，两人开始了以捕鱼为生的日子，几年后，他们盖起了房子，有了各自的家庭、子女，有了自己修造的渔船，过上了幸福安康的生活。

读了这则故事，你是否对巴纳德的“组织是一个协作的系统”有了进一步的了解？

(二)梅奥的人际关系学说

1880 年，乔治·埃尔顿·梅奥出生于澳大利亚阿得雷德，后移居美国。梅奥是人际关系学说的代表人物。科学管理理论的运用导致企业管理人员严重忽视人的尊严和人的主观能动性。同时，长期从事单一、枯燥的标准工作使得员工的工作效率大为降低。因此，对于管理的研究除了生产率与工作场所的物质环境、企业的制度环境、人的工作能力和技术水平之外，管理学者开始研究劳动生产率与工人的工作态度和情绪、工作的积极性和主动性及其他社会心理需求的关系，即从"经济人"的研究转向对"社会人"的研究。

人际关系理论的研究开始于著名的霍桑试验。从 1924 年起，美国科学研究委员会组织研究人员，围绕工作条件与生产效率的关系问题，在西方电气公司的霍桑工厂进行了一系列的试验。梅奥根据霍桑试验的结果进行了分析与研究，于 1933 年出版了《工业文明的人类问题》一书，提出了人际关系学说。该学说主要有以下观点。

1. 工人是"社会人"而不是"经济人"

梅奥认为，人们的行为并不单纯出于追求金钱的动机，还有社会方面的、心理方面的需要。即追求人与人之间的情感、安全感、归属感和受人尊敬等，而后者更为重要。因此，不能单纯从技术和物质条件着眼，还必须从社会心理方面考虑合理的组织与管理。要调动工人的积极性，就应该使工人在社会和心理方面的需要得到满足。

2. 企业中存在着非正式组织

企业中除了存在古典管理理论所研究的为了实现企业目标而明确规定各成员相互关系和职责范围的正式组织之外，还存在大量非正式组织。这种非正式组织的作用在于维护其成员的共同利益，使之免受其内部个别成员的疏忽或外部人员的干涉而造成损失。因此，非正式组织中有自己的核心人物和领袖，有大家共同遵循的观念、价值标准、行为准则和道德规范等。

梅奥指出，非正式组织与正式组织有重大差别：正式组织以效率逻辑为其行为规范，而非正式组织则以感情逻辑为其行为规范。如果管理人员只是根据效率逻辑来管理，而忽略工人的感情逻辑，必然会引起冲突，影响企业生产率的提高和目标的实现。因此，管理当局必须重视非正式组织的作用，注意在正式组织的效率逻辑与非正式组织的感情逻辑之间保持平衡，以便管理人员与工人之间能够充分协作。

3. 新的领导能力在于提高工人的满意度

在决定劳动生产率的诸因素中，置于首位的因素是工人的满意度，而生产条件、工资报酬只是第二位的。职工的满意度越高，其士气就越高，从而效率就越高。高的满意度来源于工人个人需求的有效满足，这种满足不仅包括物质需求，还包括精神需求。

四、当代管理理论

(一)管理理论中的学派

经历了 20 世纪 30 年代至 40 年代的发展时期后，管理学进入蓬勃发展阶段，出现了百花齐放的局面。其中，既有沿着历史线索逐渐丰富和完善的历史源流，也有新出现的思想和主张。美国著名管理学家哈罗德·孔茨将之概括为"管理理论的丛林"。这种概括未必准确，却也反映了管理理论研究的多姿多彩局面。

1. 决策理论学派

决策理论学派的代表人物是美国管理学家、诺贝尔经济学奖获得者赫伯特·西蒙。该学派的基本出发点是"管理是以决策为特征的，管理的本质就是决策"，所以他们在吸收了行为科学理论、系统理论、运筹学和计算机科学知识基础上，创立了一种新的管理理论学派。西蒙的代表作是1960年出版的《管理决策新科学》一书，该书被认为是决策理论学派的经典著作。

西蒙的主要观点有以下几个。

(1)管理就是决策。西蒙认为管理就是决策，“管理过程就是决策的过程”。他认为组织是作为决策者的个人所构成的系统。决策贯穿管理的整个进程，管理通常是被当作“设法完成任务”的艺术来加以讨论的。管理原则的提出，通常也是为了让一群人采取协调一致的行动。任何实践活动，无不包含着“决策制定过程”和“决策执行过程”。然而，管理理论既要研究后者，也要研究前者，这一点却还没有得到普遍承认。

(2)决策是一个过程。西蒙认为，决策包括四个阶段的过程：①“情报活动”阶段，即对各种信息情报资料进行分析，寻找有利的决策机会和决策的条件；②“设计活动”阶段，即根据决策目标的要求，拟订各种可行的备选方案；③“抉择活动”阶段，即根据决策目标的要求和进行决策的准则，对各种备选方案进行比较分析，从中确定一个方案作为实现决策目标的行动方案；④“审查活动”阶段，即对所确定的决策方案进行评价。

(3)决策的满意化原则。人们在对各种可行方案进行评价和选择时，总是采用“最优化的原则”。西蒙认为它需要满足以下几个条件：一是全面寻找备选行为，二是考察所有复杂后果，三是根据“全面而一贯的优选程序”来进行选择。在实践操作中，决策者受自身能力和时间、经费及情报的限制，不可能具备这些前提，因此，决策理论学派提出用“满意化原则”来代替“最优化原则”。所谓满意化原则，就是寻找能使决策者感到满意的决策方案的原则。即对各种决策方案，决策者不是去寻找最优的方案，而是如果已有了能够实现目标的方案就不再继续进行探索。决策学派认为“满意化原则”比“最优化原则”更为现实、合理。

相关阅读

憨女婿的故事

一个憨女婿带着三斤羊肉去看老丈人，走着走着，碰到一个路人。他就问路人，三斤羊肉作礼品看望老丈人是否够了。路人说，够了，哪怕二斤也够了。于是憨女婿就坐在路边吃掉了一斤羊肉。起身走了一段路后，又碰到一个路人，他便又问路人说二斤羊肉够不够。那路人就说，够了，哪怕一斤都够了。憨女婿便又吃掉了一斤羊肉。当他再起身行路，又碰到一个路人。他问一斤羊肉是否够时，路人就告诉他，即便一斤羊肉都不送也没有关系的。憨女婿把最后的一斤羊肉也吃掉了。

决策或多或少受理论的支配。路人对憨女婿说的话，其实就是一种理论。而憨女婿之所以心里想吃羊肉，却要去问问路人，那不过是他想找一些吃羊肉的借口和理由。在憨女婿看来，只要有路人的支持，吃掉羊肉他就完全有根据了，而并不是因为他想吃、贪吃才吃掉的，即使被妻子骂也没有关系。因为他会说，别人都说二斤、一斤，甚至没有都没有关系的。他把吃掉羊肉的责任全推给了别人。从这个角度来看，其实憨女婿是不憨的。

决策不能只听参谋的。作为一个管理者，如果经常犹豫不决，不能果断决策，那是会延误时机的。我们说憨女婿憨，其实说的是他在送三斤好还是送一斤好这个问题上，一直犹豫不决，老是去问别人，由别人来替他做主。因而，从管理效率来讲，憨女婿的管理效率是很低的。

2. 管理科学学派

管理科学学派又称管理中的数量学派。这个学派认为，解决复杂、系统的管理决策问题，可以用电子计算机作为工具，寻求最佳计划方案，以达到企业的目标。管理科学其实就是管理中的一种数量分析方法。它主要用于解决能以数量表现的管理问题。其作用在于通过数量分析的方法，减少决策中的风险，提高决策的质量，保证投入的资源发挥最大作用，获得最大的经济效益。

它主要不是探求有关管理的原理和原则，而是依据科学的方法和客观的事实来解决管理问题，并且要求按照最优化的标准为管理者提供决策方案，设法把科学的原理、方法和工具应用于管理过程，侧重于追求经济和技术上的合理性。就管理科学的实质而言，它是泰罗的科学管理理论的继续与发展，都力图抛弃凭经验、凭主观判断来进行管理，而提倡采用科学的方法，探求最有效的工作方法或最优方案，以达到最高的工作效率，以最短的时间、最小的支出，得到最好的效果。不同的是，管理科学的研究已经突破了操作方法、作业研究的范围，而向整个组织的所有活动方面扩展，要求进行整体性的管理。由于现代科学技术的发展，一系列的科学理论和方法被引进到管理领域。因此，管理科学可以说是现代的科学管理。其基本特征是以系统的观点，运用数学、统计学的方法和电子计算机技术，为现代管理决策提供科学的依据，解决各项生产、经营问题。

3. 经验主义学派

经验主义学派又称为经理主义学派，是以向大企业的经理提供管理当代企业的经验和科学方法为目标。经验主义学派的代表人物是彼得·德鲁克，其主要著作有《管理的实践》《管理：任务、责任和实践》《卓有成效的管理者》《成果管理》等。

经验主义学派认为管理学应当研究管理经验，通过对管理人员在个别情况下成功的经验和失败的教训的研究，会使人们懂得在将来相应的情况下如何运用有效的方法解决管理问题。因此，该学派的学者把对管理理论的研究放在对实际管理工作者的管理经验教训的研究上，强调从企业管理的实际经验而不是从一般原理出发来进行研究，用比较的方法来研究和概括管理经验。

传统管理理论通常以管理技巧为中心、以原则为中心或者以职能为中心，带来的结果仿佛是已经存在一整套管理职能能够运用到各种组织中。德鲁克率先意识到任务对管理行为的影响，有任务才有管理，任务决定管理。他认为工商企业及公共服务机构都是社会的“器官”，它们并不是以自身存在为目的，而是为实现某种特别的社会目的并满足社会、社区或个人的某种特别需要而存在的。它们本身并不是目的，而是手段。对它们提出的正确的问题不应该是“它们是什么”，而应该是“它们应该做些什么和它们的任务是什么”。

经验主义学派理论的研究内容主要涉及以下几个方面的管理问题：一是管理应侧重于实际应用，而不是纯粹的理论研究；二是管理者的任务是了解本机构的特殊目的和使命，使工作富有活力并使职工有成就感；三是管理者应当实行目标管理的管理方法。

4. 权变学派

权变学派于 20 世纪 70 年代出现于美国，该学派的学者认为，不存在“最佳的”“能适应一切情况的”“一成不变的”管理方法与管理理论。该学派的代表人物有弗雷德·卢桑斯、弗雷德·菲德勒、罗伯特·豪斯等人。

该学派是从系统观点来考察问题的，其理论核心就是通过组织的各子系统内部和各子系统之间的相互联系，以及组织和它所处的环境之间的联系，来确定各种变数的关系类型和结构类型。它强调在管理中要根据组织所处的内外部条件随机应变，针对不同的具体条件寻求最合适的管理模式、方案或方法。

美国学者卢桑斯在1976年出版的《管理导论：一种权变学》一书中系统地概括了权变管理理论。他认为权变理论就是要把环境对管理的作用具体化，并使管理理论与管理实践紧密地联系起来。环境是自变量，而管理的观念和技术是因变量。这就是说，如果在某种环境条件下，要想更快地达到目标，就要采用某种管理原理、方法和技术。权变管理理论的核心内容是环境变量与管理变量之间的函数关系，即权变关系。

权变理论为人们分析和处理各种管理问题提供了一种十分有效的方法。它要求管理者根据组织的具体条件及面临的外部环境，采取相应的组织结构、领导方式和管理方法，灵活地处理各项具体管理业务。管理者把精力转移到对现实情况的研究上来，根据对于具体情况的具体分析，提出相应的管理对策，从而有可能使其管理活动更加符合实际情况，也更加有效。

5. 管理过程学派

管理过程学派主要致力于研究和说明“管理人员做些什么和如何做好这些工作”，侧重管理工作实务。该学派的开山鼻祖是亨利·法约尔，当代最著名的代表人物是哈罗德·孔茨。管理过程学派吸收其他管理学家的思想和主张，不断丰富各项管理职能的内容，具有广泛的影响。该学派认为管理是一种在正式组织中通过别人，并同别人一起完成工作的过程。通过对这个过程的研究分析，就可以总结出一些基本的原理和规律。

管理过程学派的管理理论的依据是管理是一个过程，可以通过分析管理人员的职能，从理论上很好地对管理加以剖析。根据在各种企业中长期从事管理的经验，可以总结出一些基本管理原理，这些基本管理原理对认识和改进管理工作能起到说明和启示的作用。围绕这些基本管理原理开展有益的研究，以确定其实际效用，发挥其在实践中的作用和适用范围。这些基本管理原理只要没有被证明不正确或需要修正，就可以为形成一种有用的管理理论提供若干要素。管理是一种可以依靠原理的启发而加以改进的技能。

孔茨把管理揭示为通过别人使事情做成的各项职能，他强调管理的概念、理论、原则和方法，认为管理工作是一种艺术，其基本原理和方法可以应用于任何一种现实情况。至于管理的各项职能，应划分为计划、组织、人事、指挥和控制。他认为协调的本身不是一种单独的职能，而是有效地应用了这五种职能的结果。

6. 行为科学学派

1949年，美国一些从事人际关系研究的管理学者正式采用了“行为科学”一词，并成立了“行为科学高级研究中心”，进一步开展对人的行为规律、社会环境和人际关系与提高工作效率关系的研究。研究的重点转到研究工作本身的性质和在何种程度上能够满足人们发挥自己技能与才能的需要上，主张以人为中心来研究管理问题。从此，行为科学学派的发展风行一时，出现了许多行为科学的著名学者和行为科学理论，如亚伯拉罕·马斯洛的“需要层次理论”、弗雷德里克·赫茨伯格的“双因素理论”、道格拉斯·麦格雷戈的“X—Y

理论”，以及罗伯特·布莱克和简·穆顿的“管理方格图理论”等。

行为科学既是管理理论的发展，又是管理实践的总结，它的产生和发展使企业管理者重新认识到员工的地位。员工已不是一般意义上与资本、土地等相同的生产要素，而是具有相当重要意义的主动因素，这对工人人身地位在企业中得到一定的尊重有很大的帮助，在某种程度上也缓解了劳资冲突。

行为科学研究的内容和贡献包括以下几个方面。

(1)社会人假定。行为科学认为古典管理学者“经济人”模式太简单，肯定了人的复杂性。按照社会人的假定，在社会上活动的员工不是各自独立存在的，而是作为某一群体的一员有所归属的“社会人”。“社会人”固然有追求金钱收入的动机和需求，不仅如此，他在生活工作中还有友谊、安全、尊重和归属等需求。因此，对人的管理不应仅仅从其经济动机的一个方面去考虑，有时使用非物质的方式、非经济的方法来调动人的积极性可能更有效。

(2)有关需求、动机和激励问题的研究。行为科学认为，提高效率的关键在于提高员工士气，要提高员工士气就要研究人的行为动机。动机产生于人们本身存在的各种需要，若根据需求和动机进行激励，就能通过提高员工士气而达到提高效率的目的。行为科学理论对激励过程和激励模式进行了分析和概括，提出了对人的激励理论。对人激励的研究将人的管理提升到所有管理对象中最重要的地位。

(3)关于领导和领导行为的理论。行为科学对领导问题进行了深入的研究，发现领导是个复杂的过程，是一种影响力，是一个动态地影响下属行为的行为过程。行为科学提出了领导特质理论、领导行为理论和领导权变理论三种广义的领导理论。

(4)关于企业群体行为(作业组合)的研究。行为科学认为，作业组合是由共同持有某些准则的员工所组成的集合体，他们为实现组合体的目标而努力。因此，探讨作业组合的构成、特性与动作，分析作业组合的积极效应，就成了行为科学对管理理论的另一重大贡献。

(二)当代管理理论的新发展

处在知识经济时代的现代企业管理借助日益先进的科学技术，尤其是信息技术和基础设施网络，更为方便地进行信息交流和知识共享。对企业来说，现代信息技术及其设施的拥有和利用已成为评价管理信息化程度及企业综合竞争力的一个重要标准。

当代管理理论主要有以下几种新发展。

1. 知识管理

近年来，以信息为基础的组织或知识型企业焕发勃勃生机，创造和传播知识已经成为检验企业核心能力的关键要素，知识的创造和应用能力成为企业的核心竞争力。知识管理是针对知识本身的，包括对知识的创造、获取、加工、存储、传播和应用的管理，通过改变员工的思维模式和行为方式，建立知识共享与创新的企业内部环境，运用集体的智慧提高应变和创新的能力，最终达到目标。

知识管理可以分为以下三类。

(1)企业内部全员参与的知识交流和共享。因为对于在知识经济背景下竞争的企业，衡量其成功的标准不再是有形资产或库存，而是知识。企业从战略上重视知识这种生产要素，并努力对其进行有效管理。

(2)企业外部知识的管理。这部分主要包括市场中供应商、用户和竞争对手等利益相关者的相关信息，专家、顾客意见的采集，员工情报报告系统，行业领先者的实践数据等。

(3)企业的知识资产管理。知识作为一种竞争资本，对它要像对其他经营资源一样进行管理。企业的知识资产管理主要包括市场资产、知识产权资产、人力资产和基础结构资产等的管理。

2. 学习型组织

1990 年，美国麻省理工学院斯隆管理学院的彼得·圣吉教授编写的《第五项修炼——学习型组织的艺术和实务》，引起了管理学界的极大关注。他以全新的视野来考察人类群体危机最根本的症结所在，认为人们片面和局部的思考方式及由此所产生的行动，造成了目前破碎的世界，要突破线性思考方式，根除组织机构中的一些陋习和作风。

我们需要看清如何有效地改善系统，不仅要学习一种思考方法，更要在实践中反复运用，从而可以从任何局部的变化中看到整体的变动。

在学习型组织的五项修炼中，改善心智模式和团队学习是基础，自我超越和建立共同愿景是向上的动力，系统思考是整个五项修炼的核心，并渗透于前面四项修炼之中。

3. 企业再造

美国管理学家迈克尔·哈默和詹姆斯·钱比在 1993 年出版了《企业再造》一书。该书一出版便引起管理界和企业界的高度重视。在书中，两位作者认为自工业革命以来，亚当·斯密的劳动分工理论始终占据重要地位，而大部分企业组织都表现为效率低下。现代科学技术的发展和竞争环境的变革使得效率不一定产生于分工之中，有可能产生于整合之中，将一个整体的问题交由一个部门完成显然是不妥当的。这种整合问题的产生为流程再造奠定了基础。

企业再造就是以企业的生产作业或服务作业的流程为审视对象，从多个角度重新审视其功能、作用、效率、成本、速度、可靠性等，找出其不合理的因素。企业再造是一种变革性、革命性的创造，而不是简单地对现有流程进行改进。通过重新设计，以效率和效益为中心构造新的服务流程，以提高企业的整体效率。企业再造的推动力和目的可以表示为“3C”，即顾客(Customer)、竞争(Competition)和变化(Change)。市场竞争的加剧也让顾客有了更多的选择，通过流程再造可以帮助企业留住顾客、赢得竞争。

4. 虚拟组织

虚拟组织也称动态联盟，一般是由两个或两个以上独立的公司组成的临时的合作伙伴，是一种共享技术、共担费用、联合开发、建立在信息网络基础上的组织。它不具有法人资格，也没有固定的组织层次和内部命令系统，是一种开放的组织结构。

虚拟组织的产生使企业界限模糊，越来越多的企业在激烈的市场竞争中借助外部的人才资源来弥补自身资源的不足，通过功能的虚拟化与其他企业的功能整合来提高自身的竞争力。此外，通过与其他企业合作，共同开发产品，既能发挥各自的优势，又能最大限度地降低失败所带来的风险。所以，虚拟组织有着强大的生命力和更好的适应性。

虚拟组织一般要由盟主企业负责组建和管理。虚拟企业的特征体现为功能特点专长化(每个成员企业贡献自己的核心能力、资源)、运作方式合作化(整合资源、形成合力)、联盟形式动态化(临时联盟)、组织结构扁平化(进行项目化管理)、工作方式并行化(并行工作，快速响应机制）、损益共担化（共担费用、风险，共享收益）。虚拟企业的实质是突破企业的有形界限，延伸和组合各企业的功能；策略是充分利用外部资源，减少投资风险，加速实现市场目标；目标是通过资源整合，实现“聚变”，创造超常竞争优势。

5. 第五代管理

美国学者查尔斯·M. 萨维奇在 1991 年出版了《第五代管理》一书，提出了突破工业时代严格的等级制和例行程序，实现“知识网络化”管理。对企业的科学管理不仅是重新设计企业的具体管理流程，还要使企业的经营观念、经营战略、组织结构、组织行为、管理规范、管理方法、管理技术、企业文化都完成适应网络化管理需要的整合。

萨维奇在《第五代管理》中解释了企业管理的不同阶段：第一代，以所有权作为组织劳动力、资源和技术的小业主管理；第二代，建立了严格的等级制；第三代，在继承发展严格的等级体系的同时，引入了矩阵组织；第四代，更完善地建立严格的金字塔式的等级制度，更有效地运用矩阵管理方式，同时利用计算机技术加强水平方向和垂直方向不同职能部门的接触；第五代，知识网络，管理的组织基础是知识的网络化，在管理上更注重人的作用和人际沟通，企业经营并行网络化，即可以同时进行一项和多项工作，组织结构更依赖小组和团队的活动，管理层次大为减少。在这种以知识的网络化为特征的管理中，知识网络中等级制组织的一些成分仍然存在，董事会、董事长及高级管理者与专业人员、普通雇员各有分工和权限。

相关阅读

管理识人

在一次宴会上，唐太宗对王珪说：“你善于鉴别人才，尤其善于评论。你不妨从房玄龄等人开始，对他们一一作些评价，评价一下他们的优缺点，同时和他们互相比较一下，你在哪些方面比他们优秀。”

王珪回答说：“孜孜不倦地办公，一心为国操劳，凡所知道的事没有不尽心尽力去做，在这方面我比不上房玄龄。常常向皇上直言建议，认为皇上能力德行比不上尧舜很丢面子，在这方面我比不上魏徵。文武全才，既可以在外带兵打仗做将军，又可以进入朝廷搞管理担任宰相，在这方面我比不上李靖。向皇上报告国家公务，详细明了，宣布皇上的命令或者转达下属官员的汇报，能坚持做到公平、公正，在这方面我不如温彦博。处理繁重的事务，解决难题，办事井井有条，这方面我比不上戴胄。至于批评贪官污吏，表扬清正廉署，疾恶如仇，好善喜乐，在这方面比起其他几位能人来说，我也有独到之处。”唐太宗非常赞同他的话，而大臣们也认为王珪完全道出了他们的心声，都说这些评论是正确的。

这个故事给我们什么启示？

任务深层思考

结合当前的企业管理发展现状，就如何正确理解管理理论的演进与发展进行思考。

项目小结

亲爱的同学，你已经完成了项目一的学习，相信你已经获得了丰厚的回报，初步具备了一个管理者的基本素质。《论语》里有一句名言：“工欲善其事，必先利其器。”用到这里来，也是很合适的。要想把管理做好，先要在思想上武装自己，尤其是要树立现代管理理念。项目一中的内容可以让你了解与管理相关的知识、了解管理理论的演进与发展，懂得管理学不仅是一门科学，而且是一门艺术。

这里我们特别强调，现代管理理念是一个不断演进过程的产物，了解管理理念的变化就是让我们树立现代管理理念，以先进的经营理念作指南，紧紧围绕着“以人为本”的观念，开展各项管理活动。

下面请进入“能力自测”部分，一方面巩固项目一所学内容，另一方面为后续课程的学习夯实理论基础。

能力自测

一、单项选择题

1. 对“管理”一词最形象的描述是（　　）。

A. 艺术　　B. 科学　　C. 艺术和科学　　D. 上述均不是

2. 下列各项不属于管理职能的是（　　）。

A. 组织活动　　B. 控制活动　　C. 获取资源　　D. 计划

3. 管理者在作为组织的官方代表对外联络时，其扮演了（　　）的角色。

A. 信息情报方面　　B. 决策方面　　C. 人际关系方面　　D. 业务经营方面

4. 法约尔的代表作是（　　）。

A.《科学管理原理》　　B.《工业管理和一般管理》

C.《社会组织和经济组织理论》　　D.《车间管理》

5. 对高层管理人员来说，相对重要的技能是（　　）。

A. 概念技能　　B. 人际技能　　C. 计划技能　　D. 技术技能

6. 把第二次世界大战后管理理论研究的多彩多姿局面概括为“管理理论的丛林”的是（　　）。

A. 孔茨　　B. 福特　　C. 马斯洛　　D. 巴纳德

7. 科学管理中能体现权力下放的分权尝试的原理是（　　）。

A. 差别计件工资制　　B. 职能原理　　C. 例外原理　　D. 工时研究

8. 下列属于基层第一线管理人员的职位的是（　　）。

A. 总裁　　B. 厂长　　C. 部门经理　　D. 工长

9. 在管理过程中采用科学方法和数量方法解决问题是（　　）学派的主张。

A. 组织管理　　B. 行为科学　　C. 管理过程　　D. 经验主义

10. 被称为“科学管理之父”的是（　　）。

A. 法约尔　　B. 泰罗　　C. 巴纳德　　D. 韦伯

11. 有“组织理论之父”称号的是（　　）。

A. 厄威克　　B. 韦伯　　C. 梅奥　　D. 甘特

12. 对基层业务管理人员而言，其管理技能侧重于(　　)。

A. 技术技能　　B. 财务技能　　C. 谈判技能　　D. 营销技能

13. 奠定了管理过程思想基础的是(　　)。

A. 泰罗的科学管理理论　　B. 法约尔的一般管理理论

C. 韦伯的理想的行政组织理论　　D. 西蒙的管理决策理论

14. 科学管理理论是基于对人的(　　)的人性假设而提出的。

A. “理性人”　　B. “经济人”　　C. “社会人”　　D. “一般人”

15. 官僚行政组织理论的代表人物是(　　)。

A. 韦伯　　B. 吉尔布雷斯　　C. 梅奥　　D. 孔茨

16. 梅奥通过霍桑试验得出，人是(　　)。

A. 经纪人　　B. 社会人　　C. 理性人　　D. 经济人

17. “管理过程就是决策的过程”观点的提出者是(　　)。

A. 赫伯特·西蒙　　B. 切斯特·巴纳德

C. 哈罗德·孔茨　　D. 弗里茨·罗特利斯伯格

18. 认为不存在“最佳的”“能适应一切情况的”“一成不变的”管理方法与管理理论的学派是(　　)。

A. 经验主义学派　　B. 权变学派

C. 决策理论学派　　D. 社会系统管理学派

19. (　　)学派提出用“满意化原则”来代替“最优化原则”。

A. 经验主义　　B. 权变

C. 决策理论　　D. 社会系统管理

20. 针对知识本身的，包括对知识的创造、获取、加工、存储、传播和应用的一种新型管理是(　　)。

A. 学习型组织　　B. 企业再造

C. 知识管理　　D. 虚拟组织

21. 在学习型组织的五项修炼中，(　　)是整个五项修炼的核心，并渗透于前几项修炼之中。

A. 系统思考　　B. 改善心智模式　　C. 团队学习　　D. 自我超越

在线测试	总　结
	______________________ ______________________ ______________________

二、多项选择题

1. 科学管理的基本原理有(　　)。

A. 采用科学的方法代替传统的经验方法　　B. 科学挑选工人并进行培训

C. 实行差别计件工资制　　D. 管理中实行例外原则

2. 弗雷德里克·赫茨伯格认为，双因素分为(　　)。

A. 保健因素　　B. 自我实现需要　　C. 激励因素　　D. 成长需要

3. 韦伯认为，合法权威主要有(　　)。

A. 个人强制命令　　B. 习俗惯例的传统权威

C. 领袖个人超凡魅力的权威　　D. 理性法规的法理型权威

4. 人际关系理论的主要内容有(　　)。

A. 工人是“社会人”而不是“经济人”　　B. 企业中存在着非正式组织

C. 新的领导能力在于提高工人的满意度　　D. 工人应该成立工会

5. 行为科学研究的主要内容和贡献表现在(　　)。

A. 社会人假定　　B. 有关需求、动机和激励问题的研究

C. 关于领导和领导行为的理论　　D. 关于企业群体行为(作业组合)的研究

6. 巴纳德认为协作系统包括的基本要素有(　　)。

A. 协作的意愿　　B. 共同的目标　　C. 信息联系　　D. 精神激励

7. 知识管理可以分为(　　)。

A. 企业内部全员参与的知识交流和共享　　B. 企业外部知识的管理

C. 企业对其先进技术的管理　　D. 企业知识资产的管理

8. 明茨伯格的管理角色理论中人际关系方面包括(　　)。

A. 象征性领导者　　B. 领导者　　C. 联络者　　D. 企业家

9. 管理人员应该具备的技能包括(　　)。

A. 技术技能　　B. 人际技能　　C. 决策技能　　D. 概念技能

10. 法约尔通过一般管理和工业管理实证研究归纳的一般的管理原则包含(　　)。

A. 劳动分工原则　　B. 权力与责任对等原则

C. 命令统一原则　　D. 人员稳定原则

在线测试	总　结
	________________ ________________ ________________

三、简答题

1. 简述古典管理理论中的几种重要学说。
2. 简述明茨伯格所提出的管理角色理论，并逐一举例。
3. 高层经理人员应该具备哪些技能？
4. 简述法约尔提出的管理原则。
5. 巴纳德的社会系统学派有哪些代表性观点？
6. 学习型组织有何特点？

案例分析

案例一 新达公司的效率

新达批发公司的产品销售给6个省市的500多个零售商。批发业务的一个主要盈利因素就是尽快满足用户订单。零售商一旦发出订单，就希望能尽快收到货，假如在交货中有任何耽搁，他们就会寻找其他批发商。

新达公司的经理黄胜上个月刚刚完成了对公司的整改。第一，他对所有物品作了新安排，以便使那些需要快递的物品尽可能地安置在最靠近装货码头的仓库中。第二，他引入了新的库存控制制度，所有重要的原始记录都由计算机储存。第三，对一些办公室作了新的安排，并配备了新的办公设施。此外，在工作场所还安排播放些轻松悦耳的乐曲。

自从做了这些改变后，黄经理对公司的营运绩效十分关注。记录显示，公司的交货期由原先的4天减少到3天，盈利率增加到27%。当然，这种变革后的成效是暂时的还是长期的，目前还很难说。但黄经理相信，绝大部分效率的提高应直接归功于他在工作环境中引入的变革。

问题：

1. 黄经理在这次变革中应用了哪些主要管理方法？是管理科学、一般科学，还是行为科学？

2. 这些工作上的变革对职工的行为有何影响？

3. 对管理过程的理解是否有助于黄经理进行这些工作上的变革？还有哪些方式能帮助他成为一位更有效的管理者？你认为这次盈利率的提高，究竟是临时性的提高，还是长期性的提高？

案例二 管理创新增效益——浙江花园集团

任何一个成功企业都有其成功的管理经验。花园集团的发展和成长是进行制度创新、强化管理的必然结果，具体表现在以下几个方面。

1. 不断改革各项制度，促进企业稳步发展

花园集团的前身是个个体小作坊，裁缝之子邵钦祥、邵钦培兄弟俩及老支书3人，带领18名职工，自带缝纫机办起了制衣厂。邵钦祥既是厂长，又是推销员。在没有任何办厂经验的情况下，凭着他顽强、好学的精神，硬是摸索出一套管理、营销经验，学会了与各种人打交道，以及用人的管理技巧。随着市场的发展，邵钦祥一方面凭借他敏锐的观察力，认识到企业想要加快发展，个体经济必将受到多种因素的制约，如资金、人才、土地及环境等方面的制约；另一方面作为先富起来的一部分人，他凭借坦荡的胸怀和追求人生价值的理想，毅然决定将个体企业改制成村办企业，从企业产权制度改革入手，带领企业迈上了一个新台阶。为了加快企业发展步伐，迅速改变花园集团贫困落后的面貌，壮大集体经济，走共同致富路，他创建了"村企合一"的管理体制，利用企业的积累，统一村企规划，进行基础设施建设，对企业进行股份制改造，组建了拥有多家紧密层企业及多家成员企业的浙江省首家村级企业集团，使花园集团在国家进行宏观调控、多数乡镇企业举步维艰的情况下，迈上了新的台阶。

2. 完善内部管理，提高经济效益

改革是永无止境的。在企业加快发展的同时，花园集团狠抓企业内部管理，先后引进

和培训了一些中高级管理人才，建立、健全各项经营管理的规章制度，加强和重视管理人员的业务培训工作，举办多期不同专题的业务培训班，对科室管理人员进行专业培训，以提高管理人员的业务水平，使企业管理走上了规范化、科学化的轨道。1994 年 11 月，建立了企业内部银行，利用内部银行将暂时闲置、分散的资金集聚起来集中管理，缓解了企业资金紧张的矛盾。1995 年，内部银行共投资 1 000 万元，提高了资金使用效果，降低了资金成本，获得了可观的经济效益。各成员企业也在抓管理、促效益上创出成果。服装厂从提高管理效率着手，精简管理机构，裁减非生产性人员，使其产品以优质量、低成本、好信誉，赢得了市场竞争的优势。彩印厂、火腿厂在强化质量管理上获得了直接或间接效益，其中彩印厂通过狠抓降低废品率，增加了效益；火腿厂在保证质量上乘的前提下创出了“花园”牌火腿王的名品。

3. 坚持管理创新，采取灵活的经营机制

从 1990 年起，花园集团就推行了企业经营承包责任制。之后，通过不断改革完善，形成了目前具有花园集团特色的厂长风险责任承包制。该制度采用了“厂长终身制，承包基数一年一包”的办法，很好地解决了厂长的短期行为问题。所谓“厂长终身制”并不是能上不能下，而是指厂长的相对稳定性，如果厂长管理不善，总经理随时有权解聘。“承包基数一年一包”主要是根据花园集团的具体情况实施的。花园集团近年来发展很快，新企业较多，而对新企业涉及的新行业，行情不太容易把握准确，加之这几年市场变化快，中长期预测误差太大，短期预测较为容易、准确，因而承包基数一年一定，就比较合理、科学，容易调动承包者的积极性，给企业注入活力。

问题：

1. 花园集团是如何强化内部管理的？
2. 花园集团在管理方面有哪些成功经验？
3. 你认为本案例对提高企业的经济效益有何启示？

实训操作

【实训目标】

进行实地调查与访问，与企业家进行双向交流，了解管理者的职责、素质及管理理念。

【实训内容与要求】

1. 课下与同学一起参观本课程实训基地企业，学生自愿组成小组，每组 6～8 人。在调查访问之前，每组需要根据课程所学知识，经过讨论制定调查访问的主题，并把具体步骤和主要问题计划好。

2. 具体可参考下列问题。

(1)企业中主要有哪些管理工作，分属于哪个管理层次？

(2)这些管理工作的职责和权力是什么？

(3)做好这些管理工作需要哪些素质？如何培养这些素质？

3. 调查访问结束后，组织一次课堂交流与讨论，时间为 2 课时，主要谈谈管理者的管理理念，并对照所学的管理思想的演进，对被调查者作简单的评价。

【实训成果与检测】

1. 教师根据各小组的表现进行评估打分。

(1)所调查企业的管理工作分类表。

(2)所调查企业的管理者素质分析报告，要求提交书面材料(300 字左右)。

(3)所调查企业的一把手的管理创新之处，以及如果你是一名管理者须注意哪些问题。课堂口头评述 3 分钟左右。

2. 在小组讨论的基础上，每个同学把自己调查访问所得重要信息，如照片、文字材料、影音资料等制作成宣传册展出，之后交老师保存。

学习笔记

项目二

建立现代企业制度

知识目标：

1. 掌握企业的含义和特征；
2. 熟悉常见的企业类型；
3. 了解现代企业制度的内容、组织形式。

能力目标：

1. 能分析不同类型企业的特征；
2. 能设计中小微企业的组织结构。

素质目标：

1. 准确地理解企业的相关方针政策；
2. 培养正确的经济意识，提高对企业的认识。

项目任务：

1. 学习企业的基础内容；
2. 认识企业的分类；
3. 构建现代企业制度；
4. 设计现代企业制度的组织结构。

扫描二维码，获取本项目的教学内容展示。

教学内容展示	预习笔记

项目导入

相关阅读

由谁骑这头骡子?

一位老农和他年轻的儿子到离村 12 千米的城镇去赶集。开始时老农骑着骡子，儿子跟在骡子后面走。没走多远，就碰到一位年轻的母亲，她指责老农虐待他的儿子。老农不好意思地下了骡子，让给儿子骑。走了 1 千米，他们遇到了一位老和尚，老和尚见年轻人骑着骡子，而让老者走路，就骂年轻人不孝顺。儿子马上跳下骡子，看着他父亲。二人决定谁也不骑。又走了 4 千米，碰到一位学者，学者见二人放着骡子不骑，走得气喘吁吁，就笑话他们放着骡子不骑，自讨苦吃。老农听学者这么说，就把儿子托上骡子，自己也翻身上了骡子。两人一起骑着骡子又走了 3 千米，碰到了一位外国人，这位外国人见他们俩合骑一头骡，就指责他们虐待动物。

你若是那位老农，你会怎么做?

扫描二维码，获取本项目的项目说明。

项目说明	预习笔记

任务 1　学习企业的基础内容

任务分析

企业是管理的载体，实现高效管理的关键在于优化所在企业。优化企业的组织结构，建立科学的经营机制，引入现代企业制度，是现代企业管理的前提。通过本任务的学习，你能够了解企业的含义、特征及企业的目标。

相关知识

一、“企业”一词的来源和演化

现代汉语中“企业”一词的用法源自日语。与其他一些社会科学领域常用的基本词汇一样，它是在日本明治维新后，大规模引进西方文化与制度的过程中翻译而来的汉字词汇。戊戌变法之后，这些汉字词汇用法被大量由日语引进现代汉语。在中国计划经济时期，“企业”是与“事业单位”平行使用的常用词语。

20 世纪后期，在中国改革开放与现代化建设，以及信息技术领域新概念大量涌入的背景下，“企业”一词的用法有所变化。一方面，大量非计划经济体制下的“企业”涌现；另一方面，在一些新概念中，其含义不限于商业组织或营利性组织。因此，目前在公共媒体中出现的“企业”一词有两种不同的用法：一种较常见的用法是指各种独立的、营利性的组织(可以是法人，也可以不是)，并可进一步分为公司企业和非公司企业，后者如合伙制企业、个人独资企业、个体工商户等；另一种用法与组织接近，可以用来泛指公司、学校、社会团体和政府机构等。

对于我国而言，“企业”一词并非我国古文化所固有，和其他一些现在已经广泛使用的社会科学词汇一样，是在清朝末期从日本借鉴的用法。该词在日本则是在明治维新以后，引进西方的企业制度过程中，从西文翻译而成。

因此，探寻企业的语源，绝不能从我国和日本的词语构成入手，而应着眼于其“母体”，即西方语汇。与“企业”一词相对应，英语中称为“enterprise”，由两部分构成，“enter-”和“-prise”，前者具有“获得、开始享有”的含义，可引申为“盈利、收益”；后者则有“撬起、撑起”的意思，可引申为“杠杆、工具”。两部分结合在一起，表示“获取盈利的工具”。

日本在引进该词时，意译为“企业”，从字面上看它表示的是商事主体企图从事某项事业，且有持续经营的意思。据此，可以认为，“企业”一词在语源意义上是作为权利客体存在的，是“主体从事经营活动，借以获取盈利的工具和手段”，或者“创制企业和利用企业进行商事营业活动并非商事主体的终极目标”，其最终目的是“谋求自我利益的极大化”。

二、企业的产生与发展

企业是社会生产力发展到一定程度，商品生产和商品交换的产物，是现代社会的基本经济单位。在资本主义社会之前的封建社会，曾出现了家庭手工作坊，但其生产的目的是满足自身的需要，自给自足，没有多余的产品用于交换，没有开展经营活动，因此它们没有成为社会的基本经济单位，从严格意义上来讲还不是企业。

随着资本主义社会的产生和发展，企业大体经历了以下几个时期。

(一)手工业工场生产时期

这一时期主要是指从封建社会的家庭手工业到资本主义初期的工场手工业时期。16世纪至17世纪，西方一些国家的封建社会制度向资本主义制度转变，资本主义原始积累加快，大规模地剥夺农民的土地，向海外扩张，从而使家庭手工业急剧瓦解，开始向资本主义工场手工业过渡。

工场手工业同家庭手工业相比，有以下特点：一是规模扩大；二是产业结构发生变化，许多以前家庭手工业无法进入的行业，如采矿、冶金、造纸等，资本主义的工场变得有能力进入；三是机器生产开始替代手工作业；四是资本主义工场内务开始形成分工，即按某一产品的生产要求，将生产过程分解成若干个作业工序。此时的工场手工业实际上已具有企业的雏形。

(二)工厂生产时期

18世纪，随着第一次工业革命的大爆发，大机器生产被普遍采用，为工厂制的建立奠定了基础。19世纪三四十年代，工厂制度在英国、德国普遍建立。和手工业工场相比，工厂制度的主要变化在于劳动规模扩大，采用大机器生产，实行雇用工人制，劳动分工细化，生产走向社会化。工厂制度的建立，标志着企业的真正形成。

(三) 企业生产时期

在资本主义经济发展过程中，工厂制度的建立顺应了商品经济发展的潮流，促进了生产力的大发展。到 19 世纪末 20 世纪初，随着自由资本主义向垄断资本主义的过渡，工厂的发展十分迅速，并产生了一系列的变化。这些变化主要表现在：一是企业规模空前扩大，产生了垄断企业组织；二是不断采用新技术，使生产技术迅速发展；三是企业内部开始建立科学的管理制度，形成了一系列的科学管理理论；四是经营权与所有权分离，出现了职业化的经理阶层；五是竞争加剧，企业兼并与重组加速，出现了大量的跨国公司。

三、企业的含义

关于企业的概念，国内外至今还没有一个统一的表述。通常所说的企业，是指从事生产、流通或服务等活动，为满足社会需要进行自主经营、自负盈亏、承担风险、实行独立核算，具有法人资格的基本经济单位。

企业可分为工业企业、商业企业、农业企业、科技企业、文化企业等，我们通常提到的企业往往是指工业企业和商业企业。工业企业是从事工业性生产的经济组织，它利用科学技术、合适的设备，将原材料加工，使其改变形状或性能，为社会提供需要的产品，同时获得利润。商业企业则是指从事商业性服务的经济实体，它以营利为目的，直接或间接向社会供应货物或劳务，以满足顾客的需要。

四、企业应具备的要素及生产经营活动

一般来说，企业为了从事生产、流通或服务等活动，以实现企业的目标，就必须拥有生产产品、提供服务所需要的人力、物力、财力及这些要素相互结合运动的各种信息。所以，现代企业系统主要就是由人、财、物、信息四大要素构成。

(一)人

这里的人即一定数量和质量的工人与管理者。人是企业的主体，人才是企业所有资源中最宝贵的资源。

(二)财

资金、资金的数量与周转速度是企业生存和发展的保障。如何筹集资金、管好和用好资金，以加快资金的流动速度，是每个企业都要面对的一个重要课题。

(三)物

物是指现代企业中的各种劳动资料和劳动对象，包括土地、自然资源、建筑物、机器设备、工具和各种原(辅)材料等。物是企业从事生产经营活动的客观条件和物质基础，物的数量、质量和技术状况会对企业的经营和运转效果产生很大影响。

(四)信息

信息包括来自企业外部和产生于企业内部生产经营活动过程中的信息。现代企业每时每刻都离不开信息，信息之于企业，就如同神经中枢之于我们人体。哪里有生产经营活动，哪里就必然会产生信息；哪里有管理活动，哪里就必然需要信息。所以，信息是现代企业中的一个重要的构成要素。信息的全面性、及时性、准确性、实用性和经济性，影响甚至决定着企业的正常有效运转。

五、企业的作用、特征和目标

(一)企业的作用

作为现代社会经济的基本单位，企业的基本作用体现在以下几个方面。

1. 企业是市场经济活动的主要参与者

企业在自己的生产经营活动过程中扮演着双重身份。它既向市场提供各种商品和服务，又从市场购买各种生产资料、招聘人才；它既是生产者，又是消费者。

2. 企业是社会生产和流通的直接承担者

企业的经营状况如何，直接关系产品的丰富程度和市场活跃程度，与国家经济实力的增长、人民物质生活水平的提高息息相关。

3. 企业是推动社会经济技术发展的主要力量

企业为了避免在激烈的竞争中被淘汰，必须提高其技术水平，减少劳动消耗，主观上是为了自身利益，客观上有利于社会技术水平的进步和提高。

(二)企业的特征

企业作为基本的生产经营单位，与其他社会组织相比，具有以下特征。

1. 企业以商品经济和市场经济为基础

企业是取代家庭经济单位和作坊而出现的一种有更高生产效率的经济单位。

2. 企业是一个经济性组织，存在营利性

从经济角度来看，企业是从事商品生产和经营活动的营利性的经营实体。企业从事生产经营的目的是取得利润，利润是企业经济效益的集中体现。

3. 企业是一个社会性组织

企业直接为社会提供产品和劳务，并通过商品交换满足人们的某种需要。企业是商品经济的产物，是专门从事商品生产、流通的组织，通过与其他组织交易获得生存发展的资源。同时，企业对社会发展、政治进步、文化繁荣产生重大影响，发挥重要作用。

4. 企业是一个独立的法人

从法律角度来讲，企业是独立核算的经济实体，要自主经营、自负盈亏、自我约束和自我发展，依法享有民事权利，并承担民事责任的从事经营活动的法人组织。

5. 企业是一个自主的经营系统

在市场经济体制下，企业是独立的商品生产者和经营者，必须使企业成为开放的经营系统，创造完善的市场环境和秩序。让企业自主经营、自由进出市场(自由化和市场化)、公平竞争、追求可持续发展的长期效益。

6. 企业是纳税单位

企业照章纳税是企业与国家之间直接的经济关系。

(三)企业的目标

1. 企业的组织目标

企业的组织目标是指企业为了生存和发展，要追求利润、追求企业规模的不断扩大和追求企业长远的经济效益。它主要表现在对一些具体指标的追求上，如产品品种、产量、质量、固定资产规模、市场占有率、利润额、上缴税金和福利基金等。

2. 企业的社会责任

首先，企业要以自己的生产经营活动来满足社会需要，既包括个人的物质和精神需要，也包括社会的共同需要，这种共同的需要表现为企业的社会责任；其次，企业需要不断创造和提供就业机会；最后，保护环境也是企业必须承担的社会责任，这一点在今天显得尤为重要。

任务深层思考

如何定义一个企业的目标？

任务2 认识企业分类

任务分析

企业是社会中从事经营性活动的组织。从不同的角度来认识这种组织，可以有不同的结论：从经济角度去理解这种经营性组织，得到了“企业”的概念，反映这个组织稳定从事经营活动的本质，注意投入和产出，希望从投入中得到最大的利润，实行经营核算；从法律角度去认识这种经营性组织，可以得到“公司”“合伙企业”“个人独资企业”等概念。从规范意义上来讲，企业不是法律概念，而是一个经济概念。

下面我们对企业进行类型学的研究，希望能够更好地认识企业。

相关知识

一、常见的企业类型

从世界各国的企业法来看，各国几乎都是根据企业的资本组合方式划分企业类型的。按照财产的组织形式和所承担的法律责任分类，常见的企业类型包括个人独资企业、合伙企业和公司制企业。前两种属于自然人企业，出资者承担无限责任；第三种属于法人企业，出资者承担有限责任。

(一)个人独资企业

1999年8月30日，第九届全国人民代表大会常务委员会第十一次会议通过的《中华人民共和国个人独资企业法》第二条规定：“本法所称个人独资企业，是指依照本法在中国境内设立，由一个自然人投资，财产为投资人个人所有，投资人以其个人财产对企业债务承担无限责任的经营实体。”

个人独资企业的最大特点：它是一个人出资的企业，出资者和企业在法律人格上并不区分，投资者承担无限责任。因此，在《中华人民共和国个人独资企业法》中没有对注册企业最低资本金的要求。

个人独资企业的优势：①投资者独自享有利润，无须像企业那样先缴纳企业所得税，然后缴纳个人所得税；②经营完全自主，所受到的制约因素较其他企业形式要少得多；

③比较容易设立和解散；④企业的目标和个人的目标完全一致。

个人独资企业的劣势：①风险责任大；②容易出现决策失误；③企业的规模有限；④企业存续时间较短。

(二)合伙企业

《中华人民共和国合伙企业法》(1997 年 2 月 23 日第八届全国人民代表大会常务委员会第二十四次会议通过，2006 年 8 月 27 日第十届全国人民代表大会常务委员会第二十三次会议修订)第二条规定："本法所称合伙企业，是指自然人、法人和其他组织依照本法在中国境内设立的普通合伙企业和有限合伙企业。"

合伙企业的优势：①合伙企业的资本来源比个人独资企业相对广泛，并且可以发挥企业和合伙人的力量，增强经济实力，使企业规模相对扩大；②合伙企业的风险相对于个人独资企业来讲更分散；③多数国家中合伙企业不缴纳企业所得税，比公司的投资人在税收上有一定的优惠；④法律对合伙企业的干预比较少，合伙企业有自主性和灵活性；⑤适合需要资本不大、经营规模不大的企业，但是个人的信誉、能力和责任感对企业来讲是非常重要的。

合伙企业的劣势：①相对公司，资金来源和企业信用能力还是较差；②合伙人的责任比公司的股东大得多；③合伙人体现人和的性质，存续时间不长。

(三)公司制企业

公司制企业又称公司，是依照较严格要求的法定程序成立、由数人出资兴办、以盈利为目的的企业法人。

公司具有以下几个本质特征。

1. 相对于自然人而言，公司是一种团体或组织

公司一般由两个或两个以上具有不同利益的主体联合而成。公司作为组织体，其人格和财产在不同程度上同其成员的人格和财产相分离。在符合法律规定条件的前提下，公司成员的变更不影响公司的存在和活动，即它的存续不受自然人生命的限制，具有所谓的"永续性"。

2. 公司必须依法设立

公司通常是依《中华人民共和国公司法》设立的。除《中华人民共和国公司法》外，公司还可以依特别法或行政命令而设立。公司必须遵守法定的组织形式。公司依法设立而获得独立或相对独立的法律人格。《中华人民共和国公司法》第三条规定："公司是企业法人，有独立的法人财产，享有法人财产权。公司以其全部财产对公司的债务承担责任。有限责任公司的股东以其认缴的出资额为限对公司承担责任；股份有限公司的股东以其认购的股份为限对公司承担责任。"

3. 公司必须在法律许可的范围内从事活动

公司是为了一定目的而设立的组织，其权利能力是由法律赋予的。公司只能在法律、公司章程和有关机关核准的宗旨范围内活动，否则就可能引起违法后果。

公司的优势：①突破单个资本的限制，尽可能地将分散的资金集中，而且这种集中是非常迅速的，从而适应了社会化的大生产；②资本的高度集中经营，使得企业的组织、管理制度化、专门化、科学化；③有限责任可以使得投资者放心大胆地进行投资，保护投资者的利益；④通过法律拟制形成法人制度，创制了法律上的人格，使得公司能够长时期地

存续下去，比较稳定地经营某项事业。

公司是各国实践中采用最多的企业形式，每一个国家的政治经济制度不同，对公司的立法也不尽相同。

在《中华人民共和国公司法》中规定了有限责任公司和股份有限公司两种类型。两者都是由股东承担有限责任，而公司对其债务承担无限责任的企业形式。但是，有限责任公司相对比较封闭；股份有限公司则比较开放，由政府进行监管的力度也比较大。《中华人民共和国公司法》第三条第二款："有限责任公司的股东以其认缴的出资额为限对公司承担责任；股份有限公司的股东以其认购的股份为限对公司承担责任。"

二、企业类型的其他划分

在研究过程中，学者提出的企业类型的其他划分方法还有以下几类。

(一)按企业资产的所有制性质分类

这是我国过去常用的一种分类方法。按照企业资产的所有制性质不同，可以将企业分成如下几种类型。

1. 国有企业

国有企业也称全民所有制企业，其全部生产资料和劳动成果归全体劳动者所有，或归代表全体劳动者利益的国家所有。由国家直接经营的国有企业称为国营企业。

2. 集体所有制企业

集体所有制企业简称集体企业。在集体企业里，企业的全部生产资料和劳动成果归一定范围内的劳动者共同所有。

3. 私营企业

《关于划分企业登记注册类型的规定》第九条："私营企业是指由自然人投资设立或由自然人控股，以雇佣劳动为基础的营利性经济组织。包括按照《中华人民共和国公司法》《中华人民共和国合伙企业法》及《私营企业暂行条例》规定登记注册的私营有限责任公司、私营股份有限公司、私营合伙企业和私营独资企业。"

4. 混合所有制企业

混合所有制企业是指具有两种或两种以上所有制经济成分的企业，如中外合资经营企业、中外合作经营企业、国内具有多种经济成分的股份制企业等。

(二)按企业规模分类

企业按规模不同，可以分为大型企业、中型企业和小型企业。划分企业规模的标准，各国略有不同。例如，美国《财富》杂志每年为世界500家最大的企业排名，就是以销售额为主要依据的。我国针对不同企业，按照职工人数、销售额和资产总额对企业进行分类。

相关阅读

我国中小企业认定标准，如表2-1所示。

表2-1　我国部分行业中小微企业认定标准

行业	指标	单位	中小微	中	小	微
工业	从业人数	人	<1 000	≥300	≥20	<20
	销售额	万元	<40 000	≥2 000	≥300	<300
	资产总额	万元				
建筑业	从业人数	人				
	销售额	万元	<80 000	≥6 000	≥300	<300
	资产总额	万元	<80 000	≥5 000	≥300	<300
批发业	从业人数	人	<200	≥20	≥5	<5
	销售额	万元	<40 000	≥5 000	≥1 000	<1 000
	资产总额	万元				
零售业	从业人数	人	<300	≥50	≥10	<10
	销售额	万元	<20 000	≥500	≥100	<100
	资产总额	万元				
交通运输业	从业人数	人	<1 000	≥300	≥20	<20
	销售额	万元	<30 000	≥3 000	≥200	<200
	资产总额	万元				
仓储业	从业人数	人	<200	≥100	≥20	<20
	销售额	万元	<30 000	≥1 000	≥100	<100
	资产总额	万元				
邮政业	从业人数	人	<1 000	≥300	≥20	<20
	销售额	万元	<30 000	≥2 000	≥100	<100
	资产总额	万元				
住宿业	从业人数	人	<300	≥100	≥10	<10
	销售额	万元	<10 000	≥2 000	≥100	<100
	资产总额	万元				
餐饮业	从业人数	人	<300	≥100	≥10	<10
	销售额	万元	<10 000	≥2 000	≥100	<100
	资产总额	万元				

资料来源：工业和信息化部、国家统计局、国家发展和改革委员会、财政部《关于印发中小企业划型标准规定的通知》。

企业规模不同，其生产经营特点及管理要求也有所不同。大型企业资金雄厚、设备齐全、人才荟萃，有条件生产经营大型、复杂、尖端技术产品，或大规模生产标准产品，或对劳动对象进行深度综合利用加工。因此，钢铁、汽车、造船、航空、大型电子计算机、重型机械和石油化工等一般均系大型企业。这些企业投资多、工艺复杂、人员较多、管理难度较大、抗风险能力较强，收益相对稳定。

小型企业的特点是人员少，技术相对专门化，因此，经营比较灵活，适合生产多品种、小批量或较大批量的单一标准产品。其投资不多，建立较容易，但由于其经济实力不够雄厚，资信较差，人才吸引力不强，难以抵御较大的风险。

(三)按企业资源要素结构分类

企业按资源要素结构不同，可以分为劳动密集型企业、资金密集型企业和知识密集型企业。

1. 劳动密集型企业

劳动密集型企业是指占用劳动力较多，以手工劳动为主的企业，如服装、鞋帽、五金、家电装配和工艺美术等。这类企业的特点是固定资产投资较少，劳务费用对成本影响较大，工人技艺及熟练程度对生产效率有明显影响。

2. 资金密集型企业

资金密集型企业是指占用资金较多，以机械化、自动化作业为主的企业，如钢铁、化工、电力等企业。这类企业的生产经营特点是经济批量大、投资多、建设周期长、品种调整较困难、职工队伍中设备维修人员所占比例较高。

3. 知识密集型企业

知识密集型企业是指以科技开发为主，以脑力劳动者为主要成员的企业，如计算机、生物工程、光纤材料、精密仪器等行业的企业。其特点是对员工技能素质要求较高，科技开发成果不确定性较大，风险及收益都高于一般企业。

(四)按企业生产经营业务的性质分类

这种分类方法也是我国常用的企业分类方法，我国企业的上级主管部门也是按这一分类来设置管理机构的。

按这种分类方法分成的主要企业类型有以下几种：①工业企业，从事工业品生产的企业，为社会提供工业产品和工业性服务；②农业企业，从事农业、林业、牧业、副业、渔业生产的企业，为社会提供农副产品；③商业企业，从事生活资料流通和流通服务的企业；④物资企业，从事工业品生产资料流通或流通服务的企业；⑤交通运输企业，为社会提供交通运输服务的企业；⑥金融企业，专门经营货币或信用业务的企业。除上述主要类型外，还有邮电、旅游企业等。上述企业中的商业企业和物资企业统称为商品流通企业，简称流通企业。

扫描二维码，阅读国民经济行业分类的相关内容。

拓展阅读	学习笔记

任务深层思考

如何判定一个企业的类型？

任务3　构建现代企业制度

任务分析

现代企业制度最早产生于资本主义发展较早的西方国家，是实行市场经济体制的国家在古典企业制度基础上经过近百年的发展而建立起来的，是一种适应社会化大生产和市场经济体制，使企业真正成为面向市场的独立法人实体和市场竞争主体的企业制度。建立现代企业制度是我国企业特别是国有企业摆脱传统企业制度的束缚，进一步深化改革的核心内容和目标。

在党的十四届三中全会通过的《中共中央关于建立社会主义市场经济体制若干问题的决定》中，最先提出我国国有企业改革的方向是建立现代企业制度。现代企业制度的基本特征是“产权明晰、权责明确、政企分开、管理科学”；并明确提出，国有企业进行改革的方向就是现代企业制度。从此，在我国理论界和政府经济管理部门，展开了对现代企业制度的深入讨论，通过讨论进一步加深了对股份制经济的认识。

所谓现代企业制度，是在企业制度前加上一个时间限定词“现代”而组成的新概念，人们对它的含义还有不同的理解。有人认为，与现代市场经济相适应的企业制度，都可以叫作现代企业制度；也有人认为，在市场经济中最先进的企业制度才能叫作现代企业制度。我们认为，现代企业制度不应是一个固定的概念，而是一个相对的、动态的概念，在不同的历史时期应有不同的内容。一般而言，现代企业制度是指在现代市场经济中占有主导地位、最具发展前途的企业制度。

相关知识

一、现代企业制度的含义和特征

（一）现代企业制度的含义

给现代企业制度下定义，需要特别把握好四个基本点：一是从生产关系的角度看，现代企业制度对应的是市场经济；二是从生产力的角度看，现代企业制度对应的是社会化大生产；三是从法律的角度看，现代企业制度对应的是企业法人制度；四是从产权的角度看，现代企业制度对应的是有限责任制度。

因此，现代企业制度是指以完善的企业法人制度为基础，以有限责任制度为保证，以公司企业为主要形式，以“产权清晰、权责明确、政企分开、管理科学”为条件的，适应社会化大生产要求的一整套的企业组织制度和管理制度。

（二）现代企业制度的特征

从企业制度演变的过程看，现代企业制度是指适应现代社会化大生产和市场经济体制要求的一种企业制度，也是具有中国特色的一种企业制度。党的十四届三中全会把现代企业制度的基本特征概括为“产权清晰、权责明确、政企分开、管理科学”十六字。党的十五届四中全会再次强调要建立和完善现代企业制度，并重申了对现代企业制度基本特征“十六字”的总体要求。

1. 产权清晰

所谓“产权清晰”，主要有两层含义：一是有具体的部门和机构代表国家对某些国有资产行使占有、使用、处置和收益等权利；二是国有资产的边界要清晰，也就是通常所说的“摸清家底”。不仅要搞清实物形态国有资产的边界，如机器设备、厂房等，而且要搞清国有资产的价值和权利边界，包括实物资产和金融资产的价值量，国有资产的权利形态(股权或债权，占有、使用、处置和收益权的分布等)，总资产减去债务后净资产数量等。

2. 权责明确

“权责明确”是指合理区分和确定企业所有者、经营者和劳动者各自的权利和责任。所有者、经营者、劳动者在企业中的地位和作用是不同的，因此他们的权利和责任也是不同的。

(1)权利。所有者按其出资额，享有资产收益、重大决策和选择管理者的权利，企业破产时则对企业债务承担相应的有限责任。企业在其存续期间，对由各个投资者投资形成的企业法人财产拥有占有、使用、处置和收益的权利，并以企业全部法人财产对其债务承担责任。经营者受所有者的委托，在一定时期和范围内拥有经营企业资产及其他生产要素，并获取相应收益的权利。劳动者按照与企业的合约，拥有就业和获取相应收益的权利。

(2)责任。与上述权利相对应的是责任。从严格意义上说，责任包含了通常所说的承担风险的内容。要做到“权责明确”，除了明确界定所有者、经营者、劳动者及其他企业利益相关者各自的权利和责任外，还必须使权利和责任相对应或相平衡。此外，在所有者、经营者、劳动者及其他利益相关者之间，应当建立起相互依赖又相互制衡的机制，这是因为他们之间是不同的利益主体，既有共同利益的一面，也有不同乃至冲突的一面。相互制衡就要求明确彼此的权利和责任，要求相互监督。

3. 政企分开

“政企分开”的基本含义是政府行政管理职能、宏观和行业管理职能与企业经营职能分开。

“政企分开”，一方面，要求政府将原来与政府职能合一的企业经营职能分开后还给企业，改革以来进行的“放权让利”“扩大企业自主权”等就是为了解决这个问题；另一方面，还要求企业将原来承担的社会职能(如住房、医疗、养老、社区服务等)分离后交还给政府和社会。

应注意的是，政府作为国有资产所有者，对其拥有股份的企业行使所有者职能是理所应当的，不能因为强调“政企分开”而改变这一点。当然，问题的关键在于政府如何才能正确地行使而不是滥用其拥有的所有权。

4. 管理科学

“管理科学”是一个含义广泛的概念。从较宽的意义上说，它包括了企业组织合理化的含义；从较窄的意义上说，要求企业管理的各个方面，如质量管理、生产管理、供应管理、销售管理、研究开发管理、人事管理等方面的科学化。管理致力于调动人的积极性、创造性，其核心是激励、约束机制。

要使“管理科学”，当然要学习、创造，引入先进的管理方式，包括国际上先进的管理方式。对于管理是否科学，虽然可以从企业所采取的具体管理方式的先进性上来判断，但最终还是要从管理的经济效率上，即管理成本和管理收益的比较上作出评判。

党的十九届四中全会明确提出，深化国有企业改革，完善中国特色现代企业制度。对企业来说，在探索建立现代企业制度的过程中，不仅要遵循现代企业制度的一般准则和标准，更应该将当代的企业环境和时代特征结合到一起，形成独具特色的现代企业制度发展模式。

二、现代企业制度的内容

现代企业制度是一种制度体系，这个体系主要由三部分内容组成，即现代企业产权制度、现代企业组织制度和现代企业管理制度。

(一)现代企业产权制度

1. 产权

产权实质上是一种财产权，即支配财产的权利。它是法定的主体对财产所拥有的各项权能的总和，包括所有权、使用权、收益权和处置权。产权的基础和核心是所有权，它是法律规定的主体(所有者)对于客体(财产)的最高的、排他的独立权。产权包含的各项权能既可以统一也可以分离，即人们对财产没有所有权，却可拥有一定时间和一定程度内的使用、收益、转让和处置的权利。产权本质上是一定社会阶段人们之间社会经济关系的反映，产权的内容和权利结构是一个动态的变化过程，任何产权的实现形式都具有历史性。

2. 产权制度

产权制度是指以产权为依托，对财产关系进行合理、有效的组合和调节的制度安排。其具体表现为在一定的所有制基础上，对财产占有、支配、使用、收益和处置过程中所形成的各类产权主体的地位、行为、权利、责任、相互关系加以规范的法律制度。

产权制度的确立和完善，可以使所有者约束经营者，保证资产增值；可以自主经营和激励自己；可以增进资源配置效益；可以规范市场交易行为。

3. 现代企业产权制度

现代企业产权制度即企业法人制度，其关键在于确立法人财产权，理顺国家与企业的财产关系，实行出资者所有权与法人财产权的分离。对于国有企业，国家作为出资者，享有财产所有权；企业作为独立的商品生产经营者，享有法人财产权。

法人财产是指由出资者依法向企业注入的资本金及其增值和企业在经营中负债所形成的财产。法人财产权是指企业法人支配法人财产的权利。

法人财产权是现代企业制度的基石。出资者所有权表现为出资者拥有股权，即以出资者的身份依法享有资产收益、选择管理者、决定公司章程和财产处置等权利。法人财产权表现为公司依法享有法人财产的占有、使用、收益和处置权，以独立的财产对自己的生产经营活动负责。同时，企业法人行使法人财产权，受出资人所有权的约束和限制，必须对出资人履行义务，依法维护出资人的权益，对所有者承担资产保值的责任。

(二)现代企业组织制度

现代企业组织制度以合理的企业组织结构，确立所有者、经营者和职工三者之间的制约关系，做到出资者放心、经营者尽心、生产者用心，从而使企业始终保持较高的效率和长期稳定的发展。

在现代市场经济条件下，现代企业的组织形式主要是公司制。公司制结构是所有者与股东、公司法定代表人与董事会、执行管理部门与经理之间形成的一定关系。公司组织机构主要是由股东大会、董事会、监事会及总经理组成，其相互关系如图 2-1 所示。

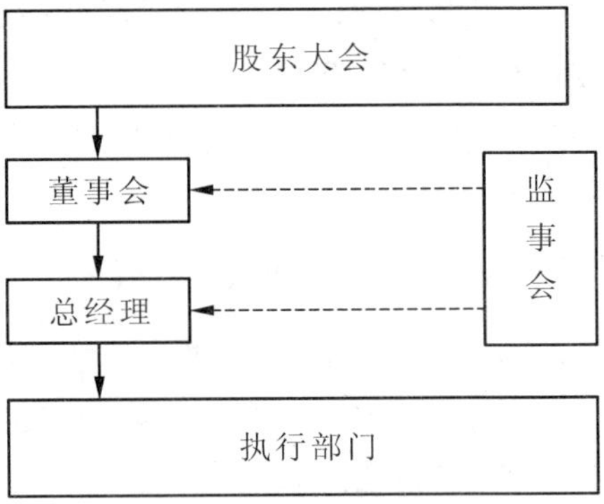

图 2-1 现代企业组织制度

(三)现代企业管理制度

现代企业管理制度是指有关约束和调整企业经营管理活动中各种经营管理行为方式和关系的行为规则，包括以下几个方面的内容：①树立正确的经营理念，制定切实可行的经营战略；②建立科学完善的企业领导体制；③拥有熟练掌握现代管理知识和技能的人才，拥有良好素质的职工队伍；④建立科学合理的企业组织机构和内部管理制度；⑤运用现代化的管理方法和手段，建立完善的管理信息系统，推行现代化管理；⑥建设以企业精神、企业形象、企业规范等为主要内容的企业文化，培育良好的企业精神。

现代企业管理制度通过科学的生产管理、质量管理、销售管理、人力资源管理、研究与开发管理、财务管理等一系列管理体系的建立，有效地保证了企业内部条件与外部环境相适应，使企业各项资源得到了合理的利用。

现代企业产权制度、现代企业组织制度和现代企业管理制度三者相辅相成，共同构成了现代企业制度的总体框架。

任务深层思考

探讨浙江省的中小微企业如何完善现代企业制度。

任务 4 设计现代企业制度的组织结构

任务分析

现代企业是一个有机的整体，为使企业协调而有效地运转，必须建立统一的、高效的生产管理系统。企业的组织结构对于企业，就好比人体的骨架，它是企业管理系统的硬件。建立精干、高效的组织结构对实现企业目标，提高企业竞争力和盈利能力，具有重要的作用。

相关知识

一、企业管理组织

组织是为了达到某些特定的目标，由分工与合作及不同层次的权利和责任制度而构成的人的集合。组织从本质上说是人们为了实现共同的目标而采用的一种手段或工具。组织必须有目标，共同目标的存在是组织存在的前提。为了实现共同的目标，组织内外必须要进行分工与合作，没有分工与合作的群体不是组织。分工与合作的关系是由组织的目标决定的。

企业组织是为了有效地向社会提供产品或劳务，将企业的各种资源按照一定的形式结合起来的社会系统。现代企业组织具有目的性、系统性、结构性、群体性、适应性等基本特征。

企业组织分为两个层次：一是由职工和生产资料紧密结合而形成的企业生产劳动组织；二是配备一定数量的管理人员，按分工协作关系划分，具有明确职责、权限和义务的企业管理组织。企业管理组织既要对直接生产过程进行计划、组织、领导、控制，又要对企业生产过程中出现的一系列问题负责。

二、组织设计的基本内容

组织设计就是企业组织结构设计，即根据企业的具体目标、所处的环境及生产技术条件等为组织绘制一个蓝图，设计一个“骨架”。它是组织管理的基础工作，其必要性和重要性是随着组织活动内容的复杂程度和参与活动的人员数量的增加而不断提高的。

组织设计的结果是形成组织结果，并以一系列的组织文件，如组织结构图和职位说明书等，作为人员配备的基本依据。

组织结构设计的内容一般包括层次的划分、部门的划分和职权的划分等基本内容。

(一)层次的划分

层次的划分又可称为层次化或层级化，是由管理幅度的有限性决定的。

1. 管理幅度和管理层次

管理幅度是指一名主管人员能有效地监督、管理的直接下属的人数。管理幅度的突出特点是有限性。任何一位主管的能力、精力、时间都是有一定限度的，他能有效监督、管理的直接下属人数也是有限的。当主管人员的管理幅度超过他的限度时，要想保证其管理的有效性，就必须考虑增加管理层次了。这样可以通过委派工作给下一级而减轻上层主管的负担。如此下去，便形成了有层次的结构。

管理层次是指一个组织的管理系统由上至下划分为多少层级，是由职权关系形成的领导与服从的纵向结构。需要注意的是，上级主管在利用增加管理层次来减轻自己执行这部分工作负担的同时，也增加了监督、协调其下属执行工作的负担，而监督、协调也是需要时间和精力的。因此，增加管理层次节约出来的时间，一定要大于用作监督、协调的时间。这是衡量增加一个管理层次是否合理的重要标准。

由此可见，管理幅度和管理层次是紧密相连的。当组织规模固定时，管理幅度和管理层次呈反向关系。即管理幅度越大，则管理层次越少；反之，管理幅度越小，则管理层次就越多。

相关阅读

一个管理者适合管理多少下属

这一问题是古典管理组织设计理论中经常被讨论的问题。不同的学者对这个问题的看法不尽相同。一些学者认为5～6人合适，而有些学者认为10～12人甚至更多合适。而在今天的电子商务环境中，有人认为，管理幅度可以达到150人。

一般来说，影响管理幅度的因素有以下几个方面：一是管理者的素质和能力，综合素质较高的管理者，其管理幅度往往可以大些；二是下属的素质和能力，下属的素质能力越高，管理者的管理幅度就可以越大；三是工作相似性，下属的工作越相类似，管理幅度就可以越大；四是环境，环境越稳定，管理幅度越大；五是计划的完善程度、授权、人员的空间分布等。

2. 两种基本的组织结构形式

管理幅度和管理层次的这种关系，决定了两类基本的组织结构。

(1)扁平形(金字塔形)的组织结构。扁平形的组织结构是指在组织规模一定时，管理幅度较大而管理层次较少的一类组织结构，如图2-2所示。

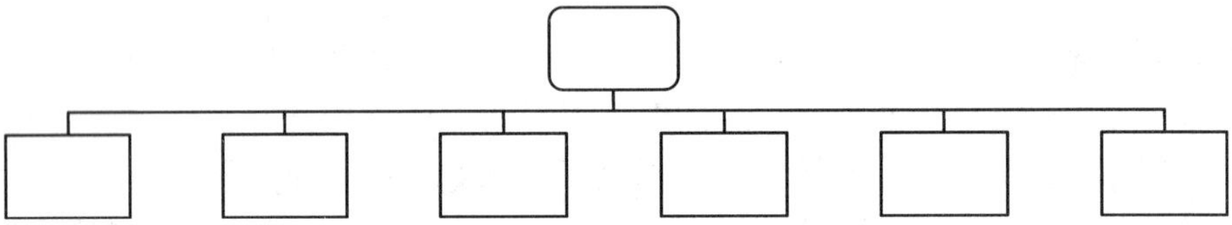

图2-2 扁平形的组织结构

(2)垂直形(宝塔形)的组织结构。垂直形的组织结构是指组织规模一定时，管理幅度较小而管理层次较多的高、尖、细的组织结构，如图2-3所示。

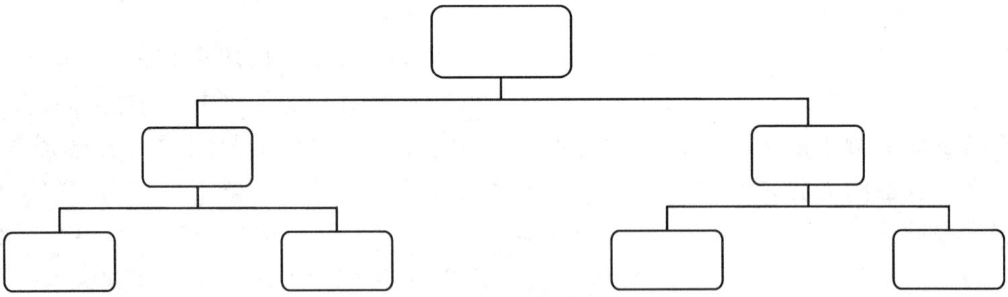

图2-3 垂直形的组织结构

3. 组织层次的划分

在任何一个组织中，除了从事管理工作的管理系统和管理人员之外，还有负责具体工作或活动执行的作业人员或操作人员。一个组织的层次可以划分为四层，即上层、中层、基层、操作层或作业层。前三层是管理层，最后一层的主要任务是负责各项具体工作的执行。

各层次之间的关系总是一定的，即上级对下级拥有指挥与监督的权利，下级对上级则负有完成任务和及时汇报工作的责任，上级与下级是领导与服从关系。这种关系是由组织的职权关系决定的，以此形成组织由上而下的纵向结构。

(二)部门的划分

部门划分亦称部门化，是对完成组织目标所必须开展的各项活动，按照一定的方式加以归并组合，以形成便于管理的单位或部门。组织设计除了通过层次的划分形成组织纵向结构之外，还需要通过部门的划分形成组织的横向结构。部门划分的结果形成部门。

1. 部门划分的常用方法

各个组织因为目标不同，组织活动也有很大的差异，这样形成的部门也会不同。一般来说，组织设计经常采用的划分方法(或依据、标准)有以下几种。

(1)按人数划分。这是一种最原始、最简单的划分方法，即每个部门规定一定数量的人员，由主管人员指挥完成一定的任务。这种划分的特点是仅考虑人的因素，在企业的基层组织的部门划分中使用较多，如每个班组人数的确定。

(2)按时间划分。根据时间来组织业务活动是最古老的划分部门的方法之一，多见于组织的底层。在许多组织中，由于经济的、技术的或其他一些原因，正常的工作日不能满足要求，而必须采用轮班的做法。例如，炼钢炉、医院的集中监护室、消防队等，均采用这种方法来进行组织。采用这种方法有利于连续、不间断地提供服务和进行生产，有利于使设备、设施得到最充分的利用；缺点在于夜间可能会缺乏监督，人员容易疲劳，协调和沟通有时会比较困难。

(3)按职能划分。这是应用最广泛的一种部门划分方法，几乎可以在所有类型组织的结构中找到它的踪迹。任何一个企事业组织存在的目的都是创造某种为他人所需要的物品或劳务，如制造(创造或增加物品或劳务的效用)、销售(寻找愿意按一定价格购买物品或接受服务的顾客)、财务(资金的筹措、保管和运作)等，可以说是所有的企事业组织的基本职能。以这些基本职能为依据，便可以将组织划分为生产部门、销售部门、财务部门等。当然，由于各种组织的活动领域及同一职能在不同组织中的重要程度不同等，现实中这些职能部门在不同类型的组织中会有不同的名称。

按照职能划分部门的优点：第一，有利于确保组织的主要基本活动得到重视；第二，由于遵循了专业化原则，有利于提高人员使用的效率，同时也简化了培训工作；第三，由于最高主管要对最终成果负责，因此为高层实施严格控制提供了手段。

这种划分部门方式的缺点：第一，容易使人们过度局限于自己所在的职能部门而忽视组织整体目标，部门间的协调比较困难；第二，只有最高主管才能对最终成果负责，因而对各部门的绩效和责任很难进行评价，也不利于培养综合全面的管理人才。

(4)按产品划分。这是许多开展多角化经营的大企业经常采用的部门划分方式。它实际上是由按照职能划分部门的企业逐步发展起来的。因为随着企业规模的扩大和产品品种的增加，管理工作变得越来越复杂，各部门主管者的工作负担也越来越重，而管理幅度的客观限制又使得他们难以通过增加直接下属的办法来解决问题，此时按照产品或产品系列来重新组织企业活动就很有必要。在这样的结构安排下，组织将有关某产品或产品系列的生产、销售、服务等职能活动授予该产品分部的经理，使其对该产品经营的利润负责。

按照产品划分部门的优点：第一，有利于企业采用专门设备，促进协调，充分发挥人员的技能和专门知识，也有利于产品和服务的改进和发展；第二，能够明确利润责任，便于最高主管把握各种产品或产品系列对总利润的贡献；第三，有利于锻炼和培养独当一面的总经理型的人才。

这种划分部门方式的缺点：第一，对产品分部主管人员的全面管理能力要求高；第二，各产品分部的独立性较强而整体观念较弱；第三，各产品分部内部需要保持职能部门或职能人员，从而造成资源重复配置、管理费用增加。

(5)按地区(或地域)划分。这是经营活动在地域上比较分散的企业所常用的一种部门划分方法。其做法是将某一地区的业务活动集中起来，并委派相应的管理者，形成区域性的部门。

按照地域划分部门的优点：第一，有利于鼓励地方参与决策，促进地区活动的协调；第二，有利于管理者注意当地市场的需要和问题；第三，生产的当地化有利于降低运输费用，缩短交货时间；第四，有利于培养能力全面的管理者。

这种方法的主要缺点：第一，机构重复使得费用增加；第二，总部对地方控制的难度较大；第三，要求管理者具有全面的管理能力。

(6)按服务对象(或顾客)划分。这是将组织为满足不同服务对象或顾客的需要而做的事加以分类，并以此为基础划分部门。例如，大学里设置的研究生院、成教学院，大型零售商业企业设置的儿童用品部、老年人用品部等。生产企业可划分为专门服务于家庭的部门、专门服务于企业的部门等。

这种划分方法最大的优点就是能满足各类服务对象专门的和一般的要求，社会效益比较好，提供的服务针对性强，便于企业从满足各类对象的要求出发安排活动；缺点是按这种方法组织起来的部门，其主管人员常常列举某些原因并要求给予特殊照顾和优待，从而使这些部门和按照其他方法组织起来的部门之间的协调发生困难。比如，在经济萧条时期，某类顾客的需求大幅度减少或几乎没有了；而在经济繁荣时期，某些顾客的需求又供不应求。所以，这样划分的部门要经常根据服务对象的需求变化而作相应的调整，时刻保持人员设置的灵活性。

(7)按设备或工艺流程划分。这在制造业中常常见到，如制造业企业中设立的焊接车间、压力加工车间、电镀车间等，就是按照技术或设备组织业务活动的。

这种方法有利于充分发挥设备的能力和专业技术人员的特长，便于维修设备和供应材料；不足之处是容易强调局部利益而忽视整体目标，部门间的协调比较困难。

2. 部门划分的原则

(1)精简原则。这是指组织结构中的部门力求量少而精简，但这是以有效地实现组织目标为前提的。

(2)弹性原则。这是指划分部门应随业务的需要而增减。在一定时期划分的部门，没有永久性的概念，其增设和撤销应随业务工作而定。组织也可以设立临时部门或工作组来解决临时出现的问题。

(3)目标实现原则。这是指必要的职能均应具备，以确保目标的实现。当某一职能与两个以上部门有关联时，应将每个部门所负责的部分加以明确规定。

(4)指标均衡原则。这是指各部门职务的指标分派应达到平衡，避免忙闲不均，工作量分摊不均。

(5)检查职务与业务部门分设原则。考核和检查业务部门的人员，不应隶属于受其检查评价的部门，这样就可以避免检查人员“偏心”，真正发挥检查职务的作用。

(三)职权的划分

组织的层次划分、部门划分确定了组织的纵向结构和横向结构，解决了组织内部各部门、各职位直接受排列顺序、空间位置和聚集状态影响等问题。职权划分的任务是解决组织中各层次、各部门之间的相互关系和联系方式问题，从而使组织真正成为一个有机的整体。

1. 职权的概念

职权是职务范围内的管理权限，是指由一定的正式程序所赋予某一职位的一种权力，是出于某一职位的人要求其下属为完成组织目标而做或不做某些事情的权力。其实质是决策的权力，即决定做什么、如何做、何时做的权力。它是管理者行使管理职责的工具和保障。需要指出的是，职权来源于职位，它是与组织中的职位有关，而与占据这一职位的个人无关的权力。

相关阅读

关于权力

职权是权力的一部分。权力是指指挥他人进行某项特定活动或作出特定决策的能力，其实质是影响力。权力由两部分组成，即职务权力(职权)和个人权力。

(1)职务权力。职务权力由合法权力、奖赏权力和强制权力组成。合法权力直接来自所担任的职务，可以影响他人的能力，是一种最容易理解和接受的权力；奖赏权力是指领导者对于下属认为有价值的奖励拥有控制权；强制权力是指领导者对于惩罚措施的控制权。

(2)个人权力。个人权力包括专长权和个人影响权。专长权是指通过掌握与工作有关的专业知识来控制他人的能力；个人影响权是指通过别人对自己的忠诚和爱戴，进而影响他人的能力。

优秀的管理者和领导者在自己的工作过程中，应学会把职务权力和个人权力有机地结合起来，这样才能实现最有效的领导与管理。

2. 职权的类型

组织内的职权有三种类型：直线职权、参谋职权和职能职权。

(1)直线职权。直线职权是直线主管人员所拥有的包括发布命令及执行决策等的权力，也就是通常讲的指挥权。所谓直线主管人员，是指能领导、监督、指挥、管理下属的人员，如企业的经理、车间主任、班组长等。每位直线主管都拥有直线职权，只不过因他们所处的管理层次不同，其职权大小及范围各有不同而已。

(2)参谋职权。参谋职权是某个职位或部门所拥有的辅助性职权，包括提供咨询、建议等权力。相应地，拥有这种职权的人员或部门称为参谋人员、参谋部门。日常生活中的顾问、参谋部、顾问班子、智囊团都属此类，他们都是协助直线主管进行工作的。参谋作为直线主管人员的助手，为其提供服务和协助，只拥有谋划和提供咨询、建议的权力，就是参谋职权。

(3)职能职权。职能职权是指某职位或某部门所拥有的进行专业管理的权力。相应地，拥有这种职权的人员或部门称为职能人员或职能部门。职能职权属于直线主管人员，由于种种原因，为确保有效地管理，直线主管人员往往将某一部分专业方面的工作授权给参谋人员或下级某一部门的主管人员。职能职权大多是由参谋或业务部门的负责人来行使，因为他们通常都是一些专业人员，他们的知识正是进行职能管理的基础。

职能职权实质上是直线职权的一部分，不过它行使的范围要小得多，只在某一专业方面有指挥权。相比之下，参谋职权完全没有对下属的指挥权，而只有对上级的参谋权。可见，职能职权是组织中较特殊的一种权力，是介于直线职权和参谋职权之间的一种职权。

相关阅读

职权划分应注意的问题

职权划分应注意以下几个方面：①做好职能的划分工作，从实际出发，不能太细，也不能太粗；②机构设置应精简、高效；③明确各职能部门之间的关系，建立完善的协调制度；④配备合适的人员，要因事用人，不能因人设事。

三、组织结构设计应遵循的基本原则

组织结构的设置，应根据组织的目标、外部环境和自身条件而定，没有固定的模式。但不管具体形式如何，有一些基本的原则是要遵守的，以此来保证组织的高效性和稳定性。

(一)目标统一原则

目标统一原则就是要求组织结构的设计和组织形式的选择必须有利于组织目标的实现。这就要求在进行组织设计时应以组织目标为中心，因事而设置机构、职务，做到人与事的高度配合。这里的“事”是实现组织目标应该做的工作、业务、活动。这样建立的组织结构才能反映组织目标的要求，使“事事有人做”，要避免“因人设事、因人设岗”。

(二)分工协作原则

组织结构的设计越是能反映完成目标所必需的工作、工作的分工及彼此之间的合作，委派的职务越是能符合担任这一职务的人的能力与动机，其组织结构越是有效。

这就要求组织设计按照提高管理专业化程度和工作效率的要求，分解组织的目标层，落实到各级、各部门及每一个人身上，使之明确自己在实现组织目标中应承担的工作职责。协作是与分工相联系的一个概念，有分工就必然有因此而产生的合作问题，而组织是一个有机整体，只有密切协作，才会发挥整体功能。

(三)统一指挥原则

组织中除了最高层的主管外，每一个人都对其唯一的直线上级负责，服从他的命令和指挥，向他汇报工作。这一原则贯彻得越彻底，整个组织的指挥就越统一、越有效，相互矛盾的指令就越少，而个人对结果的责任就会越强。统一指挥原则要求组织的上下级之间形成“指挥链”，也就是权力线。它上至组织的最高层，下至组织的基层，既是组织执行权力的线路，又是组织信息传递的重要渠道。

指挥链必须是连续的，不能中断；任何下级只能有一个直接上级；不允许上级越级指挥；职能机构无权干涉直线指挥系统的工作。

(四)权责一致原则

在组织设计时，既要明确规定各个部门、各个职位的职责范围，又要赋予完成其职责所必需的管理权限，使职责与职权相协调。只有职责没有职权或权限太小，则其承担责任的积极性、主动性必然受到束缚，实际上也不可能承担应有的责任；相反，只有职权而无任何责任，或责任程度小于职权，则会导致滥用权力和随意指挥。因此，应尽量避免这种现象的产生，组织设计时将职位、职责、职权形成规范，使权责对等。

(五)有效的管理幅度和管理层次原则

组织工作的作用是通过组织的有效运行来实现的，要保证组织运行的有效性，就必须处理好管理幅度和管理层次的问题，它们是协调组织中各层次、各部门及个人工作的一个重要方面。

(六)集权与分权相结合原则

集权与分权相结合原则即为了保证有效的管理，必须实行集权与分权相结合的领导体制。将应该集中的权力集中起来，应该下放的权力则分给下级，这样才能加强组织的灵活性和适应性。如果没有适度的分权，将所有的权力都集中在最高管理层，不仅会使最高层主管湮没于烦琐的日常事务之中，顾此失彼，而且也会助长某些不良的作风，会影响对例外问题的有效处理。因此，最高主管必须将与下属所承担的职责相对应的职权授予他们，使下属有职、有责、有权。这样，就能够使下属充分发挥其聪明才智，调动他们工作的积极性，以保证管理效率的提高，也可以减轻高层主管的负担，以集中精力抓大事。当然，在一个具体的组织中，到底哪些权力该集中、哪些权力该下放，必须具体问题具体分析。

(七)精干高效原则

精干高效原则即在服从组织目标所决定的业务活动需要的前提下，力求较少管理层次，精简管理机构和精减人员，提高管理效率。

精干是指机构少、人员精，高效是指工作效率高。一个组织只有机构精简、队伍精干，工作效率才会高；相反，如果组织层次繁多、机构臃肿、人浮于事，则势必导致人力资源的浪费，使效率降低。因此，一个组织是不是具备精干高效的特点，是衡量其组织结构是否合理的主要标准之一。

(八)稳定性和适应性相结合的原则

组织要进行实现目标的有效活动，就要求组织结构必须维持一种相对平衡的状态，组织结构不宜频繁调整，应有一定的稳定性。但是，稳定是相对的，由于组织及组织生存的环境是不断变化的，当组织结构明显地难以适应已变化发展的外部环境时，组织的调整和变革就不可避免。此时，只有调整与变革，才会给组织重新带来活力，进而提高组织的效率。

四、组织结构的形式

通过对组织的层次、部门和职权的划分，最后形成了组织的“骨架”——组织结构。企业组织结构的典型形式有直线制、职能制、直线职能制、事业部制、模拟分权制和矩阵制等。

(一)直线制

直线制又称军队制，是最早出现的也是最简单的企业组织结构形式。直线制组织结构如图 2-4 所示。

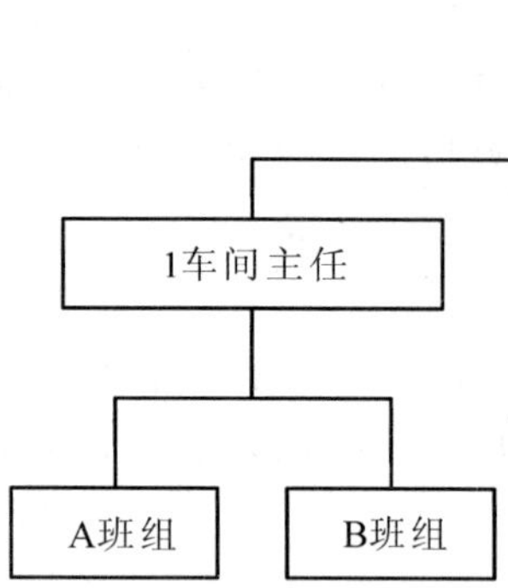

图 2-4 直线制组织结构

直线制的特点是企业各级行政单位从上到下实行垂直领导，下属部门只接受一个上级的指令，各级主管负责人对所属单位的一切问题负责。厂部不另设职能机构(可设职能人员协助主管人工作)，一切管理职能基本上都由行政主管自己执行。

直线制组织结构的优点是结构比较简单，责任分明，命令统一；缺点是要求行政负责人通晓多种知识和技能，必须亲自处理各种业务。

在业务比较复杂、企业规模比较大的情况下，把所有管理职能都集中到最高主管一人身上，显然是难以实现的。因此，直线制只适用于规模较小、生产技术比较简单的企业，生产技术和经营管理比较复杂的企业并不适用这种组织结构。

(二)职能制

职能制组织结构是各级行政单位除主管负责人外，还相应地设立一些职能机构。比如，在厂长下面设立职能机构和人员，协助厂长从事职能管理工作。这种结构要求行政主管把相应的管理职责和权力交给相关的职能机构，各职能机构就有权在自己业务范围内向下级行政单位发号施令。因此，下级行政负责人除了接受上级行政主管人指挥外，还必须接受上级各职能机构的领导。职能制组织结构如图 2-5 所示。

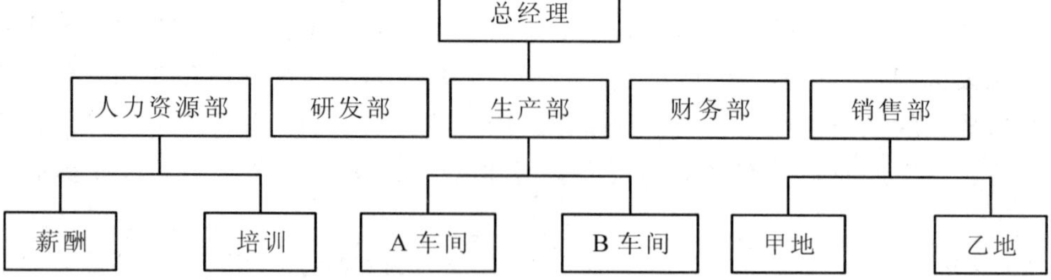

图 2-5 职能制组织结构

职能制的优点是能适应现代化工业企业生产技术比较复杂、管理工作比较精细的特点；能充分发挥职能机构的专业管理作用，减轻直线领导人员的工作负担。但缺点也很明显：一是妨碍了必要的集中领导和统一指挥，形成了多头领导；二是不利于建立和健全各级行政负责人和职能科室的责任制，在中间管理层往往会出现“有功大家抢、有过大家推”的现象；三是在上级行政领导和职能机构的指导和命令发生矛盾时，下级就无所适从，影响工作的正常进行，容易造成纪律松弛，生产管理秩序混乱。由于这种组织结构形式的明显的缺陷，现代企业一般都不采用职能制。

(三)直线职能制

直线职能制也称生产区域制或直线参谋制，是在直线制和职能制的基础上取长补短，吸取这两种形式的优点而建立起来的。目前，我们绝大多数企业都采用这种组织结构形式。

这种组织结构形式是把企业管理机构和人员分为两类：一类是直线领导机构和人员，按命令统一原则对各级组织行使指挥权；另一类是职能机构和人员，按专业化原则从事组织的各项职能管理工作。直线领导机构和人员在自己的职责范围内有一定的决定权和对所属下级的指挥权，并对自己部门的工作负全部责任；而职能机构和人员，则是直线指挥人员的参谋，不能对直接部门发号施令，只能进行业务指导。直线职能制组织结构如图 2-6 所示。

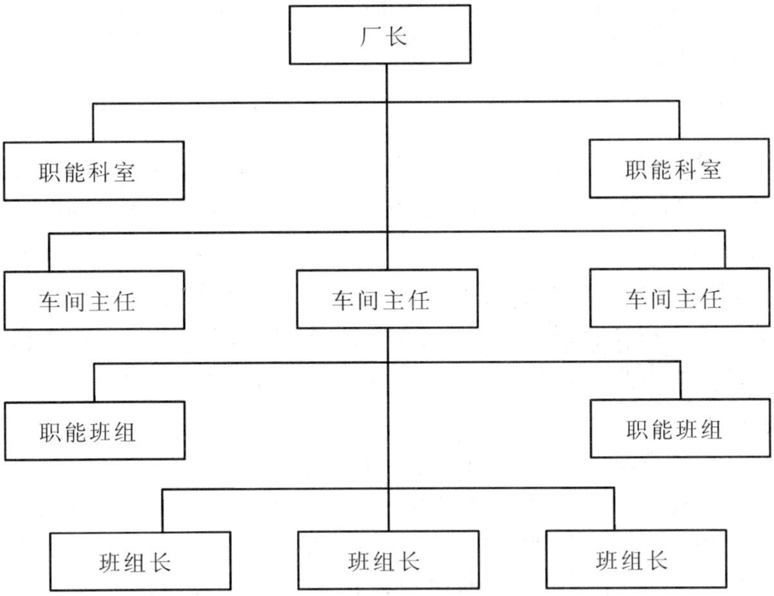

图 2-6　直线职能制组织结构

直线职能制的优点是既能保证企业管理体系的集中统一，又可以在各级行政负责人的领导下，充分发挥各专业管理机构的作用；其缺点是职能部门之间的协作和配合性较差，职能部门的许多工作要直接向上层领导报告请示后才能处理，不仅加重了上层领导的工作负担，也降低了办事效率。为了克服这些缺点，可以设立各种综合委员会或建立各种会议制度，以协调各方面的工作，起到沟通作用，帮助高层领导出谋划策。

(四)事业部制

事业部制最早是由美国通用汽车公司总裁斯隆于 1924 年提出的，故也称斯隆模型，是一种高度(层)集权下的分权管理体制。它适用于规模庞大、品种繁多、技术复杂的大型企业，是国外较大的联合公司所采用的一种组织形式。近些年我国一些大型企业集团或公司也引进了这种组织结构形式。事业部制组织结构如图 2-7 所示。

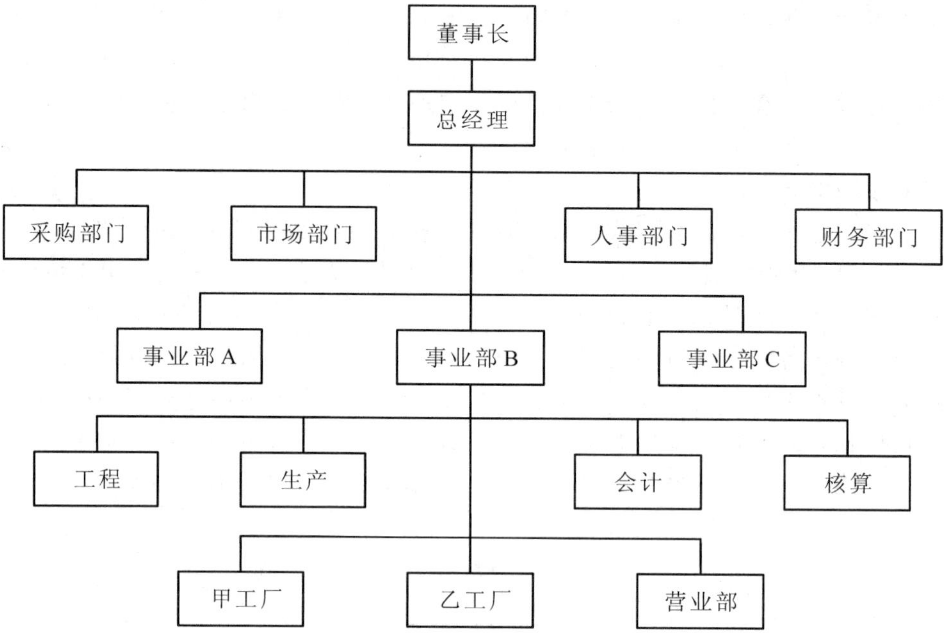

图 2-7 事业部制组织结构

事业部制是分级管理、分级核算、自负盈亏的一种形式，即一个公司按地区或按产品类别分成若干个事业部，从产品的设计、原料采购、成本核算、产品制造，一直到产品销售，均由事业部及其所属工厂负责，实行单独核算、独立经营，公司总部只保留人事决策、预算控制和监督大权，并通过利润等指标对事业部进行控制。

有的事业部只负责指挥和组织生产，不负责采购和销售，实行生产和供销分立，但这种事业部正在被产品事业部所取代。

(五)模拟分权制

模拟分权制是一种介于直线职能制和事业部制之间的结构形式。许多大型企业，如连续生产的钢铁、化工企业由于产品品种或生产工艺过程所限，难以分解成几个独立的事业部。又由于企业的规模庞大，以致高层管理者感到采用其他组织形态都不容易管理，这时就出现了模拟分权组织结构形式。所谓模拟，就是要模拟事业部制的独立经营、单独核算，但不是真正的事业部，实际上是一个个“生产单位”。这些生产单位有自己的职能机构，享有尽可能大的自主权，负有“模拟性”的盈亏责任，目的是调动他们的生产经营积极性，达到改善企业生产经营管理的目的。

需要指出的是，各生产单位由于生产上的连续性，很难被截然分开。就以连续生产的石油化工为例，甲单位生产出来的“产品”直接成为乙单位生产的原料，这当中无须中转和停止生产。因此，它们之间的经济核算只能依据企业内部的价格，而不是市场价格。也就是说，这些生产单位没有自己独立的外部市场。这也是模拟分权制与事业部制的差别所在。

模拟分权制的优点是除了能够调动各生产单位的积极性外，还能解决企业规模过大不易管理的问题，高层管理人员将部分权力分给生产单位，减少了自己的行政事务，从而把精力集中到战略问题上来；其缺点是不易为模拟的生产单位明确任务，造成考核上的困难，各生产单位领导人不易了解企业的全貌，在信息沟通和决策权力方面也存在着明显的缺陷。

模拟分权制组织结构如图 2-8 所示。

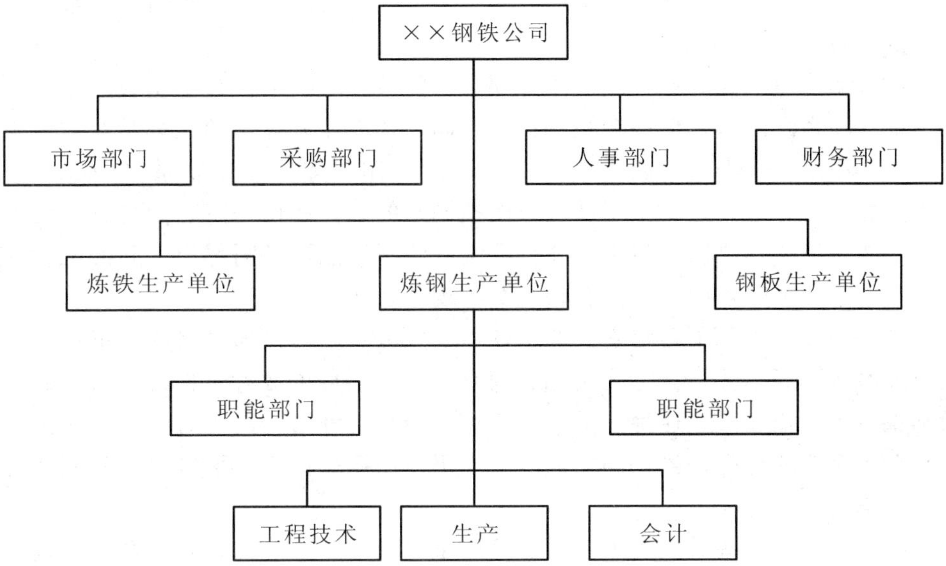

图 2-8　模拟分权制组织结构

(六)矩阵制

在组织结构上，把既有按职能划分的垂直领导系统，又有按产品(项目)划分的横向领导关系的结构，称为矩阵组织结构。矩阵制组织结构如图 2-9 所示。

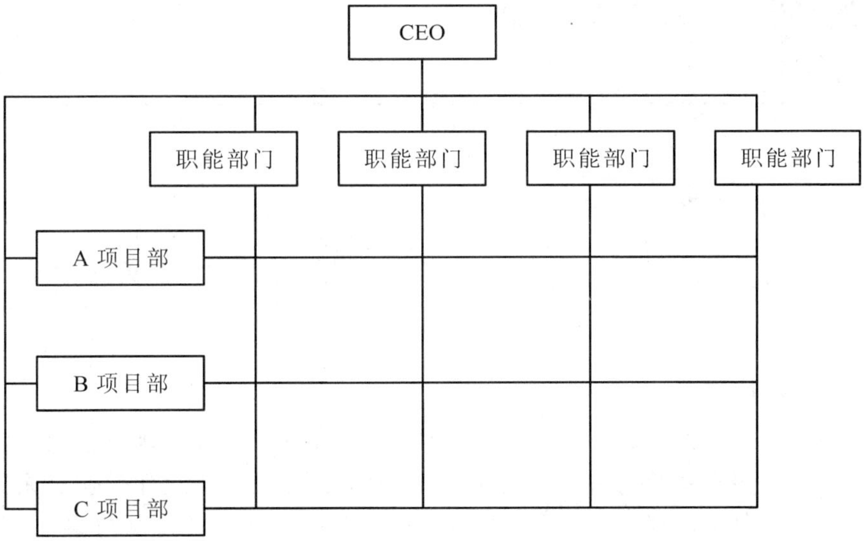

图 2-9　矩阵制组织结构

矩阵制组织是为了改进直线职能制横向联系差、缺乏弹性的缺点而形成的一种组织形式。它的特点表现在围绕某项专门任务成立跨职能部门的专门机构上。例如，组成一个专门的产品(项目)小组去从事新产品的开发工作，在研究、设计、试验、制造各个不同阶段，由有关部门派人参加，力图做到条块结合，以协调有关部门的活动，保证任务的完成。这种组织结构形式是固定的，人员却是变动的，项目小组和负责人也是临时组织和委任的，任务完成后就解散，有关人员回原单位工作。因此，这种组织结构非常适用于横向协作和攻关项目。

矩阵结构的优点：①机动、灵活，可随项目的开发与结束进行组织或解散；②由于这种结构是根据项目组织的，任务清楚、目的明确，各方面有专长的人都是有备而来，因此在新的工作小组里，能沟通、融合，能把自己的工作同整体工作联系在一起，为攻克难关、解决问题而献计献策；③由于从各方面抽调来的人员有信任感、荣誉感，使他们增加了责任感，激发了工作热情，促进了项目的实现；④加强了不同部门之间的配合和信息交流，克服了直线职能结构中各部门互相脱节的现象。

矩阵结构的缺点：①项目负责人的责任大于权力，因为参加项目的人员都来自不同部门，隶属关系仍在原单位，只是为“会战”而来，所以项目负责人对他们管理困难，没有足够的激励手段与惩治手段，这种人员上的双重管理是矩阵结构的先天缺陷；②由于项目组成人员来自各个职能部门，当任务完成以后，仍要回原单位，因而容易没有归属感，对工作有一定影响。

矩阵结构适用于一些重大攻关项目，可用来完成涉及面广的、临时性的、复杂的重大工程项目或管理改革任务，特别适用于以开发与实验为主的单位，如科学研究等。

扫描二维码，阅读委员会制与多维立体组织结构的相关内容。

拓展阅读	学习笔记

任务深层思考

结合实际，分析组织结构的形式。

项目小结

亲爱的同学，你已经完成了项目二的学习。初步了解了企业及现代企业制度。从一般意义上来说，现代企业系统由人、财、物、信息四大要素组成。企业经营有成功，就会有失败，任何企业在任何时候都应该有风险意识。

现代企业制度是企业制度的现代形式，是由若干具体制度相互联系而构成的系统。它的基本特征是产权清晰、权责明确、政企分开、管理科学。

企业的组织结构之于企业，就好比骨架之于人体，它是企业管理系统的硬件。组织结构设计的内容一般包括层次的划分、部门的划分、职权的划分，以及相互的协调等基本内容。通过对组织的层次、部门和职权的划分，最后形成了组织结构。企业组织结构的典型形式有直线制、职能制、直线职能制、事业部制、模拟分权制和矩阵制等。组织结构的设置应根据组织的目标、外部环境和自身条件而定，没有固定的模式，但不管具体形式如何，有一些基本的原则是要遵守的。

下面请进入“能力自测”部分，一方面巩固项目二所学内容，另一方面为后续课程的学习夯实理论基础。

能力自测

一、单项选择题

1. 企业是指从事生产、流通或服务等活动，为满足社会需要进行自主经营、自负盈亏、承担风险、实行独立核算，具有法人资格的(　　)。

A. 社会组织　　B. 法人组织　　C. 经济组织　　D. 事业组织

2. 具有法人资格的企业是(　　)。

A. 个人独资企业　　B. 合伙企业　　C. 有限责任公司　　D. 股份制公司

3. 在企业中，营销主管与营销人员之间的职权关系是(　　)。

A. 直线职权关系

B. 参谋职权关系

C. 既是直线职权关系，又是参谋职权关系

D. 既不是直线职权关系，也不是参谋职权关系

4. 易导致多头领导，不能实行统一指挥的组织形式是(　　)。

A. 直线制组织结构　　B. 事业部制组织结构

C. 直线职能制组织结构　　D. 职能制组织结构

5. 一般来说，企业在发展之初规模较小时，采用的都是直线制的组织结构形式，这种结构形式所具有的最大优点是(　　)。

A. 能充分发挥专家的作用，提高企业的经营效益

B. 加强了横向联系，能够提高专业人才与专用设备的利用率

C. 每个下级都能得到多个上级的工作指示，管理工作全面、深入

D. 命令统一，指挥灵活，决策迅速，管理效益高

6. 把组织划分为权力组织、执行组织和监督组织，其依据是(　　)。

A. 管理的事项及其复杂程度不同　　B. 权力配置的方式不同

C. 功能和职责不同　　D. 活动的内容和功能不同

7. 在企业人力规模一定的情况下，管理幅度与管理层次在数量上的关系是(　　)。

A. 没有什么必然联系　　B. 直接成正比例关系

C. 有明显的间接联系　　D. 直接成反比例关系

8. 组织职权是一定职位上的权限，它是由(　　)决定的。

A. 职位承担者　　B. 上级　　C. 民选　　D. 职位

9. 以组织产品、地域和服务对象等为基础，把组织划分为若干单位而组成的组织结构称为(　　)。

A. 事业部制组织结构　　B. 矩阵制组织结构

C. 直线制组织结构　　D. 职能制组织结构

10. 一家产品单一的跨国公司在世界许多地区拥有客户和分支机构，该公司的组织结构应考虑按(　　)因素来划分部门。

A. 职能　　B. 产品　　C. 地区　　D. 矩阵结构

11. 某公司总经理发现会议室卫生很差，好像很久没有打扫过，便打电话将这件事告诉了行政后勤部负责人，该负责人立刻电话告诉事务科科长，事务科科长又打电话通知公务班班长，公务班班长派了两名员工，很快就将会议室卫生搞好。过了一段时间，同样的情况再次出现。这表明该公司在管理方面存在(　　)的问题。

A. 组织层次太多　　B. 总经理越级指挥

C. 各部门职责不清　　D. 员工缺乏工作主动性

12. 某总经理把产品销售的责任委派给一位负责商场经营的副总，由其负责所有地区的经销办事处。但同时，该总经理又要求各办事处的经理们直接向总会计师汇报每天的销售数字，而总会计师也可以直接向各办事处的经理们下达指令。该总经理的这种做法违反了(　　)原则。

A. 权责对等　　B. 统一指挥　　C. 集权化　　D. 分工协作

13. 组织文化的作用机制具有评价性、个体性和(　　)等特点。

A. 综合性　　B. 自然性　　C. 双向性　　D. 强制性

14. (　　)原理是指职位的职责和职权越是对等一致，组织运行的效率就越高。

A. 权责一致　　B. 权责对等　　C. 集权分权结合　　D. 因事设职

15. 对单个公司而言，按(　　)划分部门是最普遍采用的方法。

A. 产品　　B. 地区　　C. 职能　　D. 服务对象

16. 职位权力是(　　)获取的。

A. 通过完成关键工作　　B. 通过正常的晋升

C. 在克服危机中　　D. 通过上级领导者的赏识、信任

17. 个人权力是(　　)获取的。

A. 通过人格感染力　　B. 通过自身专长的提高

C. 通过感情和利益的投放　　D. 通过特殊关系

在线测试	总　结
	______________________ ______________________ ______________________

二、简答题

1. 试比较直线制组织结构、职能制组织结构的异同。
2. 现代企业制度的内容有哪些？
3. 企业组织结构设计的内容有哪些？
4. 组织设计的原则有哪些？

案例分析

金果子公司组织结构设计案例

金果子公司是美国南部一家种植和销售黄橙和桃子两大类水果的家庭式农场企业，由老祖父约翰逊在50年前开办，拥有肥沃的土地和明媚的阳光，特别适合种植这些水果。公司长期以来积累了丰富的水果存储、运输和营销经验，能有效地向海内外市场提供保鲜、质好的水果。经过半个世纪的发展，公司已初具规模。老祖父10年前感到自己体衰，将公司的管理大权交给儿子杰克。孙子卡尔前两年从农学院毕业后，回到农场担任了杰克的助手。

金果子公司大体上开展如下三个方面的活动：一是有相当一批工人和管理人员在田间劳动，负责种植、收获黄橙和桃子；二是一些人员从事发展研究，他们主要是高薪聘来的农业科学家，负责开发新的品种并设法提高产量；三是由一批经验丰富的销售人员负责市场营销活动，走访各地的水果批发商和零售商。公司的销售队伍实力强大，而且他们也像公司其他部门的员工一样，非常卖力地工作着。

杰克和卡尔对金果子公司的管理一直没有制定正式的政策和规则，对工作程序和职务说明的规定也很有限。杰克相信，一旦人们对工作有了亲身了解后，他们就应当而且能够有效地开展工作。

不过，金果子公司目前的规模已经发展得相当大了，杰克和卡尔都感到有必要为公司建立起一种比较正规的组织结构。

杰克请来了他年轻时的朋友比利(现在已成为一名享有知名度的管理咨询人员)来帮助他们。比利指出，他们可以有两种选择：一是采取职能结构形式，二是按产品来设立组织结构。

问题：

1. 请绘制以上两种组织结构图。

2. 你认为，金果子公司在经营规模扩大到要求建立起正规化的组织结构时，是职能形式对它更合适，还是产品事业部形式对它更合适？为什么？

3. 预想不久后该公司的规模获得进一步的迅速扩大，那么在目前选择的组织形式基础上应如何调整其结构形式？可以增加什么样的管理层次？

实训操作

【实训目标】

增强对一家企业及其组织结构的感性认识，收集企业制度和规范的有关资料。

【实训内容与要求】

1. 全班同学自愿组成小组，每组6～8人，实地走访一家企业，对该企业的组织结构及其制度规范进行了解。

2. 需要收集的信息包括以下几个方面。

(1)企业的主要生产经营活动。

(2)企业的组织结构图。

(3)各主要职位、部门的职责权限及职权关系。

(4)企业主要的制度规范。

3. 调查访问结束后，组织一次课堂交流与讨论，时间为2课时。

【实训成果与检测】

1. 教师根据各小组的表现进行评估打分。

(1)所调查企业的生产经营活动调查报告(500字左右)。

(2)所调查企业的组织结构图。

(3)所调查企业的各主要职位、部门的职责权限与职权关系描述。

2. 在小组讨论的基础上，每个同学结合调查访问所得重要信息(如照片、文字材料)，撰写访问报告或小结，之后交老师保存。

学习笔记

项目三

中小微企业激励与沟通

知识目标：

1. 了解激励原则；
2. 掌握中小微企业规范化管理的沟通技巧；
3. 掌握沟通平台上的七种激励方法。

能力目标：

1. 能正确运用员工激励的技巧；
2. 学会激励与沟通实战操作。

素质目标：

1. 树立集体荣誉感，增强凝聚力；
2. 培养良好的沟通与协调能力。

项目任务：

1. 中小微企业激励实务；
2. 中小微企业沟通实务；
3. 中小微企业激励沟通操作培训。

扫描二维码，获取本项目的教学内容展示。

教学内容展示	预习笔记

项目导入

相关阅读

团队沟通的几个误区

一家优秀的中小微企业，强调的是团队的精诚团结。其中，如何沟通是一门大学问。中小微企业管理者要尽可能地与员工进行交流，使员工能够及时了解管理者的所思所想，使管理者领会员工的所思所想，明确责权赏罚；平级之间及下属与上级之间的沟通能够消除彼此之间的误解，或者了解彼此心中的真实意图，使团队在工作中发挥出更大的效能。

沟通是中小微企业员工之间的互动交流，沟通可以消除误会，增进了解，使团队的关系更加融洽。如果彼此缺乏沟通，就会产生矛盾，造成隔阂，形成内耗，影响中小微企业的正常运转。可在现实中，员工之间相互沟通也不是一件容易的事，由于受等级观念、官本位思想、趋炎附势心态的影响，往往存在以下两个误区。

1. 对上沟通没有“胆”

程序员小王有一阵子老是受上司的冷落，尽管小王的业绩比较突出，可在业务会上，上司很少表扬他，倒是那些业绩平平的同事成了上司心目中的“新宠”。小王几次想跟上司沟通，询问上司对他的看法，可小王每当想敲上司的办公室门时，又犹豫起来，赶紧缩回手。

那么小王为什么不去主动跟上司沟通呢？这是源于陈旧的等级观念，不敢主动与上司沟通。一般的员工总是认为沟通是上司对下级，哪有下级主动去找上司沟通的。这种偏见贻误了员工主动与上司沟通的机会，结果是背着沉重的负担而不能自拔。因此，中小微企业员工要去掉“怕”字，主动大胆地与上司沟通，征求上司对自己的意见，及时消除上司对自己的误解，或者了解上司的真实意图，以便更好地工作。

2. 平级沟通没有“肺”

一家优秀的中小微企业，强调的是团队的精诚团结、密切合作。因此，平级之间的沟通十分重要。平级之间要想沟通好，必须开诚布公，相互尊重。如果虽有沟通，但不是敞开心扉，而是藏着掩着，话到嘴边留半句，那还是达不到沟通的效果。

有一家中小微企业，财务部和营销部长期缺乏沟通，有时候开联席会议，也是各怀心事，没有诚意。因而在一些事情上，两个部门长期扯皮，影响了这家企业的声誉。心细的总经理发现了这个症结，他把两个部门的经理叫到一起，让他们推心置腹地沟通。原来两个部门长期有隔阂，是因为他们的员工背地里都在说对方的坏话。财务部说营销部做烂好人，总是把客户直接带到他们办公室讨债。财务部想把公司的流动资金多周转一次，对外谎称公司账户上暂时没有钱，而营销部的人却拆他们的台。经过总经理做工作，两个部门的经理之间进行了有效沟通，消除了存在已久的隔阂。

扫描二维码，获取本项目的项目说明。

项目说明	预习笔记

任务1　中小微企业激励实务

任务分析

不同中小微企业应具备不同的管理模式，在探讨如何构建中小微企业激励与沟通机制前，应先学习以下相关知识。

相关知识

一、激励的概念

所谓激励，就是组织通过设计适当的外部奖酬形式和工作环境，以一定的行为规范和惩罚性措施，借助信息沟通，激发、引导、保持和归化组织成员的行为，以有效地实现组织及其成员个人目标的系统活动。

这一定义包含以下几个方面的内容。

一是激励的出发点是满足组织成员的各种需要。即通过系统地设计适当的外部奖酬形式和工作环境，来满足中小微企业员工的外在需要和内在需要。

二是科学的激励工作需要奖励和惩罚并举。既要对员工表现出来的符合中小微企业期望的行为进行奖励，又要对不符合企业期望的行为进行惩罚。

三是激励贯穿中小微企业员工工作的全过程，包括对员工个人需要的了解、个性的把握、行为过程的控制和行为结果的评价等。激励工作需要耐心，激励员工需要锲而不舍。

四是信息沟通贯穿激励工作的始末。从对激励制度的宣传、中小微企业员工个人的了解，到对员工行为过程的控制和对员工行为结果的评价等，都依赖一定的信息沟通。中小微企业组织中信息沟通是否通畅，是否及时、准确、全面，直接影响着激励制度的运用效果和激励工作的成本。

五是激励的最终目的是在实现组织预期目标的同时，也能让组织成员实现其个人目标。即达到组织目标和员工个人目标在客观上的统一。

扫描二维码，获取员工激励的相关内容。

拓展阅读	学习笔记

二、激励的基本原则

(一)目标结合原则

在激励机制中，设置目标是一个关键环节。目标设置必须同时体现组织目标和员工需求。

(二)物质激励和精神激励相结合的原则

物质激励是基础，精神激励是根本。在两者结合的基础上，逐步过渡到以精神激励为主。

(三)引导性原则

外激励措施只有转化为被激励者的自觉意愿，才能取得激励效果。因此，引导性原则是激励过程的内在要求。

(四)合理性原则

激励的合理性原则包括两层含义：一是激励的措施要适度，要根据所实现目标本身的价值大小确定适当的激励量；二是奖惩要公平，奖励与惩罚的力度也要大体相当。

(五)明确性原则

激励的明确性原则包括三层含义：一是明确，激励的目的是需要做什么和必须怎么做；二是公开，特别是员工关注的共性问题；三是直观，即实施物质奖励和精神奖励时都需要直观地表达它们的指标，总结和授予奖励和惩罚的方式。

(六)时效性原则

要把握激励的时机，“雪中送炭”和“雨后送伞”的效果是不一样的。激励越及时，越有利于将人们的激情推向高潮，使其创造力连续、有效地发挥出来。

(七)正激励与负激励相结合的原则

所谓正激励，就是对员工的符合组织目标的期望行为进行奖励。所谓负激励，就是对员工违背组织目的的非期望行为进行惩罚。正负激励都是必要而有效的，不仅会作用于当事人，而且会间接地影响周围其他人。

(八)按需激励原则

激励的起点是满足员工的需要，但员工的需要因人而异、因时而异，并且只有采用满足最迫切需要(主导需要)的措施，其绩效才高，其激励强度才大。因此，领导者必须深入地进行调查研究，不断了解员工需要层次和需要结构的变化趋势，有针对性地采取激励措施，才能收到实效。

扫描二维码，阅读中小微企业应如何进行有效激励的相关内容。

拓展阅读	学习笔记

三、如何正确运用激励原则

正确地运用激励原则，可以提高激励的效果，达到中小微企业管理中预先设定的目标。正确运用激励原则应注意以下几个因素。

(一)实施激励应遵循的原则

实施激励应遵循以下基本原则。

1. 奖惩得当

实施激励要做到该奖者奖、该罚者罚，奖罚适度，还要视被奖罚对象的实际需求，采取不同的奖罚形式和方法。

2. 公平公正

实施激励要做到实事求是，有统一的奖罚标准，还要做到全面兼顾，对一线员工、机关人员、后勤人员一视同仁。

3. 公开及时

实施激励时，应将奖惩结果公开，使受奖者成为大家的榜样，受罚者引起大家的警戒。奖惩还要及时，该奖的立即兑现，该罚的马上处理，才能收到最好的激励效果。

4. 激励与约束并重

激励与约束就好像汽车的油门和刹车，要两者并重。不能光有激励，没有约束；也不能只讲约束，而忽视激励的作用。

(二)建立和完善现代中小微企业制度

中小微企业要长久、有效地激励员工，必须从建立和完善现代中小微企业制度开始，从体制上为中小微企业员工提供一个良好的工作和发展平台。通过建立、健全一系列富有激励约束作用的规章制度，主要包括物质奖酬制度、工作设计制度、职工参与管理制度、人力资源管理制度等，对中小微企业全体员工形成强大的激励约束作用，从而最大限度地激发全体员工的积极性、主动性、创造性，最终实现中小微企业的持续、快速、健康发展。

(三)建设优秀的中小微企业文化平台

中小微企业文化是人力资源管理中的一个重要机制，只有当中小微企业文化能真正融入每个员工个人价值观时，他们才会把中小微企业的愿景当成自己的奋斗目标。因此，用员工认可的文化来管理和激励员工，可以由他律转化为自律，可以变外在约束为内在约束，形成加倍的激励与约束效果，可以为中小微企业的长远发展提供动力。中小微企业应通过确立鲜明的企业宗旨和经营理念，建立“共识式”领导方式，推行“知识管理”等来提高员工的公平感，营造良好的组织气氛，建设良好的企业文化，建立、健全企业文化激励约束机制。

(四)形成有利于中小微企业发展的内部竞争环境

良好的内部竞争环境对于激发员工的工作热情和创造性十分重要。只有在中小微企业内部形成公开、公平、公正的选才、用人、培训、奖惩制度，才能让所有员工处在同一起跑线上，充分发挥他们的智慧和才干，无所顾忌、毫无保留地参与内部竞争。同时，还要做到责、权、利相称，使员工承担的责任与行使的权力、得到的利益相一致。

“人”是中小微企业运作的主导因素，中小微企业的生产、营销、管理、服务等一切活动都依赖“人”。因此，人的高效工作是中小微企业高效运作的前提和保证。只有根据人的需要的多样性、层次性、潜在性和可变性，将中小微企业的发展与员工的利益巧妙地结合起来，根据人的才能的差异性、特殊性、适用性和个人兴趣，将中小微企业的岗位设置与员工实现自我价值巧妙地结合起来，实施有效激励，使员工的需求成为自我激励的内部驱动力和自我监控的内部约束力，才能发挥人的主观能动性和创造力，使每一位员工都能勤勤恳恳、兢兢业业地做好每一件事，高效、优质、安全地完成每一项工作任务。这样，中小微企业运作的每一个环节都能做到高效、优质，中小微企业才能从整体上实现高效运作。

四、激励的作用

对一家中小微企业来说，科学的激励制度至少具有以下几个方面的作用。

(一)吸引优秀的人才到中小微企业来

发达国家的许多中小微企业，特别是那些竞争力强、实力雄厚的中小微企业，通过各种优惠政策、丰厚的福利待遇、快捷的晋升途径来吸引需要的人才。

(二)开发员工的潜在能力，促进在职员工充分地发挥其才能和智慧

美国哈佛大学教授威廉·詹姆斯在对员工激励的研究中发现，按时计酬的分配制度仅能让员工发挥20%～30%的能力，如果受到充分激励的话，员工的能力可以发挥出80%～90%，两种情况之间的差距就是有效激励的结果。如果把激励制度对员工创造性、革新精神和主动提高自身素质的意愿的影响考虑进去的话，激励对工作绩效的影响就更大了。

(三)留住优秀人才

德鲁克认为，每一个组织都需要三个方面的绩效：直接的成果、价值的实现和未来的人力发展。缺少任何一方面的绩效，组织注定无法实现其目标。因此，每一位管理者都必须在这三个方面均有贡献。在三个方面的贡献中，对“未来的人力发展”的贡献就来自激励工作。

(四)造就良性的竞争环境

科学的激励制度包含一种竞争精神，它的运行能够创造出一种良性的竞争环境，进而形成良性的竞争机制。在具有竞争性的环境中，组织成员就会受到环境的压力，这种压力将转变为员工努力工作的动力。正如麦格雷戈所说：“个人与个人之间的竞争，才是激励的主要来源之一。”在这里，员工工作的动力和积极性成了激励工作的间接结果。

五、激励的形式

(一)物质激励

物质资料是人类生存与发展必不可少的物质条件，是社会生活中最基础的需要，是人们从事一切社会活动的基本动因。由此而产生的物质利益关系是社会关系中最根本的关系。物质激励就是从满足人的物质需要出发，对物质利益关系进行调节，从而激发人的向上动机并控制其行为的趋向。物质激励多以加薪、减薪、奖金、实物奖励、罚款等形式出现。在当前的社会经济条件下，物质激励是激励不可或缺的重要手段，它对强化中小微企业按劳取酬的分配原则、调动员工的劳动热情、激发员工的创造力有极大的作用。

(二)精神激励

人区别于一般动物的主要特征是人不仅有物质上的需要，还有精神上的追求；不仅想吃饱、穿暖，得到物质享受，还要有自尊心和荣誉感。精神激励就是从满足人的精神需要出发，对人的心理施加必要的影响，从而产生激发力，影响人的行为。精神激励主要体现为尊重、信任和给予荣誉，如把员工当亲人、向员工问好、让员工感受工作的乐趣、与员工谈心、听取员工的意见和建议、对表现好的员工进行表扬或授予荣誉称号等。精神激励作为激励的一种重要手段，有激发作用强、持续时间长等特点。

(三)行为激励

行为激励就是把表现优异者的行为作为榜样，从而达到调动人的积极性的目的。人们常说“榜样的力量是无穷的”，就是指某种典型人物的行为，能够激发人们的情感，引发人们的“内省”与共鸣，从而起到强烈的示范作用，就像一面旗帜，引导人们的行动。

(四)知识激励

在当今的知识经济时代，对中小微企业员工特别是从事专业技术工作的人来说，知识和信息显得格外重要。如果一个人才，不能进行必要的知识更新，得不到可靠的新信息、新情报，他的才干和创造能力就会明显衰退，逐渐失去继续前进的勇气和信心，甚至最后变成一个普通人。知识激励就是适时向各类人才提供必要的知识更新和获取信息的机遇，如定期送到大专院校和各类专科学校深造，参加各种科技知识讲座，增加与各类专家、学者的接触机会，进入高效率的信息情报网络，到先进地区参观学习，或在工作时间内允许他们有一定的自由空间，使他们有时间阅读有关文件、资料和书籍等。

(五)目标激励

目标是组织对个体的一种心理引力。目标激励就是中小微企业确定适当的目标和愿景，诱发员工的动机和行为，达到调动员工的积极性和创造性的目的。目标具有引发、导向和激励的作用。一个人只有不断启发对高目标的追求，才能激发对其奋发向上的内在动力。

(六)岗位激励

岗位是人施展自身才干、实现人生抱负的舞台。一个人即使再有能力，放到不合适的岗位，他的才干就得不到发挥，就不能为中小微企业创造相应的财富。对表现优秀的员工，安排到更适合发挥其才干的岗位上，或给予提拔重用的机会，就能起到很好的激励作用。

(七)情感激励

情感是影响人们行为最直接的因素之一，任何人都有各种情绪的需求。在满足人们物质需要的同时，中小微企业领导要关心员工的精神生活和心理健康，提高员工的情绪控制力和心理调节力；要大力开展社会公德、职业道德和家庭美德教育，以建立正常、良好、健康的人际关系，营造一种相互信任、相互关心、相互理解、相互体谅、相互支持、互敬互爱、团结融洽的工作氛围；培养人们的生活能力和合作精神，增强员工对中小微企业的归属感。

六、激励员工的重要性

如何做好员工的激励是中小微企业领导者要慎重考虑的一个重要内容。激励可以分为正、负两个方面，也就是我们常说的奖罚分明。对优秀员工一定要激励，从而提升他们的工作积极性，不断为中小微企业创造更多的价值；对于有错误、有失误，给中小微企业造成损失和影响的员工，也要坚决实施负激励，从而保证整个员工队伍的责任感。

对于员工激励，有两个方面的内容：一是确定激励的标准，即什么样的员工才会被激励，做了什么样的事情或贡献才会被激励；二是客观、现实地了解员工的需要，有针对性地激励，特别是对于创造了价值、作出了贡献的员工，中小微企业领导者应尽可能给予他们认为有用的激励，这样才能调动员工的积极性。

对员工进行成就激励的途径如下：①工作细节决定来自激励感满足；②明确个人的责、权、利；③构造公正、透明的业绩比较平台；④提供有效的个人培训；⑤挑战来自中小微企业对员工的实践。

综上所述，激励就是达到管理目的的必要和重要手段，只要领导者能在公司现有的资源基础上最大限度地整合中小微企业资源的潜能，以最小的成本创造最大的利润，那么就达到了激励的目的。

任务深层思考

对一家中小微企业而言，如何才能保证领导正确使用员工激励机制？

任务2 中小微企业沟通实务

任务分析

用沟通来支撑一个中小微企业的发展是非常必要的。中小微企业在发展初始阶段也许重心各异，但当其到一定的阶段，就有必要重新梳理或者强化交流沟通的内涵。在研究中小微企业沟通如何影响一个组织的成长和发展之初，应先学习以下相关知识。

相关知识

一、沟通的概念

沟通是人与人之间、人与群体之间思想与感情的传递和反馈的过程，以求思想达成一致和感情的通畅。

松下幸之助有句名言："企业管理过去是沟通，现在是沟通，未来还是沟通。"管理者的真正工作就是沟通。不管到了什么时候，中小微企业的管理都离不开沟通。

沟通是人类组织的基本特征和活动之一。没有沟通，就不可能形成组织和人类社会。家庭、中小微企业、国家，都是十分典型的人类组织形态。沟通是维系组织存在，保持和加强组织纽带，创造和维护组织文化，提高组织效率、效益，支持、促进组织不断发展和进步的主要途径。

有效的沟通让我们高效率地把一件事情办好，让我们享受更美好的生活。善于沟通的人懂得如何维持并改善彼此关系，更好地展示自我需要、发现他人需要，最终赢得更好的人际关系和成功的事业。

有效沟通的意义可以总结为以下几点：①满足人们彼此交流的需要；②使人们达成共识，开展更多的合作；③降低工作的代理成本，提高办事效率；④能获得有价值的信息，并使个人办事更加井井有条；⑤使人进行清晰的思考，有效把握所做的事。

沟通是人类行为的基础。沟通涉及各式各样的活动：交流、劝说、教授及谈判等。有些人无论在生活中，还是工作中，人际关系都处理得非常和谐，就是因为他们掌握了有效的沟通技巧。

扫描二维码，阅读沟通技巧的相关内容。

拓展阅读	学习笔记

相关阅读

沟通艺术

古代医学提出的“望闻问切”在管理中也具有很现实的意义，对包括职业生涯的管理、中小微企业的管理和生活的管理等都具有意义。

1. 沟通艺术之“望”

“望”是指观察。在沟通中，55%的信息来自肢体语言，一种无声的语言；而声音和文字只分别占 38%和 7%。所以，“察言观色”变得不可或缺，否则很多重要的信息，尤其是下意识传递的信息会被忽视，从而影响对事物及时而准确的判断。

2. 沟通艺术之“闻”

“闻”即听，特指倾听，包括用耳去听、用眼观察、用脑思考和用心体会。因此，沟通中的“闻”与普通意义上的听存在着质的差别。

3. 沟通艺术之“问”

在“望闻问切”中，“问”排行第三，说明要先打好“望”和“闻”的基础，并且在“问”的同时也要以“望”和“闻”为主，即多看多听，少说少问。

4. 沟通艺术之“切”

“切”在医学中指摸脉象，俗称号脉。脉搏的波动可以反映人的一些内在的生命信息，因此可以通过这个“窗口”观察到人体内部一些病情。沟通中的“切”的定义可以更宽广一些。

二、沟通的基本模式

沟通包括语言沟通和非语言沟通。语言沟通包括口头语言沟通和书面语言沟通，非语言沟通包括声音语气(如音乐)、肢体动作(如手势、舞蹈、武术、体育运动等)。最有效的沟通是语言沟通和非语言沟通相结合。

(一)语言沟通

语言是人类特有的一种非常好的、有效的沟通方式。语言的沟通包括口头语言沟通、书面语言沟通、图片或者图形沟通。口头语言包括我们面对面的谈话、讨论会、讲座等。书面语言包括我们的信函、广告和传真，甚至现在用得很多的 E-mail 等。图片或者图形包括一些幻灯片和电影等。

在沟通过程中，语言沟通对信息的传递、思想的传递和情感的传递而言，更擅长传递的是信息。即时通信的沟通、论坛里的沟通主要是书面沟通。

（二）肢体语言的沟通

肢体语言内容非常丰富，包括我们的动作、表情、眼神。实际上，我们的声音也包含非常丰富的肢体语言。我们在说每一句话的时候，用什么样的音色去说，怎样抑扬顿挫地说等，这都是肢体语言的一部分。

我们说沟通的模式有语言和肢体语言这两种，语言更擅长沟通的是信息，肢体语言更擅长沟通的是人与人之间的思想和情感。

三、沟通方式的比较

（一）各种沟通方式比较（见表 3-1）

表 3-1 沟通方式比较

沟通方式	举例	优点	缺点
口头	交谈、讲座、讨论会、电话	快速传递、快速反馈、信息量大	传递中经过层次越多，信息失真越严重，核实越困难
书面	报告、备忘录、信件、内部期刊、布告	持久、有形、可以核实	效率低、缺乏反馈
非语言	声、光信号、体态、语调	信息意义十分明确，内涵丰富，表现形式多样	传递距离有限，界限模糊，只能意会不能言传
电子媒介	广播、电视、网络等	快速传递、信息量大、传递范围广、可复制与保存	单向传递为主，传递沟通有阻碍

（二）单向沟通和双向沟通的比较（见表 3-2）

表 3-2 单向沟通和双向沟通的比较

因素	结果
时间	双向沟通比单向沟通需要更多的时间
信息和理解的准确程度	在双向沟通中，接受者理解信息和发送者意图的准确程度大大提高
接受者和发送者的置信程度	在双向沟通中，接受者和发送者都比较相信自己对信息的理解
满意	接受者比较满意双向沟通，发送者比较满意单向沟通
噪声	由于与问题无关的信息较易进入沟通渠道，双向沟通的噪声比单向沟通要大得多

四、实现团队有效沟通

(一)分析阻碍有效沟通的原因

在日常的沟通行为中，常常因为一些“意外”而使沟通无法实现，甚至会出现相反的效果。这些情况都表明，沟通出现了障碍，分析阻碍有效沟通的主要原因有以下几点。

1. 个人原因

(1)人们对人对事的态度、观点和信念不同造成沟通的障碍。知觉选择的偏差是指人们有选择地接受。例如，人们在接受信息时，符合自己利益需要又与自己切身利益有关的内容很容易接受，而对自己不利或可能损害自己利益的则不容易接受。

(2)个人的个性特征差异引起沟通的障碍。在组织内部的信息沟通中，个人的性格、气质、态度、情绪、兴趣等差别，都可能引起信息沟通的障碍。

(3)语言表达、交流和理解造成沟通的障碍。同样的词汇对不同的人来说含义是不一样的。在一个组织中，员工常常来自不同的背景，有着不同的说话方式和风格，对同样的事物有着不一样的理解，这些都有可能造成沟通的障碍。

2. 人际原因

人际原因主要包括沟通双方的相互信任程度和相似程度。

沟通是发送者与接受者之间“给”与“受”的过程。信息传递不是单方面的，而是双方的事情。因此，沟通双方的诚意和相互信任至关重要。在组织沟通中，当面对来源不同的同一信息时，员工最可能相信他们认为的最值得信任的那个来源的信息。上下级之间的猜疑只会增加抵触情绪，减少坦诚交谈的机会，也就不可能进行有效的沟通。

沟通的准确性与沟通双方的相似性也有着直接的关系。沟通双方的特征，包括性别、年龄、智力、种族、社会地位、兴趣、价值观、能力等相似性越大，沟通的效果也会越好。

3. 结构原因

信息传递者在组织中的地位、信息传递链、团体规模等结构因素也都影响了有效的沟通。许多研究表明，地位的高低对沟通的方向和频率有很大的影响。例如，人们一般愿意与地位较高的人沟通。地位悬殊越大，信息越趋向于从地位高的流向地位低的。信息传递层次越多，它到达目的地的时间也越长，信息失真率则越大，越不利于沟通。另外，组织机构庞大，层次太多，也影响信息沟通的及时性和真实性。

(二)克服沟通障碍的方法

要实现团队的有效沟通，必须消除上述沟通障碍。在实际工作中，可以通过以下几种方式。

1. 团队领导者的责任

领导者要认识到沟通的重要性，并把这种思想付诸行动。中小微企业的领导者必须真正地认识到与员工进行沟通对实现组织目标十分重要。如果领导者通过自己的言行认可了沟通，这种观念会逐渐渗透到组织的各个层级中去。

2. 团队成员提高沟通的心理水平

团队成员要克服沟通的障碍，必须注意以下心理因素的作用。

(1)在沟通过程中要认真感知，集中注意力，以便信息准确而又及时地被传递和接受，要避免信息错传，减少信息损失。

(2)增强记忆的准确性是消除沟通障碍的有效心理措施。记忆准确性水平高的人，传递信息可靠，接受信息也准确。

(3)提高思维能力和水平是提高沟通效果的重要心理因素。高的思维能力和水平对于正确地传递、接受和理解信息有重要的作用。

(4)培养稳定情绪和良好的心理状态，创造一个相互信任、有利于沟通的小环境，有助于人们真实地传递信息和正确地判断信息，避免因偏激而歪曲信息。

3. 正确地使用语言文字

语言文字运用得是否恰当直接影响沟通的效果。使用语言文字时要简洁、明确，叙事说理要言之有据，条理清楚，富有逻辑；措辞得当，通俗易懂，不要滥用辞藻，不要讲空话、套话。非专业沟通时，少用专业术语。可以借助手势语言和表情动作，以增强沟通的生动性和形象性，使对方容易接受。

4. 如何做好员工的工作

有效的倾听能增加信息交流双方的信任感，是克服沟通障碍的重要条件。要提高倾听的技能，可以从以下几个方面去努力：①使用目光接触；②展现赞许性的点头和恰当的面部表情；③避免分心的举动或手势；④要提出意见，以显示自己不仅在充分聆听，而且在思考；⑤复述，用自己的话重述对方所说的内容；⑥要有耐心，不要随意插话和随便打断对方的话；⑦不要妄加批评和争论；⑧使听者与说者的角色顺利转换。

5. 缩短信息传递链，拓宽沟通渠道

信息传递链过长，会减慢流通速度并造成信息失真。因此，一方面，要减少组织机构重叠，拓宽信息渠道；另一方面，团队管理者应激发团队成员自下而上地沟通。例如，运用交互式广播电视系统，允许下属提出问题，并得到高层领导者的解答。如果是在一个公司，公司内部刊物可以设立“有问必答”栏目，鼓励所有员工提出自己的疑问。此外，在利用正式沟通渠道的同时，可以开辟非正式的沟通渠道，让领导者走出办公室，亲自和员工交流信息。坦诚、开放、面对面的沟通会使员工觉得领导者理解自己的需要和关注点，这样就可以取得事半功倍的效果。

总之，有效的沟通在团队的运作中起着非常重要的作用。成功的团队领导把沟通作为一种管理的手段，通过有效的沟通来实现对团队成员的控制和激励，为团队的发展创造良好的心理环境。因此，团队成员应统一思想，提高认识，克服沟通障碍，实现有效沟通，为实现个人和团队的共同发展而努力。

五、中小微企业沟通技巧

管理沟通以互通有无、争取配合为主要目的，并且在中小微企业内部进行。管理沟通不同于公关，不同于谈判，应该直截了当、简明扼要，同时受到中小微企业文化的影响和制约。只有诚信为本、求真务实的中小微企业文化才能让员工之间做到直言不讳。规范化管理的内部沟通技巧如下。

(一)沟通从工作出发

如果需要沟通，一定是自己感到对方对正在进行的工作重视不够，或是对上级的安排理解不透，妨碍了工作顺利进行。如果你认为只要和对方进行一次沟通就能解决问题，应该先选择互相沟通，以求得问题的迅速圆满解决；沟通失败，再考虑报告上级。因此，沟通一定要着眼于工作。双方因工作产生误会而进行沟通也是为了工作。

(二)沟通遵循制度和流程

正在进行的工作遇到了阻碍，问题出在哪个环节，谁是这个环节的负责人，公司的制度或流程对此一定是有规定的。因为我们必须遵循各司其职、各负其责的原则开展工作。如果你找一个不相干的人进行沟通，一是对方会认为你没事找事，二是你的目的根本达不到。

(三)沟通开宗明义

找准了沟通对象，先询问对方是否有空。如果对方正忙于一个上司交办的紧急工作或正在思考一个创意方案，贸然打断别人，会让对方感到不适。一旦确定对方时间上方便，你就可以直截了当地提出自己的沟通议题、自己的期盼，然后等候对方回应。切忌转弯抹角、废话连篇，这样不仅浪费自己的时间，也会给对方一个不好的印象。

(四)征询对方意见

既然是找对方沟通，一定是自己觉得对方在解决问题上举足轻重，那就必须虚心听取对方的意见，了解对方对沟通的工作不配合的原因或存在的困难，或者是对方有了更好的完成任务的创意，正等着你来商议。内部工作沟通不可转弯抹角，但必须尊重他人。听取对方意见时，不宜随意打断对方，以免分散对方注意力、影响对方表达。同时要注意，如果你是工作上的佼佼者，更不可盛气凌人，一定要谦虚。

(五)提出个人建议

待对方陈述个人意见之后，你如果觉得对方言之有理，除了完全接受之外，别忘了表示感谢。沟通目的达到，工作可以继续进行。如果对方提出的建议，在你看来只有部分可取，那也是一个不错的开端。如果对方提出的建议，在你看来没有一条可取，你陈述自己的理由就可以，切不可进行人身攻击。

(六)听取对方反馈

在提出与对方不同的意见之后，应询问对方是否有其他补充。这样做的目的一是让对方把思路调整到你的建议上来；二是在情感上表达对对方的尊重，让对方转变观念、接受你的建议时有心理准备。对方的反馈必须耐心倾听。

(七)双方求同存异

由于所处的位置不同、个人经历不同，同事间在工作方式上存在不同态度、不同观点是再正常不过的事情，不必大惊小怪，换个角度从对方的立场上考虑，也许你也会有改变。在这一点上应求同存异，只要工作能够正常进行就可以了。不一定是一方说服另一方，或者是完全迁就对方，以保一团和气，这都是不可取的态度和行为。

(八)问题解决为宜，否则报告上级

是不是所有的沟通都能圆满解决问题？显然不是。碰到本位主义严重的，很简单的问题都可能被复杂化。万一碰到以自我为中心的人，沟通不畅的时候，除了保持冷静之外，你必须立即报告双方共同的上级，由上级来协调。企业内部有分歧很正常，没有分歧才不正常。同事之间应以诚待人，以搞好工作为目的，以提高工作效率为宗旨。

任务深层思考

找一家当地的中小微企业，实践当前成功的中小微企业沟通技巧与方法。

任务3　中小微企业激励沟通操作培训

任务分析

通过学习以下相关知识，掌握中小微企业激励沟通方法，并能初步设计中小微企业沟通实例。

相关知识

一、激励沟通的方法

沟通协调是人力资源管理者的一项最基本的技能。与人的沟通协调包括四个方面：一是与客户和外部关系的沟通，二是与上级领导的沟通，三是与同事的沟通，四是与下属的沟通。其中，最主要的是与下属的沟通。与下属的沟通具体包括以下几点。

(一)情感沟通

管理者与员工之间除了单纯的命令发布和命令实施外，还有其他的沟通方式。这种沟通主要表现在情感上的沟通，如管理者会了解员工对工作的一些真实想法，或员工在生活上和个人发展上的一些其他需求。在这个阶段，员工还没有就工作中的问题与管理者进行决策沟通，但它为决策沟通打下了基础。良好的团队精神就是情感沟通的目的。团队精神是培养全团队意识，让技术及素质较高的员工指导较差的员工，树立团队的荣誉就是个人的骄傲的理念，互利共生、互惠成长，想办法给人利益点、安全感，以获取和谐的团队关系。

(二)有效激励

有效激励就是激发人的内在潜力，使人感到劳有所得、功有所获，从而增加自觉努力工作的责任感。因此，能否建立、健全激励机制，能否有效地激励每一个员工，将直接关系中小微企业的稳定和发展。

人力资源管理者采取的有效激励途径正是沟通平台上的七种激励方法。

1. 目标激励

振奋人心、切实可行的奋斗目标，可以起到鼓舞和激励的作用。所谓目标激励，就是把大、中、小和远、中、近的目标结合起来，使人在工作中每时每刻都把自己的行动与这些目标联系起来。目标激励包括设置目标、实施目标和检查目标。

2. 奖励激励

奖励要物质奖励与精神奖励相结合。奖励方式要不断创新，新颖刺激和变化刺激的作用是比较大的，重复多次的刺激，其作用就会减退，激励作用也会减少。

3. 支持激励

支持激励就是作为一个人力资源管理者，要善于支持员工的创造性建议，把员工蕴藏的聪明才智挖掘出来。支持激励包括：尊重下级的人格、尊重首创精神，爱护下级的积极性和创造性；信任下级，放手让下级排忧解难，增加下级的安全感和信任感；当工作遇到差错时，承担自己应该承担的责任，创造一定的条件，使下级能胜任工作。

4. 关怀激励

了解是关怀的前提。作为一个管理者，对下属要做到"八个了解"，即了解员工的姓名、籍贯、出身、家庭、经历、特长、个性、表现；"八个有数"，即对员工的工作情况、身体状况、学习情况、经济状况、家庭成员、住房状况、兴趣爱好和社会交往有数。

5. 榜样激励

通过具有典型性的人物和事例，营造典型示范效应，让员工明白提倡或反对什么思想、作风和行为，鼓励员工学先进、帮后进。要善于及时发现典型、总结典型、运用典型。

6. 团队激励

通过给予团队荣誉，培养集体意识，从而产生自豪感和荣誉感，形成一种自觉维护团队荣誉的力量。各种管理和激励制度，要有利于团队意识的形成，从而形成个性与共性的"三驾马车"(中小微企业、部门和个人)合力作用。

7. 数据激励

用数据显示成绩和贡献，能更有可比性和说服力地激励员工的进取心。对能够定量显示的各种指标，都要尽可能地进行定量考核，并定期公布考核结果，这样可使员工明确差距，迎头赶上。

二、沟通的三个方向

我们可用人体的三个器官来形象说明沟通的三个方向：①往上沟通没有"胆"，碰到领导没有那个胆子，这个"胆"就是胆识；②往下沟通没有"心"，这个"心"叫作心情，没有那个心情；③水平沟通没有"肺"，这个"肺"叫作肺腑。没心、没肺又没有胆的人，是不可能完成沟通的。

例如，A 是总经理，他底下有三个部门经理，分别是销售部经理 B、生产部经理 C 和财务部经理 D。销售部经理底下有甲、乙两个人，生产部经理底下有丙、丁两个人。那么，所谓往上沟通，就是甲对他的经理 B 没有"胆"；所谓往下沟通，就是总经理 A 对生产部经理 C 没有那个"心"；所谓水平沟通，就是生产部经理 C 对财务部经理 D 没有那个"肺"。可见，没胆、没心、没肺，这是不良沟通的三个主要形式。

三、实战操作

【案例 1】

往上沟通要有"胆"

这是发生在美国的一个故事：一个替人割草的男孩出价 5 美元，请他的朋友为他给一位老太太打电话。电话拨通后，男孩的朋友问道："您需不需要割草？"

老太太回答说："不需要了，我已经有了割草工。"

男孩的朋友又说："我会帮您拔掉花丛中的杂草。"

老太太回答："我的割草工已经做了。"

男孩的朋友再说："我会帮您把走道四周的草割齐。"

老太太回答："我请的那个割草工也已经做了，他做得很好。谢谢你，我不需要新的割草工。"

男孩的朋友便挂了电话，接着不解地问割草的男孩："你不是就在老太太那儿割草打工吗？为什么还要我打这个电话？"

割草男孩说："我只是想知道老太太对我工作的评价。"

这个故事的寓意是只有经常与老板或上级领导沟通，你才有可能知道自己的长处与短处，才能够了解自己的处境。但现实是很多人因为怕领导打官腔，很少主动跟领导沟通，但是永远不沟通也不是办法。

【实战操作 1】

在企业中，大多数人都有一个上级，都有一个领导，都有一个管着你的人在上面。你总是要跟他沟通，畏缩或逃避不能解决问题，所以还是以积极的心态应对为好。如何往上沟通呢？请同学们写一份如何与上级沟通的解决方案。

【案例 2】

往下沟通要有心

一位成功的老板这样说过："我的下属的确在适应我，但我为了适应他们而作出的努力要多得多。"被称为日本"经营之神"的松下幸之助，他的管理思想里，倾听和沟通占有重要的地位。他经常询问下属："说说看，你对这件事是怎么考虑的？"他还经常到工厂里去走走，一方面便于发现问题，另一方面有利于听取工人的意见和建议。韦尔奇也是沟通理论的忠实执行者，为了充分了解下属的想法，他喜欢进行"深潜"。可见，掌握与下属员工沟通的技巧和艺术，对领导者无疑有着举足轻重的意义。

【实战操作 2】

怎么做才能使往下沟通有成果？请同学们写一份使往下沟通有成果的解决方案。

【案例 3】

水平沟通要真诚

什么是水平沟通？这里指的是没有上下级关系的部门之间的沟通。因为部门和平级之间的沟通经常缺乏真心，没有服务及积极配合意识，所以水平沟通存在很多障碍，最常见的就是"踢皮球"了。这样的障碍在中小微企业中无处不在。因此，水平沟通对双方的沟通能力提出了很高的要求。

【实战操作 3】

怎么做才能使水平沟通有效率？请同学们写一份使水平沟通有效率的解决方案。

【案例 4】

中小微企业管理沟通的重要性

许多新的管理理念、方法技术的产生，无不是经过数次沟通的结果，其根本目的是提高管理效能和效率。

组织中的分工越来越细，中小微企业内部的员工需要通过沟通传递信息、思想和感情，从而达到与他人在认知及行为上的呼应。如果中小微企业的员工不能强化自己与他人的沟通，可能没有人知道他们在做什么、他们的贡献是什么，也就无法赢得别人的理解和尊重。

重要的是，无效的沟通会使组织产生不必要的损失，特别是知识型的员工，其贡献度大，同时破坏性也很大。从组织外部的沟通来看，这也成为对组织的全新挑战。相关利益者从未像现在这样影响着一个中小微企业的生存和发展，甚至是能否可持续发展。

【实战操作 4】

沟通如何成为中小微企业的基础管理？又如何通过管理达成其最核心的作用？

任务深层思考

组织内外沟通有何差异？

项目小结

亲爱的同学，你已经完成了项目三的学习内容，结合前面各项目的认识和学习，相信你对于中小微企业激励与沟通的重要性及如何营建良好的中小微企业激励与沟通机制有了较好的认识和理解。本项目的重点在于通过分析中小微企业激励与沟通的内容和构成，介绍中小微企业激励与沟通的方法、技巧，使同学们能真正体会中小微企业激励与沟通对中小微企业长久生存的重要性，并学会如何在实践中进行应用。

下面请进入“能力自测”部分，通过对项目三内容的学习，能及时转化为实际应用知识。

能力自测

一、单项选择题

1. (　　)多为人际沟通、人际交流，以交流思想和感情为主，是为了解决工作中存在的误解、不一致看法而进行的沟通。

A. 目标沟通　　B. 思想沟通　　C. 信息沟通　　D. 平行沟通

2. 协调职能的存在使领导能力得到了提升，有人把领导者的这种能力称为(　　)。

A. 协调领导力　　B. 合作领导力　　C. 协作领导力　　D. 创新领导力

3. 行为激励方法有多种。从激励方法上看，“破釜沉舟”“背水一战”属于(　　)。

A. 目标激励　　B. 竞争激励　　C. 恶性激励　　D. 反激励

4. 法约尔认为，管理的基本职能包括计划、组织、指挥、协调和(　　)。

A. 领导　　B. 激励　　C. 决策　　D. 控制

5. 根据社会系统学派的观点，组织写作系统由(　　)三个因素构成。

A. 信息沟通、统一领导、协作意愿　　B. 统一领导、协作意愿、共同目标

C. 协作意愿、共同目标、信息沟通　　D. 共同目标、信息沟通、统一领导

在线测试	总　结

二、简答题

1. 简述激励对团队建设的重要性和作用。
2. 简述沟通对团队建设的重要性和作用。
3. 描述你亲历的关于团队(包括自己)在激励与沟通方面的成功或失败事例。
4. 假如你是一个团队的带头人，你将如何进行有效的激励与沟通？

案例分析

激励员工的五项原则

据估计，全球每年有三分之一的粮食因受病虫和杂草危害而损失，如何有效地生产粮食是人类面临的重大问题。一百多年前，巴斯夫公司在德国路德维希港创立，一直为发现和生产各种农业化学品而努力。现在，巴斯夫公司是世界上最大的化工厂之一。

在上百年的经营过程中，巴斯夫探索出了一套激励员工的方法，并以五项基本原则作为激励员工的准则。

1. 员工分配的工作要适合他们的工作能力和工作量

人岗匹配是配置员工追求的目标，为了实现人适其岗，需要对员工和岗位进行分析。每个人的能力和性格不同，每个岗位的要求和环境也不同，只有事先分析、合理匹配，才能充分发挥人才的作用，才能保证工作顺利完成。巴斯夫主要通过四种方法来促进人岗匹配：第一，多名高级经理人同时会见一名新员工，多方面了解他的兴趣、工作能力、工作潜能；第二，公司除定期评价工作表现外，还有相应的工作说明和要求规范；第三，用电子数据库储存有关工作要求和员工能力的信息，及时更新；第四，通过“委任状”，由高级经理人向董事会推荐到重要岗位的候选人。

2. 论功行赏

员工对公司的贡献受到诸多因素的影响，如工作态度、工作经验、教育水平、外部环境等，虽然有些因素不可控，但最主要的因素是员工的个人表现，这是可以控制和评价的因素。巴斯夫的原则是员工的收入必须根据他的工作表现确定。员工过去的表现是否得到认可，直接影响到未来的工作结果。“论功行赏”不但可以让员工知道哪些行为该发扬、哪些行为该避免，还能激励员工重复和加强那些有利于公司发展的行为。因此，在工作表现的基础上体现工资差异，是建立高激励机制的重要内容。此外，巴斯夫还根据员工的表现提供不同膳食补助金、住房、公司股票等福利。

3. 通过培训，提高员工的工作能力

巴斯夫为员工提供各种培训计划，由专门的部门负责规划和组织。培训计划包括一些基本的技能培训，也涉及高层的管理培训，还有根据公司实际情况开发的培训课程。巴斯夫的组织结构十分明确，每个员工都知道自己岗位在公司中的位置和作用，还可方便地了解到有哪些升迁途径，并可获取相关的资料。巴斯夫在晋升方面有明显的内部导向特征，更趋向于从内部提拔管理人员，这为那些有志于发展的人才提供了升职机会。

4. 不断改善工作环境和安全条件

适宜的工作环境不但可以提高员工的工作效率，还能调节员工的心理。根据生理需要设计工作环境，可以加快速度、节省体力、缓解疲劳；根据心理需要设计工作环境，可以创造愉悦、轻松、积极、有活力的工作氛围。巴斯夫对工作环境进行了人性化的改造，在工厂附近设立各种专用汽车设施，在公司内开设多家食堂和饭店，为体力劳动者增设盥洗室，保持工作地点整洁干净。

安全是对工作条件最基本的要求，但很多中小微企业难以保证。巴斯夫从事化工行业，更加理解安全的重要意义。巴斯夫建立了一大批保证安全的标准设施，由专门的部门负责，如医务部、消防队、工厂高级警卫等，各部门负责各自工作范围内的安全问题，并向所在部门的工人提供定期的安全指导和防护设施。巴斯夫还设立各种安全设施，如时时检测环境污染和噪声；还建立各种安全制度，如大楼每一层都必须有一名经过专门安全训练的员工轮流值班。除设施和制度的保障外，还以奖励的方式鼓励安全生产，那些意外事故发生率最低的车间可以得到安全奖。

5. 实行抱合作态度的领导方法

在领导与被领导的关系中，巴斯夫强调抱合作态度。领导者在领导的过程中，就如同自己被领导一样，在相互尊重的氛围中坦诚合作。巴斯夫的领导者的任务是商定工作指标、委派工作、收集情报、检查工作、解决矛盾、评定下属职工和提高他们的工作水平。其中，最主要的任务是评价下属，根据工作任务、工作能力和工作表现给予公正评价，让下属感受到自己对中小微企业的贡献，认识到在工作中的得失。评价的原则是“多赞扬、少责备”，尊重员工，用合作的方式帮助其完成任务。任务被委派后，领导必须亲自检查，员工也自行检验中期工作和最终工作结果，共同促进工作的顺利完成。

问题：

1. 为实现人岗匹配，是因岗选人好，还是因人设岗好？请说明理由。（可采用辩论的形式讨论）

2. 巴斯夫的组织结构十分明确，员工可以清晰地知道自己所在的位置及晋升途径。清晰的晋升路径一定对员工起积极作用吗？请阐述原因。

3. 为了保障安全，在大楼的每一层，巴斯夫都安排一名经过专门安全训练的员工轮流值班。是让所有员工参与值班好，还是安排固定员工负责值班好？请说明理由。

4. 抱合作态度的领导方法，领导人的主要任务应该是什么？在领导的过程中，领导人主要在哪些方面进行合作？

实训操作

【实训目标】

调研中小微企业激励与沟通建设状况，了解中小微企业激励与沟通对该中小微企业发展的影响。

【实训内容与要求】

1. 以小组为单位，设计中小微企业激励与沟通调查问卷。

2. 小组选择一家中小微企业进行问卷调查。

3. 调查访问结束后，小组整理好调查资料，并撰写调研报告，课堂以小组为单位进行讨论与交流，时间为2课时，文字材料整理后上交教师保存。

【实训成果与检测】

1. 教师综合以下评估打分。

(1)小组的问卷设计。

(2)小组收集的相关中小微企业资料。

(3)小组的调研报告和课堂交流心得，要求提交书面材料(1 500字左右)。

(4)小组课堂口头表述。

(5)小组每位成员实训期间的工作表现。

2. 个人须上交的实训心得与体会。

学习笔记

项目四

实施有效的人力资源管理

知识目标：

1. 了解人力资源管理的定义；
2. 熟悉人力资源规划的程序；
3. 掌握绩效考核办法；
4. 了解薪酬的基本构成。

能力目标：

1. 能制作中小微企业招聘计划；
2. 能设计中小微企业绩效考核体系。

素质目标：

1. 尊重中小微企业人才的成长规律，正确发挥人的主观能动性；
2. 培养选人、育人、用人、留人的能力。

项目任务：

1. 学习人力资源管理的基础内容；
2. 做好人力资源规划工作；
3. 建立招聘与培训机制；
4. 构建绩效考核体系；
5. 完善薪酬管理。

扫描二维码，获取本项目的教学内容展示。

教学内容展示	预习笔记

项目导入

相关阅读

重视企业的用人观

某民营制造企业，其市场具有很强的季节性、波动性。每到销售旺季，公司总经理就从市场上以高薪招聘一批人；到了淡季，除了销售经理和几个销售骨干外，其他人都被解聘。销售经理多次向公司总经理提意见说，这样会导致销售人员的流失和销售业绩的下降。可总经理却说，只要我们付高薪，不愁招不到人，在销售淡季养这么大一批闲人不划算。又到了一年的旺季，可公司的销售骨干都纷纷跳槽到了别的企业。最后，连销售经理也提出辞职。这时总经理才感到事情的严重性。

扫描二维码，获取本项目的项目说明。

项目说明	预习笔记
	______________________________ ______________________________ ______________________________

任务1　学习人力资源管理的基础内容

任务分析

管理的核心就是对人的管理。没有有效的人力资源管理，一切管理都无从谈起。我们先来学习人力资源管理相关的知识。

相关知识

一、人力资源的含义

美国管理学家彼得·德鲁克在《管理的实践》一书中首次提出了“人力资源”的概念，他指出：“企业或事业唯一的真正资源是人。”自此，“人力资源”一词开始受到关注并逐渐被广泛使用。

所谓人力资源，是指能够推动国民经济和社会发展的、具有脑力劳动能力和体力劳动能力的人的总和。

具有劳动能力的人是指能够独立参加社会劳动、推动整个经济和社会发展的人，不是泛指一切具有一定的脑力和体力劳动能力的人。按照这个界定，我们讨论的人力资源既包括处于劳动年龄内具有劳动能力的人口，也包括劳动年龄之外参加社会劳动的人口。

人力资源包括智力劳动能力和体力劳动能力。同时，人力资源也包含人的现实的劳动能力和潜在的劳动能力。人的现实的劳动能力是指人能够直接迅速投入劳动过程，并对社会经济的发展产生贡献的劳动能力。也有一部分人，由于某些原因，暂时不能直接参加特定的劳动，必须经过对人力资源的开发等过程才能形成劳动能力，这就是潜在的劳动能力。对儿童进行培养，使之逐步在体力上和智力上形成劳动能力，旨在将来作用于社会经济发展过程，这就是潜在人力资源的开发过程。对文化素质较低的人进行培训，使其具备现代生产技术所需要的劳动能力，从而能够上岗操作，这也是潜在人力资源的开发过程。由于人的劳动能力和人始终融为一体，不可分开，因此人力资源又可泛指具有劳动能力的人。

二、人力资源的特点

(一)人力资源的主观能动性

这是人力资源的首要特征，是人力资源与其他一切资源最根本的区别。所谓主观能动性，是指人力资源在经济活动中起着主导作用。人具有意识性，其活动是具有目的性的，一切经济活动始于人的活动，由于人的活动才引发、控制、带动了其他资源的活动。人是一切资源的主导因素，可以创造、使用和改造生产工具。在经济活动中，人力资源是唯一起创造作用的因素。经济活动的过程是发展、进取、创新，只有人力资源才能担负起这种发展、进取和创新的任务，其他任何生产要素都不具备这样的能力。

(二)人力资源是特殊的资本性资源

人力资源作为一种经济性资源，具有资本属性，与一般的物质资本有共同之处。其一，人力资源是社会、企业等集团和个人投资的产物，其质量的高低主要取决于投资程度。从根本上说，人力资源的这个特点起因于人的能力获得的后天性。因为任何人的能力都不可能是先天就有的，为了形成能力，必须接受教育和培训，必须投入财富和时间。其二，人力资源是在一定时期内可能源源不断地带来收益的资源，它一旦形成，一定能够在适当的时期内为投资者带来收益。其三，人力资源在使用过程中会出现有形损耗和无形损耗。劳动者自身的衰老是有形损耗，劳动者知识和技能的老化就是无形损耗。

(三)人力资源是高增值性的资源

在国民经济中，人力资源收益的份额正在迅速超过自然资源和资本资源。在现代市场经济国家，劳动力市场价格在不断上升，人力资源投资收益率在不断上升，劳动者的可支配收入也在不断上升。与此同时，出现的还有一种变动，就是高质量人力资源和低质量人力资源的收入差距也在不断扩大。

(四)人力资源的时效性

人力资源的时效性是指人力资源必须在一定时间内开发，超越一定时段就会荒废和退化。人力资源的形成、开发和利用都受到时间因素的限制。由于人作为生物有机体，有其生命周期，能从事劳动的自然时间被限定在生命周期的中间一段，而且人的劳动能力也会随时间的推移而变化。人在每个时期(如青年、中年、老年等)的工作能力都会有所不同，不使用、不开发就会失去其固有的作用与能力。从社会的角度看，人的发展也有培训期、成长期、成熟期和老化期。人力资源管理必须尊重企业内在的规律性，使得人力资源的形成、开发、分配和使用处于一种动态的平衡之中。

三、人力资源管理的内涵

通常所说的人力资源管理，是指企业内部对人的管理。宏观意义上的人力资源管理，是指政府对社会人力资源的开发和管理过程。本书所涉及的人力资源管理是微观的，即企业的人力资源管理。

企业的人力资源管理，先要制订企业的人力资源管理战略和人力资源计划；在人力资源管理计划的指导下，进行工作分析，制定工作描述和工作说明书；根据工作分析，招聘并且配置员工；在配置员工、利用人力资源的过程中，企业必须注意规划员工的职业生涯发展，并且把员工的职业生涯发展与组织的发展相匹配，形成互为动力的综合发展途径；在企业与员工互相匹配发展过程中，要不断地相互沟通，解决冲突，消除两者共同发展的障碍，保证过程的顺利进行；当企业的人力资源管理工作进行到一定的阶段，就必须对多层次员工的工作绩效进行评估考核，纠正他们工作中的失误，肯定他们工作中的成绩，并就员工下一阶段的工作达成上下级的共识，以便员工形成下一轮的工作计划；在绩效评估以后，要对员工进行激励，包括薪酬、福利和精神等方面的激励，对绩效评估中表现出来的优秀员工，尤其要加大激励的力度，对于绩效评估中表现出来的具有这种或那种缺陷但企业今后发展又需要的员工，企业要进行培训，帮助他们提高知识水平、增进技能，使他们在今后的企业经营活动中能适应企业发展的需要；根据人力资源系统的整体运作情况，企业要修正或者重新制订自身的人力资源管理战略和人力资源计划，为下一阶段的人力资源管理活动奠定基础。

人力资源管理在实质上要做到以下三个匹配：一是人与事的匹配，要做到事得其人、人尽其才、有效使用，人的需求与工作报酬匹配，使得酬适其需，人尽其力，作出最大贡献；二是人与人的匹配，使得互补凝聚，强调团队精神；三是工作与工作的匹配，使得权责有序，灵活高效，发挥整体优势。

四、人力资源管理的发展

人力资源管理是一门新兴的学科，始于 20 世纪 70 年代末。人力资源管理的历史虽然不长，但人事管理的思想却出现已久。从时间上看，从 18 世纪末开始的工业革命，一直到 20 世纪 70 年代，这一时期被称为传统的人事管理阶段。从 20 世纪 70 年代末以来，人事管理让位于人力资源管理。

(一)人事管理阶段

人事管理阶段又可具体分为以下几个阶段。

1. 科学管理阶段

20 世纪初，以弗雷德里克·泰罗等为代表的人物，开创了科学管理理论学派，并推动了科学管理实践在美国的大规模推广和开展。泰罗提出了计件工资制和计时工资制，提出了实行劳动定额管理。1911 年，泰罗发表了《科学管理原理》一书，这本著作奠定了科学管理理论的基础，因而泰罗被西方管理学界称为“科学管理之父”。

2. 工业心理学阶段

以德国心理学家雨果·芒斯特伯格等为代表的心理学家的研究结果，推动了人事管理工作的科学化进程。雨果·芒斯特伯格于 1913 年出版的《心理学与工业效率》标志着工业心理学的诞生。

3. 人际关系管理阶段

1929 年，美国哈佛大学教授乔治·埃尔顿·梅奥率领一个研究小组到美国西方电气公司的霍桑工厂进行了长达九年的霍桑试验，真正揭开了对组织中的人的行为研究的序幕。

(二)人力资源管理阶段

人力资源管理阶段可分为人力资源管理的提出和人力资源管理的发展两个阶段。

“人力资源”这一概念早在1954年就由彼得·德鲁克在其著作《管理的实践》中提出并加以明确界定。20世纪80年代以来，人力资源管理理论不断成熟，并在实践中得到进一步发展，为企业所广泛接受，并逐渐取代人事管理。进入20世纪90年代，人力资源管理理论不断发展，也不断成熟。人们更多地探讨人力资源管理如何为企业的战略服务，人力资源部门的角色如何向企业管理的战略合作伙伴关系转变。战略人力资源管理理论的提出和发展，标志着现代人力资源管理的新阶段。

人力资源管理和人事管理有不同之处。人力资源管理在以前普遍称为人事管理，继人力资源管理之后又出现了人力资本管理的概念。有人认为把人当作资源或者资本都存在不当之处，不过，人员受雇期间人的工作能力是企业的资源，但这种资源和其他资源相比，存在极大的不确定性。

何道谊在《企业模式的趋势与人员能力管理》一文中提出以人员能力管理取代人力资源管理和人力资本管理，并把人员能力管理分为两大部分：一是对人员能力的数量和质量水平的管理，包括人员能力的建造、保持和提升；二是对人员能力的使用和发挥的管理，包括有效地使用人员能力、发挥人员能力的功效。这是以人员能力管理为中心的人事管理的两大根本职能和价值。

从长远的发展观点来看，人力资源管理和人力资本管理概念的提及都带有一定的局限性，难以适应企业日益发展的需要。如果换以人员管理的概念，则可以给相关的管理内容提供更大的空间，包含更多的管理意义：解放思想，回归自然，因地制宜，因时而异，采取相适应的方法和手段，达到人尽其才、物尽其用的管理目的，使人、财、物三者达到最佳配置，企业生产得到最佳效益。

任务深层思考

对一家中小微企业而言，如何保证人力资源管理的有效性？

任务2　做好人力资源规划工作

任务分析

人力资源管理的一个重要模块就是人力资源规划，现在让我们来了解一下人力资源规划的相关知识。

相关知识

一、人力资源规划的含义

人力资源规划又称人力资源计划，是指在企业发展战略和经营规划的指导下平衡人员的供需，以满足企业在不同发展时期对人员的需求，为企业的发展提供符合质量和数量要求的人力资源保证。简单地讲，人力资源规划就是对企业在某个时期内的人员供给和人员需求进行预测，并根据预测的结果采取相应的措施来实现人力资源的供需平衡。

要理解人力资源规划的含义，必须把握以下几个要点。

首先，人力资源规划要在企业发展战略和经营规划的基础上来进行。前面已经讲过，人力资源管理只是企业经营管理系统的一个子系统，是要为企业经营发展提供人力资源支持的。因此，人力资源规划必须以企业的总体为出发点，否则人力资源规划将无从谈起。

其次，人力资源规划应当包括两部分内容：一是对企业在特定时期内的人员供给和需求进行预测，二是根据预测的结果采取相应的措施平衡供需。这两部分内容，前者是后者的基础，后者是前者的目的。离开了预测，将无法进行人力资源的平衡；如果不采取措施平衡供需，进行预测就将失去意义。

最后，人力资源规划对企业人力资源供给和需求的预测要从数量与质量这两个方面来进行。对于企业对人力资源的需求，数量只是一个方面，更重要的是要保证质量。也就是说，供给和需求不仅要在数量上平衡，还要在结构上匹配，而对于后者，人们往往容易忽视。

二、人力资源规划的程序

为了能够达到预期的目的，在进行人力资源规划时需要按照一定的程序来进行。人力资源规划的过程一般包括以下五个阶段。

(一)准备阶段

任何一项规划或者计划要想做好，都必须充分地占有相关的信息，人力资源规划也不例外。由于影响企业人力资源供给和需求的因素有很多，为了能够比较准确地作出预测，就需要收集和调查与之有关的各种信息，这些信息主要包括以下几个方面。

1. 内部人力资源环境的信息

这些信息包括两个方面：一是组织环境的信息，如企业的发展战略、经营规划、生产技术及产品结构等；二是管理环境的信息，如企业的组织结构、企业文化、管理风格、管理结构(管理层次与跨度)及人力资源管理政策等。

2. 外部人力资源环境的信息

这些信息包括两个方面：一是经营环境的信息，如社会的政治、经济、文化及法律环境等，由于人力资源规划同企业的生产经营活动是紧密相连的，因此这些影响企业生产经营的因素都会对人力资源的供给和需求产生作用；二是直接影响人力资源供给和需求的信息，如外部劳动力市场的供求状况、政府的职业培训政策、国家的教育政策及竞争对手的人力资源管理政策等。

3. 现有人力资源的信息

这其实是对企业现有人力资源的数量、质量、结构和潜力等进行整理。所整理的资料应当包括员工的自然情况、录用资料、教育资料、工作经历、工作业绩记录、工作能力和工作态度等方面的信息。

(二)供求预测阶段

这一阶段的主要任务就是要在充分掌握信息的基础上，选择使用有效的预测方法，对企业在未来某一时期的人力资源供给和需求作出预测。在整个人力资源规划中，这是最为关键的一部分，也是难度最大的一部分，直接决定了规划的成败。只有准确地预测供给和需求，才能采取有效的措施进行平衡。如何预测供给和需求，在本项目后面会进行详细的说明。

(三)制订阶段

这是一项具体而细致的工作，包括制订人力资源总体规划和业务规划，并确定时间跨度。根据供求预测的不同结果，对供大于求和供不应求的情况分别采用不同的政策和措施，使人力资源达到供求平衡。同时，应注意各项业务规划的相互关系，以确保它们之间的衔接与平衡。

在供给和需求预测出来以后，就要根据两者之间的比较结果，通过人力资源的总体规划和业务规划，制定并实施平衡供需的措施，使企业对人力资源的需求得到正常的满足。人力资源的供需达到平衡，是人力资源规划的最终目的，进行供给和需求的预测就是为了实现这一目的。至于在每种比较结果下应当制定什么样的具体措施，我们将在后面的内容中进行说明。

在制定相关的措施时，应当使人力资源的总体规划和业务规划与企业的其他计划相互协调，只有这样，制定的措施才能够得以有效地实施。例如，如果财务预算没有增加相应的工资费用，那么人员的招聘计划就无法实施。

(四)实施阶段

这一阶段是人力资源规划的最重要阶段。实施前要做充分的准备工作，制订详尽的计划。实施时要严格按照规划进行，并设置完备的监督和控制机制，以确保人力资源规划的顺利实施。

(五)评估阶段

对人力资源规划实施的效果进行评估是整个规划过程的最后一个阶段。由于预测不可能做到完全准确，因此，人力资源规划也不是一成不变的，而是一个开放的动态系统。人力资源规划的评估包括两层含义：一是指在实施的过程中，要随时根据内外部环境的变化来修正供给和需求的预测结果，并对平衡供需的措施作出调整；二是指要对预测的结果及制定的措施进行评估，对预测的准确性和措施的有效性作出衡量。

评估者要注意下列问题：①预测所依据信息的误差程度及其原因；②预测所选择的预测方法、数据类型等方面是否适用；③规划者对人员问题的掌控及对它们的重视程度；④规划者和相关部门信息交流的程度；⑤决策者对规划的目标、行动方案和建议的利用与认可程度；⑥规划的可行性。

评估结果出来后，要及时进行反馈，进而对原规划进行适时的修正，以确保规划的可操作性和有效性，使其更符合实际，更好地促进企业目标的实现。

任务深层思考

如何结合中小微企业的现状，进行合理的人力资源规划？

任务3 建立招聘与培训机制

任务分析

通过学习以下相关知识，掌握招聘与培训的相关知识，并能初步进行企业实例设计。

相关知识

员工招聘是保证员工高素质的第一关。

一、招聘

(一)招聘的含义

员工招聘是人力资源管理中的重要环节。在确定了企业的人力需求、工作内容后，进行员工的招聘，以最适合、最经济的方法，选出最合适的人才为企业工作。

(二)招聘的原则

1. 合法性的原则

招聘工作应严格遵守国家相关法律和法规的规定，不得违背法律和法规的要求。《中华人民共和国宪法》和《中华人民共和国劳动法》都在保障劳动者就业方面作出了相关规定。组织在制订招聘计划时，必须保证其招聘条件或招聘过程的合法性。坚持平等就业、互相选择、公平竞争，反对种族歧视、性别歧视、年龄歧视、信仰歧视，照顾弱势群体和残疾人等特殊群体。

2. 公开、公平的原则

组织招聘人员是一种市场行为。市场行为的基本要求是供需双方的平等互利、自由选择。劳动者有选择适合自己特点的组织和工作岗位的权力，招聘组织有依据自身选人标准选拔应聘者的自由。为了适应市场选择机制的要求，招聘组织应将招聘信息、招聘流程和招聘方法公之于众，公开组织招聘活动。这样一方面可以给社会上的人才以公平竞争的机会，达到广招人才的目的；另一方面可以使招聘工作置于社会的公开监督之下，防止不正之风。

3. 效率优先的原则

在招聘过程中，要根据不同的招聘要求，灵活选用适当的招聘、选拔的形式与方法。在保证质量的前提下，尽可能地降低招聘成本，而录用高素质、企业急需的人才，即以尽可能低的招聘成本招聘到同样素质的员工。对高级管理人员的招聘、选拔，因用人标准高、识别难度大，招聘选拔的程序可选择较复杂的流程，运用多种测试手段进行鉴别，确保选出的人选符合高级管理职位的要求。但对普通岗位人员的招聘、选拔，就不必选用复杂的测评系统，如打字人员的招聘、保安人员的选拔等，只需采用简单的面试或现场试用观察的方式，就可识别是否合适。这样在保证招聘质量的前提下，尽量降低招聘成本，体现效率优先的招聘原则。

4. 全面衡量的原则

组织要对候选人员的品德、知识、能力、智力、心理、过去工作的经验和业绩等方面进行全面考核和考察。因为一个人能否胜任某项工作或者发展前途如何，是由多方面因素决定的，特别是非智力因素起着决定性作用。组织通过对其智力因素和非智力因素的全面了解，来选择合适的人选。

5. 平等竞争的原则

企业招聘工作应对所有应聘者都一视同仁，不能因地域、户籍、年龄、性别等因素而违背平等竞争原则。仅靠领导的直觉、印象来选人，往往带有很大的主观片面性。只有采用公平竞争的方法，才能使人才脱颖而出，同时达到激励其他员工的目的。

6. 职能匹配的原则

人的能力有大小，本领有高低，工作有难易，要求有区别。招聘工作，应量才录用，做到人尽其才、用其所长，这样才能持久、高效地发挥人力资源的作用。在当前的人才招聘中，存在人才高消费、相互攀比的现象。这种不顾职位工作需要的做法，造成了人力资本的上升和人才的流失。因此，在招聘中要遵循能级对应原则，即能力要和职位相匹配。

7. 内部优先、内外兼顾的原则

当企业中的工作出现职务空缺时，应当先考虑提拔或调动原有的内部职工。从企业内部招聘员工，员工有可能更快地适应工作，这样招聘既可以降低招聘成本，又可以调动员工的积极性。只考虑从外部招聘员工，往往会引起企业内部员工的不满，使员工对企业失去信心，他们看到升迁无望，往往会辞职，或在工作中宣泄不满，人为地制造矛盾，从而产生负面的影响。当然，也应该关注内部优先招聘，可能会导致人际关系复杂化、经营思想保守、墨守成规的后果，不利于企业的发展。所以，招聘工作要内部优先，同时对一些部门要实行内外兼顾的原则。

(三)招聘的程序

一般来讲，员工招聘的程序包括以下三个步骤。

1. 制订招聘计划

招聘计划是招聘的主要依据。由于员工招聘直接影响人力资源开发与管理的其他步骤，因此，制订招聘计划的目的在于使招聘工作更加合理化、科学化。

招聘计划由用人单位根据部门发展需要制订，然后由人力资源部门对其进行审核，特别是对人员需求量、费用等项目进行严格复查，签署意见后交上级主管审批。

招聘计划的编写一般包括以下步骤：①获取人员需求信息；②选择招聘信息的发布时间和发布渠道；③初步确定招聘小组；④明确招聘预算；⑤编写招聘工作时间表；⑥草拟招聘广告样稿。

其中，人员需求信息一般有以下三种来源：一是根据年度人力资源计划预算招聘；二是企业在职人员离职或调到其他部门，产生职位的空缺；三是部门经理递交的招聘申请，并经相关领导批准。

2. 实施招聘计划

(1)发布招聘信息。发布招聘信息就是向可能应聘的人群传递企业将要招聘的信息。不管采取哪种招聘方法，招聘信息的及时发布都是非常重要的，它会直接影响招聘的效果。招聘信息发布的时间、方式、渠道与范围是根据招聘计划来确定的。由于需要招聘的岗位、数量、对任职者要求的不同，招聘对象的来源与范围的不同，以及新员工上岗工作时间和招聘预算的限制，招聘信息发布的时间、方式、渠道与范围也是不同的。

(2)获取资料，筛选简历。发布了招聘信息或者参加各种招聘活动，通常可以获得比实际所需任职人员多的职位候选人。由于用人部门的负责人对职位的要求，特别是对专业技术方面的特别要求，需要人力资源部门的招聘人员和用人部门的负责人共同对候选人进行初步的筛选。

人力资源部门对应聘人员资料进行整理、分类，定期交给各主管。由主管筛选出初步具有聘用意向的人员，然后确定参加面试的人选和初步面试时间、报名登记时间。最后由主管填写面试通知，并将应聘人员的资料及面试通知送交人力资源部门，由人力资源部门通知面试人员。

(3)选拔评价。选拔评价候选人是招聘过程的一个重要组成部分，其目的是将明显不合乎职位要求的申请者排除掉。职位说明书是甄选的基础，也就是说要以职位说明书所要求的知识、技术和能力来判断候选人的资格。对应聘者往往需要从多个维度、通过多种方法进行评价，常用的手段是测试。测试包括笔试、面试、心理测试、评价中心技术等。

(4)讨论并作出初步录用决策。对经过甄选合格的候选人，应作出聘用决策。

在经过初步筛选、面试、测评等程序后，对应聘者个人信息进行综合分析与评价，依据确定留下来的每位应聘者的素质与能力的特点作出录用决策。要作出录用决策，需要召集“人事测评小组会议”，参会人员讨论每个求职者在每次测试中的行为表现，最后得出一个评价意见。在此基础上，由参与评价的人力资源部门负责人和用人部门的负责人分别对每位应聘者的专业知识技能进行评价，人力资源部门的招聘负责人则重点对应聘者的核心能力方面作出评价。

对每位应聘者的综合评价报告与特定的工作要求或录用标准作比较，作出最后的录用决策。对决定录用的求职者要发出正式通知，对不予录用的求职者也要致以歉意。

(5)入职体检。用人单位通常要求被初步录用的人员参加身体健康检查。入职体检的目的是保证候选人不会由于健康问题而影响工作。

(6)签订劳动合同。对决定聘用的人员，要签订劳动合同。劳动合同可以约定双方的劳动关系、责任、权利和义务，并对双方进行法律的约束和保护。劳动合同签订后，一般有1～6个月的试用期，如果试用合格，试用期满，便可以按劳动合同规定，享有正式工作人员的权利并承担相应的责任。

3. 招聘效果评估

招聘工作的最后一个环节就是要对招聘的效果进行评估。这一过程可以帮助企业发现招聘过程中存在的问题，以便对招聘的各个阶段进行优化，提高以后招聘的效果。

一般来说，招聘效果评估包括以下四个方面。

(1)招聘成本评估。招聘成本评估主要是指对招聘中的费用进行调查、核实，并对预算进行评价的过程。招聘成本评估是鉴定招聘效率的一个重要指标。如果成本低，录用人员质量高，就意味着招聘效率高；反之，则意味着招聘效率低。企业进行小型招聘时，成本评估工作很简单；如果是大型的招聘活动，成本评估工作相对复杂，一定要做好评估。

(2)录用人员评估。录用人员评估就是根据组织招聘计划和招聘岗位的工作分析，对所录用人员的质量、数量和结构进行评价的过程。招聘工作结束后，对录用人员进行评估是一项十分重要的工作。只有在招聘成本较低，同时录用人员数量充足且质量较好时，才说明招聘工作的效率高。评估招聘录用人员的数量可以通过录用比、招聘完成比、应聘比等方式；

评估招聘录用人员的质量可以根据招聘的要求来对录用人员进行等级排列。

(3)招聘人员的工作评估。通过对录用新员工的合格率、职位平均空缺时间、新员工满意度等指标的计算与分析，反映招聘人员工作的效率与效果。

(4)招聘活动总结。在招聘活动结束之后，企业应及时进行总结，主要是通过撰写总结报告来对招聘工作的全过程进行记录和经验总结，为下一次招聘打好基础。

(四)招聘的渠道与方法

在招聘需求获得批准后，需要选择合适的渠道来获取职位候选人。招聘渠道是企业能够发现具备资格的员工的途径，企业可以从多个渠道获得人力资源。概括来讲，招聘渠道通常可以分为内部招聘和外部招聘两类。

1. 内部招聘

内部招聘就是从组织内部现有的员工中选拔合适的人才来补充空缺或新增的职位，这实际上是组织内部的一种人员调整。在进行人员招聘工作中，组织内部调整应先于组织外部招聘，尤其是对于高级职位或重要职位的人员招聘工作更应该如此。

(1)推荐法。推荐法是由企业员工根据单位和职位的需要，推荐其熟悉的合适人员，供用人部门进行考核和选择。由于员工对工作需求和职位资格限制有充分的了解，所以其推荐的人员实际上已通过了初步筛选，提高了企业招聘效益。这类被推荐人不会轻易离职，他们的个人经历、背景信息也比较可靠。

(2)档案法。企业人力资源部门都有员工的档案，从中可以了解员工的各种信息，包括教育、培训、经验、技能、绩效等方面，进而帮助用人部门或人力资源部门寻找合适的人员来补充空缺的职位。尤其是企业在建立了人力资源管理信息系统后，将人力资源信息作了极大限度的量化处理，保证每一位具备资格的员工都能被充分考虑。当出现突发性的人员短缺时，能够快速地在内部员工中挑选可能的任职者来填补空缺，既可以节约时间，又可以提高人力资源的效率。

(3)布告法。这是内部招聘最常用的方法，当企业确定了空缺职位的性质、职责及所要求的条件等情况后，在企业内部发布招聘公告，使所有的员工都能获得信息，所有拥有这些资格的员工都可以申请该职位。人力资源部门或用人部门筛选这些申请人，最合适的申请人被选中进行面试。这种方法的优点是使员工感觉到企业在招聘人员方面的透明度和公平性，并认识到在企业中，只要有能力、肯努力，就有晋升的机会，这也有利于促使员工更加努力地工作。

2. 外部招聘

外部招聘是根据一定的标准和程序，从企业外部的众多人选中选拔符合空缺职位工作要求的人员。内部招聘虽然具有许多优点，但明显的缺点是人员选择的范围比较小，往往不能满足企业的需要。尤其是当企业处于创业初期或快速发展的时期，或是需要特殊的人才(如高级技术人才、高级管理人才)时，仅仅有内部招聘是不够的，必须借助于企业外部的劳动力市场，采用外部招聘的方式来获得所需的人员。

(1)广告招聘。广告招聘是利用各种宣传媒介发布组织招募信息的一种方法，也是提升企业形象的常用方法。不同的广告媒体具有不同的特点。

扫描二维码，阅读几种广告媒体比较的相关内容。

拓展阅读	学习笔记

(2)职业中介机构。职业中介机构是近些年来随着我国社会主义市场经济体制的建立和完善而产生和发展起来的。它作为职业供需双方的中介，承担着双重角色：既为组织择人，也为求职者择业。目前，我国职业中介机构的主要种类有劳务市场、人才交流中心或人才市场、人才咨询公司、高级人才咨询公司等。

(3)猎头公司。猎头公司是指为组织寻找高级人才的服务机构，是一种与职业中介机构类似的就业中介组织，但是由于它招聘模式和服务对象的特殊性，被看作一种独立的招聘渠道。猎头公司一般都拥有自己的人才数据库，他们通晓各种行业、组织对特殊人才的需求，同时根据市场的变动及时收集大量的人才信息，熟悉各类组织对特殊人才的需求。因此，利用猎头公司进行招聘的成功率较高。

(4)员工推荐。员工推荐又称熟人介绍，是常见的很有效的推荐方式。相关研究表明，在外部招聘的方法中，它的有效性排第一。因为员工对应聘者与所空缺职位都比较了解，再加上举荐会涉及他的声望，所以，员工总是举荐高质量的求职者。为了保证员工推荐的质量，必须对推荐者的推荐情况进行跟踪和记录。组织可以建立一些特别的奖励制度，奖励推荐了合适的职位人选的员工。

员工推荐可以节省招聘人才的广告费和付给职业介绍所的费用，招聘成本比较低廉。同时，因为员工对候选人的了解比较准确，组织可以得到忠诚而可靠的员工。

(5)自荐。自荐是指在没得到公司内部人员推荐的情况下，应聘者直接向招聘单位提出求职申请。求职者在某种程度上已经做好了到企业工作的充分准备，并且确信自己与空缺职位之间具有足够的匹配程度，然后才会提交求职申请。

自荐的最大优点是费用低廉，可以直接进行双向交流，而且求职者已经花费很长时间了解企业，也更容易受到激励；不足之处是随机性较大，时间较长，合适人选不多。因此，采用这种方式招聘合格人员，需要由专人接待，要有详细的登记表格，并尽可能鼓励求职者表现自己的才能。

(6)校园招聘。学校是人才高度集中的地方，对于大多数组织来说，面向校园招聘员工也是一种普遍的招聘方法。在我国，每年都有大量的大学生迈出校门，走向社会。大学生的专业知识和工作热情是组织所期待的。在校园招聘的过程中，大型组织可以通过举办大型的专场招聘会的方式进行招聘，而一般规模的组织会选择校园广播、网络、公告栏或学院推荐等方式进行招聘。组织为了能吸引到更多的优秀毕业生，往往会在第一时间内到学校宣传、举办招聘会。有些组织除了定期到校园做宣传、开招聘会之外，还通过赞助校园文艺、学术活动和设立奖学金等形式来扩大知名度，吸引优秀人才的注意。一些知名企业还通过设立奖学金或助学金，与学校建立长期的稳定关系。

校园招聘的不足之处主要表现在招聘受时间的限制，一般一年只能招聘一次，当组织急需人才时，这种方法难以满足需要。一般而言，大学生的素质较高，更具有生机和活力，但缺乏实际工作经验。为了保证校园招聘的效果，在校园招聘过程中要注意以下几点：一是企业要精心选择学校，二是选派能力较强的招聘人员并对其进行培训，三是在招聘的时候采用真实工作预览的策略。

(7)网络招聘。随着计算机技术的发展和劳动力市场需求的增加，利用互联网进行招聘的网络招聘已被越来越多的公司所采用。网络招聘信息覆盖面广、速度快、费用低、联系快捷方便，供需双方选择余地大，且不受时间、空间的限制。各类招聘网站如雨后春笋般地涌现，在企业和求职者之间建立了一座方便沟通的桥梁。

网络招聘的途径主要有以下几种。

①专业招聘网站。专业招聘网站同时为企业和个人服务，提供大量的招聘信息，并且提供网上的招聘管理和个人求职管理服务。

②搜索网上人才库。人才招聘网站的简历库能够提供大量的求职者信息。因此，不通过发布网络广告而直接搜索网站简历库，成为招聘单位检索感兴趣的候选人的一种非常有效的方法。

③企业网站的招聘专栏。有时人们希望能在网上收集到特定公司的空缺职位信息，这就要求企业建立自己的网站。组织的网站应该成为组织与人才互动交流的窗口。在企业的网站上，浏览者不仅可以浏览到精美的网页，更能了解到企业的成长历程、文化理念、发展潜力等。这些公司的网站内容经常更新，不仅在网站中提供大量的专业内容，随时公布关于本公司的最新信息，还设立了招聘网页或专区，为求职者带来了极大便利。随着越来越多的公司进入互联网，网络招聘有着良好的发展前景。

3. 内部招聘与外部招聘的比较

招聘人才的方式多种多样，各有所长，适应的条件各异。从内部招聘和外部招聘看，它们的利弊可归纳如下。

(1)内部招聘的优点。①对招聘人员的了解比较全面，有较长的实践观察，对人才能力的把握程度高；②容易形成一种竞争、激励的文化，激发员工的内在积极性；③由于招聘人员来自组织内部，他们对组织文化、空缺职位的性质十分熟悉，进入岗位后上手快；④上岗人员对组织的培训、指导积累性好、衔接性强，组织对其培训的价值得到充分的体现；⑤省去了外部招聘的广告费、差旅费等招聘费用，招聘成本最低。

(2)内部招聘的缺点。①选择范围存在局限性，可能造成职位的长期空缺；②容易造成“近亲繁殖”，使组织缺乏活力；③易受主观偏见的影响，不利于应聘者的公平竞争；④如果内部招聘的人员水平有限，口碑不佳，容易引起内部矛盾，如果选拔标准不科学，其负面影响更大。

(3)外部招聘的优点。①上岗人员来源极为广泛，是从大量的候选人选出的，有利于选到一流的人才；②招聘上岗人员可以带来新的思路、新的工作方法和流程，创新机会多；③可以避免“近亲繁殖”，防止发生拉帮结派的现象；④上岗的是高素质一流人才，可以节省培训投资成本。

(4)外部招聘的缺点。①招聘费用高，成本大；②上岗人员对招聘组织的情况不了解或了解太少，需要较长时间的评估和适应；③对招进人员的能力把握不够准确，可能招错人，导致工作绩效上的损失；④外部招聘容易造成“空降兵”占用内部人晋升机会的问题，影响内部员工的工作积极性。

由于企业内部招聘和外部招聘各有优缺点，所以大多数企业都实行内外部招聘并举。如果一个企业的外部环境和竞争情况变化非常迅速，它既需要开发利用内部人力资源，又必须利用外部人力资源。

无论是采用内部招聘，还是采用外部招聘，组织必须充分考虑其战略计划、招聘的岗位、上岗的时间要求及企业经营环境等因素。对那些外部环境变化较小的企业来说，从内部提拔往往更为有利。内部招聘的重点是管理人才，外部招聘的重点是技术人才。

二、培训

在新员工定向的基础上，如果新员工所具备的技能不能满足工作岗位的要求，或者老员工因工作变动而不能适应新的工作，都要进行培训。一项职务的要求变了，员工的技能也要跟着改变。尤其是在知识更新速度越来越快、技术发展一日千里的形势下，不断地接受培训，提高技能也是非常必要的。因此，组织非常有必要加强员工技能的培训。

(一)培训的技能

员工的培训技能划分为三种基本类型：技术技能、人际关系技能和解决问题技能。绝大多数员工培训都着眼于改变其中一项或多项技能。

1. 技术技能

技术技能包括像阅读、写作和进行数学计算的能力这样的基本技能，也包括与特定职务相关的能力。比如，办公室职员如果不具备使用文字处理软件和电子邮件、传真系统的操作能力，那么他就不能有效地开展工作。再如，操作数控机床的员工应具有数学和计算机方面的技能。如果工人不能做基本的数学计算或者不能看懂具体的操作手册，那么他就不可能掌握过程控制的统计方法或者不能有效地操作数控机床。广义技术技能包括管理技术技能和作业技术技能。

2. 人际关系技能

几乎每一个员工都从属于某个工作单位。从某种程度上讲，员工的工作绩效取决于其和同事、上司有效相处的能力。有些员工具有优秀的人际关系技能，而有些员工不仅没有这种技能，还经常与其他人发生冲突。比如，有些人从来不主动与人打招呼，脸上没有笑容，与同事相处缺乏礼貌，这样的人很难有良好的人际关系。

3. 解决问题技能

许多员工发现，他们在工作中需要解决一系列的问题，那些非常规的、富于变化的工作更是如此。因此，解决问题技能主要是指解决非结构化问题的技能。如果员工解决问题的技能不尽如人意，那么管理层就要通过培训改进这些技能。比如，让员工参加一些活动，强化其逻辑、推理和确定问题的能力，对因果关系作出评价，制定解决问题的可行方案，并分析方案和选定最终的解决方法。

以上这三种技能对处在不同组织层次的人员的重要性不尽相同，它们的差异性如表 4-1 所示。

表 4-1　不同技能在不同岗位层次的差异性

<table>
<tr><td rowspan="3">层次</td><td colspan="4">技能</td></tr>
<tr><td colspan="2">技术技能</td><td rowspan="2">人际关系技能</td><td rowspan="2">解决问题技能</td></tr>
<tr><td>作业技术</td><td>管理技术</td></tr>
<tr><td>操作层</td><td>很重要</td><td>不重要</td><td>不重要</td><td>不重要</td></tr>
<tr><td>基层管理者
（组长、领班）</td><td>很重要</td><td>重要</td><td>重要</td><td>重要</td></tr>
<tr><td>中层管理者
（职能经理）</td><td>重要</td><td>很重要</td><td>很重要</td><td>很重要</td></tr>
<tr><td>高层管理者
（总经理、董事长）</td><td>不重要</td><td>很重要</td><td>很重要</td><td>很重要</td></tr>
</table>

（二）培训的方法

1. 讲授法

讲授法也称课堂演讲法，属于传统模式的培训方法。在企业培训中，经常开设的专题讲座就是采用讲授法进行的培训，适用于向群体学员介绍或传授某一个单一课题的内容。培训场地可选用教室、餐厅或会场，教学资料可以事先准备妥当，教学时间也容易由讲课者控制。这种方法要求授课者对课题有深刻的研究，并对学员的知识、兴趣及经历有所了解。授课者要保留适当的时间进行培训人员与受训人员之间的沟通，用问答形式获取学员对讲授内容的反馈。授课者表达能力的发挥、视听设备的使用都是提高讲授效果的有效辅助手段。

讲授法的优点是可同时实施于多名学员，不必耗费太多的时间与经费；其缺点是由于在表达上受到限制，受训人员不能主动参与培训，只能从讲授者的演讲中做被动、有限度的思考与吸收。讲授法适于对本企业一种新政策或新制度的介绍与演讲、引进新设备或技术的普及讲座等理论性内容的培训。

2. 视听法

视听法是指以电视机、录像机、幻灯机、投影仪、收录机、电影放映机等视听教学设备为主要培训手段进行训练的方法。随着声像资料的普及与广泛应用，许多企业的外语培训已采用电化教学手段，并取得了较好的效果。除了外语培训，有条件的企业还运用摄像机自行摄制培训录像带，选择一定的课题将企业实务操作规范程序、礼貌礼节行为规范等内容自编成音像教材用于培训中。

3. 讨论法

讨论法是指对某一专题进行深入探讨的培训方法。其目的是解决某些复杂的问题，或通过讨论的形式使众多受训人员就某个主题进行沟通，寻求观念看法的一致。采用讨论法培训，必须由一名或数名指导训练的人员担任讨论会的主持人，对讨论会的全过程实施策划与控制。参加讨论培训的学员人数一般不宜超过 25 人，也可分为若干小组进行讨论。讨论法培训的效果取决于培训人员的经验与技巧。讨论会的主持人要善于激发学员的积极性，使学员踊跃发言，引导学员自由发挥想象力，增加群体培训的参与性；还要控制好讨论会的气氛，防止讨论偏离主题；最后通过分阶段对讨论意见进行归纳小结，逐步引导学员对讨论结果达成比较统一的认识。

讨论法适于以研究问题为主的培训内容，对培训人员的技巧要求很高。在培训前，培训人员要花费大量的时间对讨论主题进行分析准备，设计方案时要征集学员的意见。受训人员应事先对讨论主题有一定的认识并有所准备。在讨论过程中，培训人员要具有良好的应变、临场发挥与控制的能力。在结束阶段，培训人员的口头表达与归纳总结能力同样至关重要。讨论法比较适于对管理层人员的训练或用于解决某些具有一定难度的管理问题。

4. 案例研讨法

案例研讨法是一种用集体讨论方式进行培训的方法。案例研讨法与讨论法的不同点在于其研讨不单是为了解决问题，而且是侧重培养受训人员对问题的分析判断及解决能力。在对特定案例的分析、辩论中，受训人员集思广益，共享集体的经验与意见，有助于将受训的可取之处在未来实际业务工作中进行深入思考与应用，建立一个有系统的思考模式。同时，受训人员在研讨中还可以学到有关管理方面的新认识与新原则。

培训人员对案例的准备要充分，经过对受训群体情况的深入了解，确定培训目标，针对目标收集具有客观性与实用性的资料，根据预定的主题编写案例或选用现成的案例。在正式培训中，先安排受训人员以足够的时间去研读案例，引导他们产生“身临其境”“感同身受”的感觉，使他们自己如同当事人一样去思考和解决问题。

5. 操作示范法

操作示范法是一种在职前实务训练中被广泛采用的方法，适于较机械性的工种。操作示范法是部门专业技能训练的通用方法，一般由部门经理或管理员主持，由技术能手担任培训人员，现场向受训人员简单地讲授操作理论与技术规范，然后进行标准化的操作示范表演。受训人员则反复模仿实习，经过一段时间的训练，使操作逐渐熟练直至符合规范的程序与要求，达到运用自如的程度。培训人员在现场指导，随时纠正受训人员在操作中的错误之处。这种方法有时显得单调而枯燥，培训人员可以结合其他培训方法与之交替进行，以增强培训效果。

6. 管理游戏法

管理游戏法是一种较先进的高级训练方法，培训的对象是企业中较高层次的管理人员。与案例研讨法相比较，管理游戏法具有更加生动、更加具体的特点。采用案例研讨法，受训人员会在人为设计的理想化条件下，较轻松地完成决策；而管理游戏法则因游戏的设计，使学员在决策过程中面临更多切合实际的管理矛盾，决策成功或失败的可能性都同时存在，需要受训人员积极地参与训练，运用有关的管理理论与原则、决策力与判断力对游戏中所设置的种种遭遇进行分析研究，采取必要的有效办法去解决问题，以争取游戏的胜利。但是，采用管理游戏法培训，对事先准备即游戏设计、胜负评判等都有相当的难度要求。

7. 职位扮演法

职位扮演法又称角色扮演法，也是一种模拟训练方法，适用的对象为实际操作或管理人员。由受训人员扮演某种训练任务的角色，使他们真正体验到所扮演角色的感受与行为，以发现并改进自己的工作态度与行为表现。职位扮演法多用于改善人际关系的训练中。人际关系上的感受常因所担任的职位不同而异。为了增进对对方情况的了解，在职位扮演法训练中，受训人员常扮演自己工作所接触的对方的角色，进入模拟的工作环境，以获得更好的培训效果。

8. 专门指导法

专门指导法是个别培训的方法之一，在受训人员对工作实践进行摸索的基础上，培训人员针对其工作情况和特殊的需要实施个别指导。

任务深层思考

通过学习，对企业进行招聘与培训的设计。

任务4　构建绩效考核体系

相关阅读

BD公司的绩效考核

在BD公司总部会议室里，王总经理正在听取本年度公司绩效考核执行情况的汇报。其中有两项决策让他左右为难，一是年度考核结果排在最后的几名员工却是平时干活最多的人，这些人是否按照原有的考核方案降职或降薪；二是下一阶段考核方案如何调整才能更加有效。

BD公司成立仅两年，为了更好地激励和评价各级员工，在引入市场化用人机制的同时，建立了一套新的绩效管理制度，它不但明确了考核的程序和方法，还细化了“德、能、勤、绩”等指标，并分别做了定性的描述，考核时只需对照被考核人的实际行为，即可得出考核的最终结果。但考核中却出现了以下问题：工作比较出色和积极的员工，考核成绩却排在后面，而一些工作业绩平平或者经常出错的员工却排在前面。

看到这样的考核结果，王总经理陷入了思考。

任务分析

绩效考核在中小微企业人力资源管理中起着至关重要的作用，通过学习以下相关知识，理解其具体操作方法。

相关知识

一、绩效考核的含义与作用

(一)绩效考核的含义

绩效是指员工在工作过程中所表现出来的与组织目标相关的并且能够被评价的工作业绩、工作能力和工作态度。员工工作的好坏、绩效的高低直接影响企业的整体效益，因此，掌握和提高员工的工作绩效是企业管理的一个重要目标。员工绩效考核就是实现这一目标的人力资源管理工作。

绩效考核是指对员工的工作业绩、工作行为和工作技能定期进行考察和评估，以便形成正确的人事决策的过程。

(二)绩效考核的作用

绩效考核是从如何激励人、开发人的角度出发，以提高人力资源利用效率为目标的管理决策和管理实践活动。绩效考核在人力资源管理中处于核心地位。

组织的绩效目标是由公司的发展战略决定的，要体现公司发展战略导向。组织结构和管理控制是部门绩效管理的基础，工作分析是个人绩效管理的基础。

绩效考核结果在人员配置、培训开发、薪酬管理等方面都有非常重要的作用。如果绩效考核缺乏公平公正性，上述各个环节工作都会受影响。绩效管理落到实处，将对上述各个环节工作起促进作用。

组织和个人的绩效水平将直接影响组织的整体运作效率和价值创造。衡量和提高组织、部门及员工个人的绩效水平是企业经营管理者的一项重要工作，而构建和完善绩效管理系统是人力资源管理部门的一项战略性任务。

二、绩效考核的主体

合格的考核主体应当满足的理想条件包括：①了解被考核者职务的性质、工作内容、要求、考核标准及公司有关政策；②熟悉被考核者本人的工作表现，尤其是本考核周期内的工作表现，最好有直接的近距离密切观察其工作的机会；③应当公正、客观。

常见的考核主体有以下几种。

(一) 上级考核

被考核者的上级对考核者的工作态度和技能水平最为了解，对被考核者的日常工作表现也有记录，所以上级考核是主要的考核形式。

(二)同级考核

同级之间的考核是同事之间的相互考核。通过相互考核认定，便于同事之间进一步了解，明确自己与别人的差距，有利于引导员工向绩效优秀的同事学习，提升团队的整体业绩。但同级之间的考核权重不宜过大，一般占10%左右。

(三)下级考核

下级对上级的考核主要是对上级的管理风格和管理方法及个人魅力的一种认定方法。下级对上级的考核，便于使被考核者明确自己工作中的不足，改进今后的管理工作。由于下级对上级工作的整体性并不能全面把握，所以这种考核所占权重一般为10%左右。

(四)自我考核

自我考核的目的在于使员工进行自我总结，分析自己的不足，明确自己的工作绩效，进行自我管理和提升。在设计自我考核表时各指标的等级应明确。自我考核主观性较强，权重不宜过大。

(五)客户考核

客户对经营管理的信息反馈十分重要，但完全以此为根据，又会给绩效考核带来一定程度的不准确性。对客户考核必须进行很好的设计，才能对信息的有效性进行监控。这种考核所占权重应根据企业的行业特点来确定。

三、绩效考核的方法

在实践中，绩效考核的方法有很多，每种方法都有自己的优缺点，企业在进行考核时应当根据具体的情况选择合适的考核方法。

(一)关键事件法

关键事件法是一种由工作分析专家、管理者或员工在大量收集与工作相关信息的基础上详细记录其中关键事件及具体分析其岗位特征、要求的方法。其特殊之处在于基于特定的关键行为与任务信息来描述具体工作活动。这种方法最初用于培训需求评估与绩效评估。

(二)书面描述法

书面描述法是写一份记叙性材料，描述一个员工的所长和所短，过去的绩效和潜能的发挥等，然后提出予以改进和提高的建议。它的优点是不需要采取某种复杂的格式，也不需要经过多少培训就能完成；缺点是一种"好的"或"坏的"的评价，可能不仅取决于员工的实际绩效水平，也与评估者的写作技能和个人好恶有很大的关系。

(三)评价表法

评价表法是一种最古老的也是最常用的绩效评估方法。它列出一系列绩效因素，如工作的数量与质量、职务知识、协作与出勤、对事业的忠诚和首创精神等，然后评估者逐一对表中的每一项对照标准给出评分，评分一般采用五分制或百分制。最后得出一个总分，这个总分就是评价结果。

(四)多人比较法

多人比较法是将一个员工的工作绩效与一个或多个员工作比较，是一种相对的而不是绝对的衡量方法。这种方法有三种最常用的形式。

1. 分组排序法

分组排序法是评估者按特定的分组方法将员工编入相应的组中。比如，某家管理咨询公司根据员工对公司绩效的贡献程度，将公司员工分为高级分析员、中级分析员、初级分析员等。

2. 个体排序法

个体排序法要求评估者将员工根据一定的评估标准，从高到低的顺序加以排列。因此，只有一人可以是最优的。

3. 配对比较法

每位员工都一一与比较组中的其他员工结对进行比较，评出其中的优者和劣者。在所有的结对比较完成后，将每位员工得到的"优者"数累计起来，就可以排列出一个总的顺序。这种方法确保每位员工都与其他所有人作对比。但当要评估的员工人数非常多时，这种配对比较法就很不容易进行。

(五)360°评估法

360°评估法又称多方评估者评估法，是对基层管理人员和中层管理人员评估考核使用得最多的一种方法。360°评估法中的考核主体包括直接上级、间接上级、同事、下属、客户和被评估者自己，评估的指标可以从努力程度、工作态度和行为结果三个方面来设计。每一个大的指标可以下设几个小指标，如工作态度可以包括任务完成的速度、工作质量、对下属的亲和力、同事的认可度等，这样就构成一个指标体系。360°评估法，如图 4-1 所示。

在 360°评估法中，不同评估者都从各自的工作角度，考察和评定被评估者，因而评估

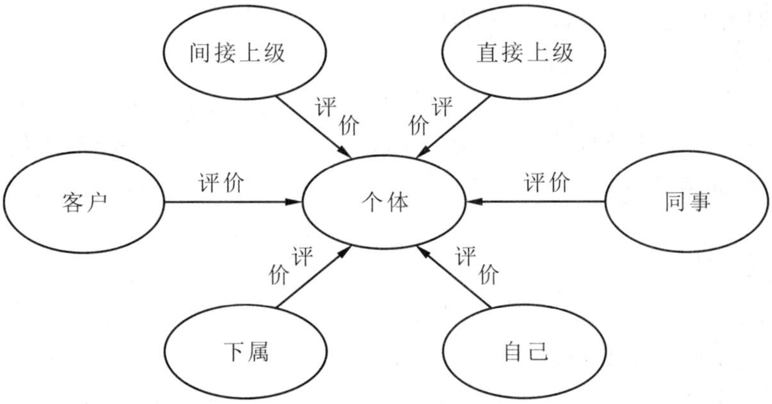

图 4-1 360°评估法

的结果反映了员工在不同场景、不同方面的行为特征和业绩。综合这些评估结果，组织能够对员工进行较全面、客观的评价。

(六)目标管理法

目标管理法不仅在计划中得到广泛应用，也是绩效评估的一种手段。事实上，它是对管理人员和专门职业人员进行绩效评估的一种首选的方法。管理者通常很重视强调利润、销售额和成本这些能带来成果的指标，这种趋向恰好与目标管理法对工作绩效定时测评的关注一致。目标管理重结果更甚于手段，因此使用这一评估方法可使管理者得到更大的自主权，以便选择其达到目标的最好路径。

(七)平衡计分卡

平衡计分卡是以企业的战略为基础，将各种衡量方法整合为一个有机的整体，既包含财务指标，又引入顾客角度、内部流程、学习和成长这四个方面的指标，使组织能够一方面追踪财务结果，一方面密切关注能使企业提高能力并获得未来增长潜力的无形资产等方面的进展。这四个指标的结合，构成了内部与外部、结果与驱动因素、长期与短期、定性与定量等多种平衡。

任务深层思考

通过学习，请你选择一家当地的小微企业，对该企业现有的绩效考核方案进行评价。

任务5 完善薪酬管理体系

相关阅读

小张的担忧

SA公司是金融行业的一家投资公司。在最初成立的几年时间里，由于整个金融行业比较景气，市场形势一片大好，因此SA公司也获得了长足的发展，员工人数从最初的几十个人发展到近三百人。在过去几年中，员工收入水平都以比较快的速度增长。

小张大学毕业后就来到SA公司工作。他的同学们都认为他找了一个好工作，收入也不错。在最初进入SA公司的几年，小张也这么认为，因为在这里工作不仅收入高，而且财务部总经理对他也很器重，经常分配给他一些具有挑战性的工作。小张将这些工作当作锻炼的好机会，每次都认真对待。由于他受过良好的专业教育，再加上自己的努力和勤奋，很快就在同事中显示出自己的实力。由于他工作出色，经理更信任他了，部门许多重要工作也落在了小张身上。刚开始时，小张做得也非常卖力，但是渐渐地，他的干劲就小了。因为他发现，虽然自己的收入不错，但是部门同事的收入水平都差不多，一些在公司时间长的同事虽然专业水平一般，但是收入却在他之上。小张发现，除非做管理工作，如晋升为部门的主管或经理之类的职位，否则提高收入水平几乎不可能。但是，自己所在的部门管理职位有限，没有空缺，自己怎么能升职呢？除了晋升一条路，看来其他提高收入的机会微乎其微，并且想晋升的人还不止他一个。小张开始为自己的前途担忧了。

任务分析

薪酬管理是人力资源管理的重要环节，是体现人力资源管理功能中保持与激励功能的最主要的活动。同时，薪酬管理还能体现其他人力资源管理的功能。例如，领先的薪酬水平可以较好地吸引人才的加入，从而体现“吸引”功能；考核发放的薪酬可以起到奖优罚劣的作用，从而体现控制与调整的功能。

相关知识

一、薪酬的概念和构成

(一)薪酬的概念

薪酬是指员工在从事劳动、履行职责并完成任务之后，所获得的经济上的酬劳或回报。

(二)薪酬的构成

薪酬的构成具有多层次内容，并通过不同形式体现出来，主要包括基本薪酬、绩效薪酬和间接薪酬三个板块。其中，基本薪酬对应基本工资，绩效薪酬对应奖金和分红，间接薪酬对应津贴、补贴和福利等。

1. 基本工资

基本工资是指用来维持员工基本生活的工资。它常常以岗位工资、职务工资、技能工资、工龄工资等形式来表现。它一般不与企业经营效益挂钩，是薪酬中相对稳定的部分。

2. 奖金

奖金即奖励或考核工资，是与员工、团队或组织的绩效挂钩的薪酬。它体现的是员工提供的超额劳动的价值，具有很强的激励作用。

3. 分红

分红也称利润分享，是员工对组织经营效益的分享。它常常以股票、期权等形式来表现。它也可看成奖金的第二种形式，即来自利润的绩效奖金，其直接与组织效益状况挂钩。

4. 津贴和补贴

它们是对工资或薪水难以全面、准确反映的劳动条件、劳动环境、社会评价等因素对员工造成某种不利影响或者保证员工工资水平不受物价影响而支付给职工的一种补偿。人们常把与工作相联系的补偿称为津贴，如出差补助等；把与生活相联系的补偿称为补贴，如误餐费等。

5. 福利

福利与基本工资和奖金不同，一般不以员工的劳动情况为支付依据，而以员工作为组织成员的身份为支付依据，是一种强调组织文化的补充性报酬。

福利按其针对对象的范围大小，可分为全员性福利和部分员工福利。比如，工作餐、生日礼金属于全员性福利，特殊人才津贴属于部分员工福利。

福利按照其是否具有强制性，可分为法定福利与企业自主福利。法定福利包括基本养老保险、医疗保险、失业保险、工伤保险和生育保险。五项保险统称为“五险”，“五险”再加上住房公积金统称为“五险一金”。企业自主福利则多种多样，如带薪年假、晋升、培训、免费班车等。

组织福利在改善员工满意度方面起着重要的调节作用。

二、薪酬的作用

(一)保障作用

薪酬的保障作用是通过基本工资来体现的。员工所获薪酬数额至少能够保证劳动者及其家庭的基本生存需要和员工的自我发展需要，否则会影响员工的基本生活，影响社会劳动力的生产和再生产。薪酬的保障作用有助于员工获得生活的安全感，发挥工作的积极性。

(二)激励作用

薪酬代表着一定的物质利益，对员工有重要的激励作用。首先，合理的、有一定吸引力的薪酬能够调动员工的工作积极性，激发他们的潜力，提升他们的工作效率；其次，较高的薪酬可以吸引企业所需要的各方面人才来为企业工作，扩大企业的人力资本存量；最后，有效的企业薪酬系统可以通过各类薪酬的合理构成来增强企业的凝聚力和吸引力，增强员工对企业的归属感。

(三)吸引与保留人才

有效的人力资源管理是企业经营战略实施的基石，是企业达到优良经营绩效的基本保障。薪酬不仅决定了企业可以招募到的员工的数量和质量，而且决定了企业中的人力资源存量。一套有竞争力的薪酬体系，不仅能够提供有吸引力的货币报酬，而且还能够为吸引目标人群的特别需要提供各种非货币形式的报酬，从而体现出企业对员工的人文关怀。

不同种类的薪酬会有不同的作用。有的薪酬保障作用大于激励作用，有的薪酬激励作用大于保障作用。在设置员工薪酬的时候，必须考虑这些薪酬的特性，以便综合发挥薪酬的作用。

三、薪酬体系设计的程序

(一)政策、策略、原则等的确定

这是企业文化的部分内容，是以后众多环节的前提。它包括以下内容：①对职工总体价值的评价，对管理骨干及高级专业人才所起作用的核心价值观；②企业基本工资制度、水平及分配原则；③有关薪资分配的政策与策略，如薪资差距的标准、薪资、奖金、福利费用的分配比例等。

(二)工作设计与分析

工作设计与分析是人力资源开发与管理的基础环节，它可以为许多人力资源管理活动提供有关岗位与任职者的重要信息。工作分析中的工作要求是评价员工工作绩效的标准和依据，以工作分析为基础的岗位评价是合理制定薪酬标准的基础。

(三)岗位评价(工作评价)

岗位评价是在工作分析的基础上，对岗位的责任大小、工作强度、所需资格条件等特性进行分析评价，以确定岗位在公司中的相对价值的过程。其核心工作是对岗位本身价值及其对组织贡献度的大小进行评价，从而帮助企业确定不同职位在企业中的重要性高低的技术，保证薪酬在组织内部的公平性。

(四)绩效考核

岗位评价是在“对岗不对人”的原则下评价的，体现了同工同酬、按劳分配的思想，但它不能反映同岗位或同职务内部员工个人绩效及劳动效果上的差异，不利于充分发挥员工，特别是绩效优秀的员工的积极性。因此，还应该考虑员工的绩效考核跟他们的薪酬之间的关系。

绩效考核结果直接对应薪酬体系中的绩效工资。绩效工资是体现员工的劳动成果与企业经济效益的变数，是激励员工立足现有的岗位多作贡献的重要手段，也是对岗位薪酬体系的调节和补充。因此，岗位评价必然有它存在的价值。如果在设计薪酬体系时，把岗位评价与技能评价、绩效考核有效地结合使用，就可以取得更好的效果。

(五)薪酬结构的设计

薪资结构是指在岗位评价的基础上，确定一个企业的组织机构中各项职位的相对价值及其对应的实付薪资间保持着什么样的关系。这种关系多以薪资结构线来表示，如图 4-2 所示。

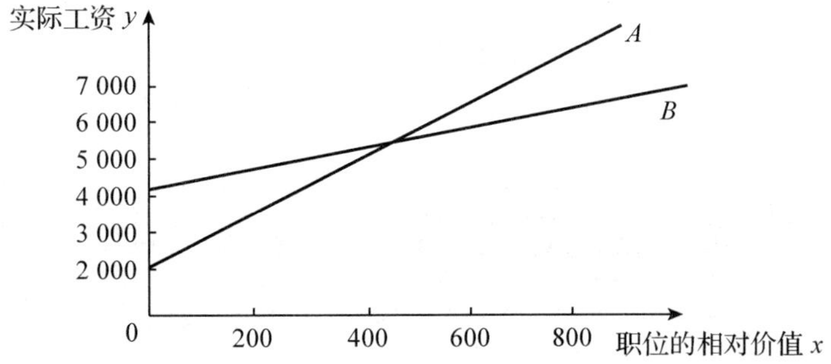

图 4-2　企业薪资结构线

(六)外部薪酬的调查

外部薪酬调查的内容主要是本行业、本地区主要竞争对手的薪酬状况。只有采用相同的标准进行岗位评价，并各自提供真实的薪酬数据，才能保证薪酬调查的准确性。在分析同行业的薪酬数据后，需要做的是根据企业自身的状况选用不同的薪酬水平。

(七)薪酬水平的调整

企业根据岗位评价确定的薪资结构线将众多类型的职务薪资归并为若干等级，形成一个薪资等级(或职系等级)系列，从而确定企业内每一职务的具体薪资范围，保证职工个人的公平性。同时，根据外部劳动力市场的薪酬状况来调整组织内部相对应的岗位薪酬水平高低，其目的是保证组织薪酬的外在公平性，保持企业薪酬与外部的相对竞争性。

(八)薪酬制度、管理办法的制定

制定薪酬制度与管理办法，便于公司进行日常薪酬管理工作。其中，主要包括薪酬总额确定、薪酬分配、水平控制、调整及控制等。

四、法律关于工资、福利的相关规定

(一)最低工资

所谓最低工资，是指劳动者在法定工作时间或依法签订的劳动合同约定的工作时间内提供了正常劳动的前提下，用人单位依法应支付的最低劳动报酬。

最低工资的确定主要根据本地区低收入职工收支状况、物价水平、职工赡养系数、平均工资、劳动力供求状况、劳动生产率、地区综合经济效益等因素确定。当上述因素发生变化时，应当适时调整最低工资标准。最低工资保障制度已在我国全面建立。职工只要履行了正常的劳动义务，就应当受最低工资制度的保障。

(二)加班工资

劳动者在超过规定时间外的劳动视为加班，企业应支付加班工资。

(三)个人所得税

个人所得税是指在中国境内有住所，或者虽无住所但在境内居住满1年，以及无住所又不居住或居住不满1年但有从中国境内取得所得的个人，其从中国境内和境外取得的所得，依照本法规定缴纳个人所得税。它是以个人(自然人)取得的各项应税所得为对象征收的一种税，其中的个人包括中国公民、个体工商户、外籍个人等。

(四)法定福利等

国家依法建立社会保险制度，设立社会保险基金，使劳动者在工伤、生育时获得帮助和经济补偿，保障他们的基本生活和基本医疗。

任务深层思考

通过学习，能进行公司薪酬体系的设计。

项目小结

亲爱的同学，你已经完成了项目四的学习，相信你又有了很大的收获。通过完成本项目，你已经了解人力资源管理的定义、人力资源规划的程序、各种招聘方式、薪酬的基本构成；熟悉了招聘的过程、培训的各种方式、常见的绩效考核办法；能够有效实施一定规模企业的员工绩效考核、薪酬管理。

在此必须强调的是，人力资源管理是对管理中最灵活的一个要素——人的管理。管理的核心就是对人的管理。没有有效的人力资源管理，一切管理都无从谈起。

下面请进入“能力自测”部分，一方面巩固项目四所学内容，另一方面为后续课程的学习夯实基础。

能力自测

一、单项选择题

1. 人力资源规划是指在(　　)的指导下平衡人员的供需，以满足企业在不同发展时期对人员的需求，为企业的发展提供符合质量和数量要求的人力资源保证。

A. 市场　　B. 企业发展战略和经营规划

C. 组织内部环境和外部环境　　D. 企业文化

2. 甲公司在报纸上刊登一则消息：“本公司因业务发展需要，招聘销售部经理一名。”这属于组织中的(　　)活动。

A. 培训　　B. 招聘　　C. 晋升　　D. 宣传

3. (　　)是一种模拟训练方法，适用的对象为实际操作或管理人员，由受训人员扮演某种训练任务的角色，使他们真正体验所扮演角色的感受与行为，以发现并改进自己原先职位上的工作态度与行为表现。

A. 案例研讨法　　B. 管理游戏法

C. 职位扮演法　　D. 专门指导法

4. 企业招聘的来源有(　　)。

A. 内部招聘和外部招聘　　B. 笔试和面试

C. 招聘空间和招聘时间　　D. 广告招聘和借助中介机构招聘

5. (　　)是对基层管理人员和中层管理人员评估考核使用得最多的一种方法。它包括直接上级、间接上级、同事、下属、客户和自己的评估。

A. 关键事件法　　B. 评价表法　　C. 360°评估法　　D. 平衡计分卡

6. 现代人力资源管理以(　　)为中心。

A. 信息　　B. 资本　　C. 知识　　D. 人

7. 薪酬的构成具有多层次内容，并通过不同形式体现出来，其中主要包括(　　)三个板块。

A. 基本薪酬、绩效薪酬和间接薪酬　　B. 基本薪酬、奖金和补贴

C. 基本工资、分红和福利　　D. 基本薪酬、绩效薪酬和福利

8. 属于绩效考核的方法的是(　　)。

A. 关键事件法　　B. 点数法　　C. 德尔菲法　　D. 马尔科夫法

9. 招聘工作的最后一个环节就是(　　)，这一过程可以帮助企业发现招聘过程中存在的问题，对招聘的各个阶段进行优化，以便提高以后招聘的效果。

A. 签订劳动合同　　B. 招聘活动总结

C. 招聘成本评估　　D. 招聘效果评估

10．（　　）是在工作分析的基础上，对岗位的责任大小、工作强度、所需资格条件等特性进行分析评价，以确定岗位在公司中的相对价值的过程。

A．岗位评价　　B．任职说明　　C．岗位职责　　D．工作评价

在线测试	总　结

二、简答题

1．人力资源规划包括哪几个步骤？

2．企业招聘员工的渠道有哪些？

3．员工培训的方法有哪些？

4．员工薪酬的作用是什么？

5．绩效考核的方法有哪几种？

案例分析

P&D公司的培训抉择

P&D公司是一家中小型家庭耐用品制造商。为了提高生产率，不久前公司经过慎重考虑，引进一套现代化的自动控制设备。

目前，在企业员工队伍当中，能够操作这种新设备的人比较少，因此，管理者考虑是否需要制订一项培训计划以提高员工技能。然而，如果决定实施培训，那么培训内容和方式如何确定，培训所需的资金又从何而来？

总经理王先生面对人力资源部门制订的培训计划书，感到左右为难。再三考虑后，他决定先听取公司中高层领导人的意见。P&D公司共有3名副总：李总、汪总和戴总。王总又叫来了人力资源部门的徐主管和沈副主管一同参加讨论。

人力资源部门的徐主管首先发言说："毫无疑问，我们应该实施培训。如果不培训，那等于是对设备资源的一种浪费。要么使员工拥有操作新设备的技能，要么就不要在新设备与技术上投资。"汪总点了点头说："你的说法有道理。但也要看到，我们的竞争同行们可能从我们的培训支出当中受益，一旦我公司付出成本培训了员工，而对手又想方设法把他们挖走了怎么办？我见到过不少类似的情况。革新的企业率先进入新的领域，并投资对员工进行培训，可后来同行业的新企业却把培训最好的员工给挖走了。""那好办，只要向员工支付较高的工资，他们就会留在这儿了。"戴总说，"况且，如果培训过的员工真的有更高的生产率，为什么不与他们共同分享收益呢？这是任何一个企业保持较高生产率的最好途径了。"

李总立即表示反对："戴总总是关心员工的福利，这很好。但是，我们必须保护企业的利益。如果由我们承担了培训费用，为什么要向员工支付高工资？如果支付了高工资，公司又如何从投资当中受益呢？"

戴总沉默了一会儿，说道："我之所以一直比较关心员工的福利待遇，是因为如果忽略了这一问题，从长远看有可能要付出更大的代价。想想吧，我们培训了员工，对其进行了投资，却因为我们的疏忽，没有向员工支付他们应得的报酬，最后导致他们被对手挖走，这无疑是一种短视的行为。无论是培训还是工资，都应以维护公司的利益为先导。"

这时，一直沉默的人力资源部门沈副主管提出了反对意见："我们怎么知道我们的对手想要挖走我们的员工呢？实际上，即使他们采用了与我们类似的技术，也不一定会采用与我们一样的自动控制设备。如果他们不采用这种设备，就没有必要挖走咱们的员工。"

汪总点了点头说："可能是这样。但我不想把宝押在这种可能性上。是否可以找到某种办法，把员工与企业联系在一起呢？在这一点上我们必须很清醒，员工不是我们的奴隶，只有他们愿意留下来工作的时候，他们才会留下来。"

听了各位的意见后，徐主管想了想，说道："我不想把水搅得更浑，但我想可能还忽略了另一个问题，这就是我们确实希望有一些员工走掉。首先，采用新的自动控制技术，意味着同样数量的工作现在只需要较少的人手；其次，现有的员工队伍当中，有一部分人不适应我们的新设备；最后，必须考虑到可能有一部分员工不大乐意接受培训。"

"怎么见得？"戴总一边聚精会神地听着，一边询问。"因为对有些员工来说，这种培训毕竟有点儿让人产生重新回到学校的感觉。"徐主管解释道，"大部分员工到公司来工作以后，已经对学校没有什么兴趣了，他们很可能不愿意花时间去做家庭作业。"

"这一点很正确，"李总补充道，"假如我们主动让一部分员工走掉的话，处境可能会更好一些。事实上，在我看来，哪怕花点儿钱，我都愿意让不适合公司的员工离开。"

王总听完了五个人的讨论，满意地点了点头，并宣布会议结束。至于培训计划，他在讨论中已经有了想法。

问题：

1. P&D公司是否应该进行培训，为什么？

2. 针对P&D公司的现状，应如何进行培训？

实训操作

【实训目标】

1. 培养人员招聘工作的能力。

2. 训练应聘的能力与心理素质。

【实训内容与要求】

1. 角色扮演的情境设定：根据模拟公司的工作计划建立组织结构，各模拟公司组织招聘各部门负责人(班级统一确定编制或职数)；各模拟公司招聘由总经理主持，公司成员均为招聘组成员；每名学生可向不超过三家公司(不含本公司)应聘；各公司根据每个应聘者的表现决定是否聘任；招聘程序按课程讲授内容进行，同学们先在课下进行精心准备，在课上完成角色扮演。

2. 各公司要制订招聘计划，包括招聘目的、招聘岗位、任用条件、招聘程序，特别是聘用的决定办法。

3. 每个人要制作简历，写出应聘提纲或应聘讲演稿，一定要体现出应聘竞争优势。

4. 以公司为单位，组织招聘活动(全班可分为两组，轮流担任招聘方与应聘方)。

【实训成果与检测】

1. 各公司提供招聘计划书。
2. 每个人提供简历。
3. 评估各公司招聘的组织状况的好坏，并以前来应聘者的人数作为重要衡量指标。
4. 评价每个人的表现，特别是受到其他公司聘任的频次。
5. 由教师作出统计与综合评估。

学习笔记

项目五

构建中小微企业文化

知识目标：

1. 理解企业文化的概念和功能；
2. 熟悉企业文化的发展历程；
3. 掌握中小微企业文化的建设途径。

能力目标：

1. 能分析中小微企业文化建设的程序；
2. 学会设计中小微企业文化的内容，提升企业文化软实力。

素质目标：

1. 树立正确的价值观和终身学习的理念；
2. 坚定“四个自信”，具备强烈的社会责任意识。

项目任务：

1. 学习企业文化的基础内容；
2. 认识企业文化的产生背景；
3. 建设中小微企业文化；
4. 分析中国企业文化的发展。

扫描二维码，获取本项目的教学内容展示。

教学内容展示	预习笔记

项目导入

相关阅读

企业文化——企业形象的确立

企业形象的确立对于帮助建设企业文化有很重要的作用。众多知名企业通过致力于建立“优质产品”形象、“优质服务”形象、“物美价廉”形象、“诚实信用”形象、“公益榜样”形象等举措在公众的心目中留下弥足珍贵的形象，而这些与其自身的规模、实力、产品、质量乃至品牌等有必然的联系。

白天鹅宾馆定位在五星级，从规模、装修、设施、服务等方面，给顾客留下了一流酒店的印象，因此，顾客愿意认可其为五星级酒店的水平。宝马以其卓越的功能而闻名，沃尔沃以其安全性而著称。万宝路最初给人们的印象是迎合女性烟民的需要，而在经过了数次市场分析后，结合产品自身的独特性，最终的企业形象定位是体现男子汉气魄的男性香烟，并得到了大众的肯定。这些企业的成功，充分说明了确立企业形象对于企业发展的重要性。对今天的中小微企业来讲，如何确立其自身的企业形象，对其今后的发展显得尤为重要。

扫描二维码，获取本项目的项目说明。

项目说明	预习笔记

任务1 学习企业文化的基础内容

任务分析

不同组织应具备不同的文化气质，在探讨如何构建企业文化之前，应先学习以下相关知识。

相关知识

一、文化的含义

“文化”一词由来已久。当前，国际上使用的“文化”一词，源于拉丁文“Cultura”，意为“耕作、培养、教育、发展、尊重”等。真正最早给“文化”下定义的是英国著名人类学家爱德华·伯内特·泰罗，他在其1871年出版的《原始文化》一书中说：“文化或文明，就其广泛的民族学意义来说，乃是包括知识、信仰、艺术、道德、法律、习俗和任何人作为一名社会成员而获得的能力和习惯在内的复杂整体。”

美国社会学家戴维·波普诺指出："文化是一个国家、一个民族或一群人共同具有的符号、价值观及其规范，以及它们的物质形式。"

美国学者埃德加·沙因在《企业文化生存指南》一书中指出："文化的精要是共同习得和默认的假设，且由此推动文化。文化体现的层次由非常显而易见到高度默认而又不易察觉。"

《辞海》中将"文化"界定为："广义指人类社会的生存方式以及在此基础上的价值体系，是人类在社会历史发展过程中所创造的物质财富和精神财富的总和。……狭义指人类的精神生产能力和精神创造成果，包括一切社会意识形态。"

综上所述，我们认为：文化是人类在文明进程中，不断习得和积累的并为自身所默认且潜在地主导人的思想、行为以及习惯等的一系列知识、经验、感受等的总和，在某一群体内以共性而相对持久地存在。从其能动性看，表现为"文而化之"的动态过程。

相关阅读

鹰的文化

鹰妈妈一次生下了四只小鹰。由于它们的巢穴很高，所以猎捕回来的食物一次只能喂食一只小鹰，而鹰妈妈的喂食方式并不是依平等的原则，而是谁抢得凶就给谁。在此情况下，瘦弱的小鹰因吃不到食物都死了，最凶狠的存活了下来。当小鹰长到足够大的时候，鹰妈妈会把巢穴里的铺垫物全部扔出去，这样，小鹰们就会被树枝上的刺扎到。因此，它们不得不爬到巢穴的边缘。

而这时，鹰妈妈就会把它们从巢穴的边缘赶下去。当这些小鹰开始坠向谷底的时候，它们就会拼命地拍打翅膀来阻止自己继续往下落。最后，它们掌握了作为一只老鹰所必须具备的最基本的本领，它们飞了起来。飞的本领成为其生存过程中经验的积淀并进而养成行为习惯。

任何一个群体的形成和发展，都会有一个约定俗成的文化作支撑，企业同样如此。因此，拥有企业自身独特的企业文化对企业的发展至关重要。

二、企业文化的概念

（一）国外对企业文化概念的理解

在美国哈佛大学教授特雷斯·E. 迪尔和麦肯锡咨询公司顾问阿伦·A. 肯尼迪合著的《企业文化》一书没有明确地给企业文化下定义，但从全书的内容不难理解：企业文化是由五个因素组成的系统。其中，价值观、英雄人物、习俗仪式和文化网络是它的四个必要的因素。而企业环境则是形成企业文化唯一的且影响最大的因素。

因此，理解企业文化的重要性，就是重视"运用价值观形成、塑造英雄人物、明确规定习俗和仪式并了解文化网络来培养其职工行为的一致性"。

《日本企业管理艺术》一书援引著名美国管理学家彼得·德鲁克的观点，认为"企业管理不仅是一门学科，还应是一种文化，即有它自己的价值观、信仰、工具和语言的一种文化"。

《Z 理论》的作者威廉·大内认为：一个公司的文化由其传统和风气所构成。此外，文化还包含一个公司的价值观，如进取性、守势、灵活性，即确定活动、意见和行动模式的价值观。经理们从雇员们的事例中提炼出这种模式，并把它传达给后代的工人。

根据对以上观点和国外其他学者的了解和分析不难发现，国外对企业文化的理解在以下几方面有相同之处。

第一，企业文化是一种重视人、以人为中心的企业管理方式，它强调把企业建成一种人人都具有社会使命感和责任感的命运共同体。因此，那种忽视人、以物为中心的企业管理方式，那种忽视人的使命感和责任感的纯客观、纯理性的决策模式，不在企业文化范围内。

第二，企业文化的核心要素是共有价值观，也就是一个企业的基本概念和信仰，或者说指导职工和企业行为的哲学。

第三，企业文化的内涵既不包括厂房、设备、产品之类的物质性因素，也不包括科学技术知识，更不包括行政性的、强制执行的规章制度，因而其含义比较狭窄而单一。

(二)国内对企业文化概念的理解

当前，在参照国外对企业文化研究的基础上，我国学者也进行了探索，对企业文化进行了归纳，产生以下几种学说：一是管理新阶段说，企业文化是当代以人为中心的管理理论发展的新阶段；二是总和说，企业文化是企业中物质文化和精神文化的总和，是软件和硬件的结合；三是精神现象说，企业文化是企业生存与活动过程中的精神现象，即企业以价值观念为核心的思维方式和行为方式；四是群体意识说，企业文化是企业这个社会形成的群体意识及这个群体意识产生的行为规范；五是共同价值观念与思维行为方式说，企业文化就是全体职工所共同信奉和遵从的价值观、思维方式和行为方法；六是广义、狭义特色说，广义的企业文化是指企业在经营过程中所创造具有本企业特色的物质财富和精神财富的总和，狭义的企业文化是指企业在发展过程中形成的具有企业特色的思想意识、价值观和行为习惯，其核心是企业的价值观。

不同学说对企业文化的理解源于观察问题和所处角度的不同。因此，本书经过理解，将企业文化归纳为：企业文化是企业对环境挑战所作的应战，包括企业的应战过程和结果，是企业在应战过程及其结果中所努力培育并实际体现出来的以文明取胜的群体竞争意识，以及人的其他全部本质成果。

三、企业文化的构成

企业文化是一种独特的文化现象，由以下四部分构成。

(一)企业物质文化

企业物质文化是一种以物质为形态的表层文化，是由企业员工创造的产品和各种物质所蕴含的文化价值构成的一种器物文化，是企业文化在物质上的凝结。物质文化是企业传达给客户的一种最直接、最实在的企业特色，是企业实力的直接体现。

企业物质文化可以分为以下两部分。

1. 企业产品与服务

现代意义上的产品既包括具体的物质形态和具体用途的有形产品，如产品实体及其品质、特色、式样、品牌和包装等；也包括能够满足消费者各方面需求和欲望的无形产品，如售后服务、售后保证和承诺、产品形象、销售声誉等。因此，现代意义上的产品是指人们向市场提供的能满足消费者或用户某种需求的任何有形产品和无形产品的总和。

现代产品的整体概念由核心产品、形式产品和扩大产品三个基本层次组成。

核心产品是指产品的实质层，为顾客提供最基本的效用和利益，也是企业产品最基本的部分。消费者或用户购买某种产品的唯一目的是满足自身的需要。例如，人们购买冰箱，就是为了通过冰箱的制冷功能，使食物保鲜，更好地方便日常生活；购买智能手机，是为了能够接收大量的信息，从而达到娱乐和满足自身生活需要的目的。

形式产品是指产品的形式层，较产品实质层具有更广泛的内容。它是目标市场消费者对某一需求的特定满足形式。人们在购买产品时，不仅注重产品的功能，更注重产品的品质、造型、商标、品牌和包装等外在因素，这些正是企业文化价值的主要载体。在产品的组成中，文化品位、文化价值显得越来越重要。

扩大产品是指产品的扩展层，即产品的各种附加利益的总和。它包括各种售前、售中、售后服务。现代产品在扩展层面上的努力，是一种企业形象的竞争。

2. 企业外观与生产环境

(1)企业外观。企业外观是企业文化的表征，是体现企业个性化的标志。它包括企业名称、企业象征物和企业布局等。

①企业名称。企业名称是指企业的字号称呼。一个企业要取得成功，企业本身和它的产品、商品、服务内容在人们心目中的形象是至关重要的，而树立这种形象的一个主要方面，就是企业名称的选择。一个出众独特的名称本身就可以产生一种魅力，会使公众对这个企业留下深刻的印象，并对企业的发展和效益产生极大的促进作用；相反，企业名称如取得不适当，则会带给公众一种本能的反感和厌弃，甚至会严重影响企业的发展和效益。

相关阅读

企业名称的魅力

索尼公司原名东京通信工业株式会社，当该公司生产的第一台收音机问世后，公司曾为取名绞尽脑汁。它们花费了大量时间，翻阅了许多字典，发现英语中(Sonny，小家伙)颇为流行并具有它们所期待的“乐观、开朗”的含义。另外，在拉丁文中SONUS是英文SOUND(声音)的词根，发音与日文“生意”一词相近，它们觉得也可采用。最终在SONNY与SONUS之间选择了前者。其创始人盛田昭夫决定将SONNY中的一个字母去掉，变成SONY(索尼)。这个名字风格独特，简单易记，并能用罗马字母拼写，在哪个国家都能保持相同的发音。公司导入CI以后，将品牌名称、商标、企业名称三位一体，并以此战胜了许多竞争对手，赚取了巨额财富，成为誉满全球的知名品牌。

②企业象征物。企业象征物是一种反映企业文化的人工制作物。它可以制成动物、植物或其他造型，一般矗立在企业最醒目易见的地方，如厂门、礼堂、宾馆大堂等。

③企业布局。企业布局是指企业的内外空间设计，包括厂貌、厂房、厂旗、厂徽等。企业布局合理，环境幽雅舒适，不仅会使企业员工产生一种热爱企业、奋发向上、永远进取的信念，而且也使顾客心情愉快。尤其是商业企业和服务行业，每天都要接待许多顾客，布局的好坏是顾客对企业第一印象的最主要的标志。良好的企业布局使公众产生一种愿意与企业交往的意愿，它不仅是一种广告手段，还是该企业精神面貌的一个折射。企业可通过橱窗来缩短商品与顾客、商店与顾客的距离。

(2)企业生产环境。生产环境的优劣直接影响企业员工的情绪、心情、工作热情和工作效率。企业员工处在有利于身体健康和劳动操作的生产环境中，情绪稳定、精神饱满、注意力集中，工作效率必会随之提高。因此，优化企业的生产环境，为企业员工提供良好的劳动氛围，是企业重视人的需要、激励人的工作积极性的重要手段。

构成企业生产环境的因素主要包括气候、照明、噪声、色彩等。其中，“色彩管理法”就是一种中外优秀企业的先进管理方法。这种方法是将企业员工经常工作的劳动环境巧妙地涂上符合员工心理特点的不同色彩，如墙壁、走廊、地板等都配上受人欢迎的色彩，既有效地区别了不同的生产环境，又给人一种赏心悦目的感觉。

(二)企业制度文化

企业制度文化是企业在长期的生产、经营和管理实践中形成的一种文化特征和文化现象。企业制度文化作为企业文化中人与物、人与企业运营制度的中介和综合，是一种约束企业和员工行为的规范性文化。它既反映人的意识与观念形态，又由一定物的形式所构成。同时，企业制度文化的中介性，还表现在它是精神和物质的中介上。

企业制度文化可以分为以下三部分。

1. 企业领导体制

企业领导体制的产生、发展和变化，既是企业生产发展的必然结果，也是文化进步的产物。它既反映了企业价值观、企业管理思想的改变，也反映了企业管理水平不断由低级的、开放型管理逐渐走向高级的、集约型管理的进程。领导体制的发展历经独资业主制中的家长式领导体制阶段、股份制企业中的经理领导体制阶段、现代企业制度中的职业领导体制阶段、企业家集团领导体制阶段。

企业领导体制是企业领导方式、领导结构、领导制度的总和，其中主要是领导制度。企业的领导制度受生产力和文化的双重制约。生产力水平的提高和文化的进步，要求与之相适应的领导体制。不同历史时期的领导体制反映不同时期的企业文化。在企业制度文化中，领导体制影响着企业经济机构的设置，制约着企业管理的各个方面。所以，企业领导体制是企业制度文化的核心内容。卓越的企业家就应当善于建立统一、协调的企业制度文化，特别是统一、协调的企业领导体制。

2. 企业组织机构

企业组织机构是指企业为了有效实现企业目标而筹划建立的企业内部各个组成部分及其关系。企业机构是否适应生产经营与管理的需要，不仅反映不同企业文化的特点，还直接影响着企业管理的成效。企业组织机构的类型多样，如直线制结构、直线职能制结构、事业部制结构、矩阵制结构等。在现实中，组织结构的正确运用可以对企业的发展起到重要的促进作用，使企业更适应未来市场竞争的需要。

3. 企业管理制度

企业管理制度是企业为求得最大效益，在生产实践中制定的各种带有强制性义务，并能保障一定权利的各项规定或条例，包括企业的人事制度、生产管理制度、民主管理制度等。企业管理制度是实现企业目标的有力措施和手段，作为行为规范的模式，能使职工个人的活动得以合理进行，同时又成为维护职工共同利益的一种强制手段。因此，企业各项管理制度是企业进行正常的生产经营管理所必需的强有力的保证。优秀企业文化的管理制度必然是科学、完善、实用的管理方式的体现。

制度文化是精神文化的基础和载体，对企业精神文化具有反作用。企业制度的建立，影响人们产生新的价值观念，会成为新的精神文化的基础。企业文化总是沿着“精神文化—制度文化—新的精神文化”的轨迹不断发展、丰富和提高。

(三)企业精神文化

企业精神文化是指企业在生产经营过程中，受到一定的社会文化背景、意识形态影响而长期形成的一种精神成果和文化观念。企业精神文化在整个企业文化系统中居于核心地位，是企业物质文化、行为文化的升华，是企业文化建设的灵魂。

企业精神文化可以分为以下五部分。

1. 企业哲学

企业哲学是指企业经营管理的最高层次的思考模式，是处理企业矛盾的价值观及方法。企业哲学是企业文化的核心和动力源泉，只有在有足够能力处理企业发展的内外矛盾的前提下，企业才能确立其核心价值观及围绕价值观的辩证方法论。核心价值观是处理企业种种矛盾的指导原则，是企业哲学思想的最集中体现。企业哲学是一种存在，而企业文化是一种文化现象；企业文化是基于企业哲学辩证思考之后确立的基本假设和由此产生的价值观，以及价值观之下的行为模式，这其中包含了行为实施影响下的物化环境。企业文化是企业哲学的外在表达，企业哲学是塑造企业文化的根本。通常，企业哲学体现在企业文化的企业理念系统部分，具体包括企业文化中的愿景、使命和核心价值观三个部分。

2. 企业价值观

企业价值观是指企业在追求经营成功过程中所推崇的基本信念和所奉行的目标。这是企业员工长期形成的一种较全面的价值观体系，表现为较稳定的心理定式和文化积淀。它与企业精神互为表里，构成企业文化的核心。企业价值观可以说是企业精神的内核和底蕴，而企业精神则是企业价值观的一种表现形态。

对一个企业来说，企业价值观包括三层：员工个人价值观、群体价值观、整体价值观。其中，个人价值观注重员工在生活、工作中形成的价值观念，包括人生的意义、工作的目的、个人和社会的关系、自己与他人的关系、个人和企业的关系等。群体价值观是指正式或非正式的群体所拥有的价值观，它影响个人的行为和组织的行为。整体价值观是企业整体价值观，具有综合性和高层次的特点，全面指导和制约个人价值观和群体价值观。

3. 企业精神

企业精神是一个企业基于自身特定的性质、任务、宗旨、时代要求和发展方向，为谋求生存和发展而在长期生产经营实践基础上，经精心培育而逐步形成并被整个员工群体认同的定式、价值取向和主导意识。企业精神是经营宗旨、价值准则、管理体系的集中体现，是企业员工群体人格健康、向上心态的外化，是员工群体对企业的信任感、自豪感和荣誉感的集中表现。每家企业都有其特色企业精神，并能以简洁而富有哲理的语言形式加以概括，通常通过厂歌、厂训、厂规、厂徽等形式形象表现出来。一般地说，企业精神是企业全体或多数员工共同一致的内心态度、意志状况和思想境界，它可以激发企业员工的积极性，增加企业的活力。

4. 企业伦理道德

企业伦理道德是调整企业之间、员工之间关系的行为规范的总和，包括企业行为的道德意识、道德评价和企业从业人员的职业道德。企业伦理道德包括企业与员工之间的道德规范、管理者与员工之间的道德规范、员工之间的道德规范、企业与社会之间的道德规范。

扫描二维码，阅读南昌航天科技集团的企业精神的相关内容。

拓展阅读	学习笔记

5. 企业形象

企业形象是一个企业的总体表现与特征，以及它在社会公众心目中的反映和评价。企业形象是企业文化的外显形态，既是企业文化的一个组成部分，又是企业文化的载体。

一般来说，企业形象包含内在形象和外在形象。内在形象是企业在内部员工心目中的形象，它在很大程度上左右员工对自己的工作选择及对自己所从事的工作态度。企业内在形象的好坏是由企业凝聚力、向心力和吸引力的大小反映出来的。外在形象是企业在外部公众和消费者心目中的形象，它表示企业对外的知名度、美誉度，以及外部公众对企业的依赖和忠诚度。内在形象和外在形象是相辅相成的关系，良好的企业形象是二者完美结合的产物。

企业形象具体包括理念形象、产品形象、服务形象、员工形象、经营管理形象、公共关系形象、环境形象。建立良好的企业形象可以帮助企业确立在公众和社会心目中的地位，可以增强企业的经济实力。

(四)企业行为文化

企业行为文化是指企业员工在生产经营、学习娱乐中产生的活动文化。它包括企业经营、教育宣传、人际关系活动、文娱体育活动中产生的文化现象。它既是企业经营作风、精神面貌、人际关系的动态体现，也是企业精神、企业价值观的折射。

企业行为文化可以分为以下三部分。

1. 企业家的行为

企业家的行为是指企业家拥有的独特的价值观念，作出的企业的经营决策和决策行为。企业家在作出经营决策时总会当机立断地选择自己企业的经营战略目标。成功的企业必然有成功的企业家，必然有卓越的企业文化。例如，青岛海尔的张瑞敏、娃哈哈的宗庆后等。没有这些高素质和深远卓见的企业家，企业的发展将不会如此快速和顺利。

2. 企业模范人物的行为

企业模范人物是指在企业生产经营活动中涌现出来的一批具有较高政治水平、业务技术能力和优秀业绩的劳动模范、先进骨干分子或英雄人物等。他们是集中体现企业主流文化，被企业推崇、被广大员工一致仿效的特殊员工。这些人在企业正常的生产经营活动中起着带头作用，是企业先进文化的体现者，是企业文化建设不可多得的主力军。企业模范人物是企业价值观的化身，他们的观念、品格、气质与行为特征都是特定价值观的具体体现。

3. 企业员工的行为

企业员工身处生产经营第一线，他们在用自己勤劳的双手创造物质文明的同时，也在创造着精神文明。企业文化既体现企业家的智慧，又体现员工的智慧。在企业中，个别员工也许不是最有智慧的，不一定比得上高层管理者和企业家，但他们作为一个群体，其智慧是最强大的。正是集体的聪明才智，不断丰富着企业文化，促使着企业文化不断革新与进步，迸发出很多先进思想的火花。这些信息和思想火花集中起来就可能成为一种新文化，材料、技术与产品的开发过程也就变成文化的变革过程，创新思想、宽容失败及实事求是的文化观念可能由此而生。

员工在企业中各个生产部门的实际参与和出谋划策，与企业的整体和长期利益紧密联系。因此，企业应该高度重视企业员工的能力和工作水平。

任务深层思考

对一家中小微企业而言，如何保证企业文化的四个构成内容都能落到实处？

任务 2　认识企业文化的产生背景

任务分析

用文化来支撑一个企业的发展是非常必要的，任何企业在发展初始阶段也许重心各异，但当其发展到一定的阶段，就有必要重新梳理或者强化企业文化的内涵和建设。在研究企业文化如何影响一个组织的成长和发展之初，应先学习以下相关知识。

相关知识

一、企业文化形成的历史背景

企业文化又可称为公司文化，这一概念的明确提出，以及作为现代管理科学的一种创新而登上舞台，始于 20 世纪 70 年代末 80 年代初。

当今世界上许多发达国家的管理，正朝着“以人为本”的方向发展。在美国，虽然先进的科学技术手段仍是企业管理的核心，但许多公司推行以人为中心的管理，以致不少企业纷纷把原来的人事部的牌子换成人力资源部，其目的是加强对人力资源的开发。

在日本，“以人为本”的管理已取得好的效果。“以人为本”的管理萌芽于美国，但开花结果却在日本。日本企业界提出的人是企业的主人、全员管理，以及年功序列工资制、终身雇用制等，已成为日本管理模式的支柱。日本企业界重视人的目的，就是千方百计地把员工的创造能力挖掘出来，为企业服务。

在西欧各国，企业管理强调企业员工参与制的管理和弹性工作制。所谓参与制，就是让员工有表达意见、参加企业决策的机会。他们还设立众多的员工管理委员会、初级董事会、经理办公室等。

在我国长期的革命、建设和改革实践，都是围绕着“人”这个中心进行的。中华人民共和国成立以后，我党在经济恢复时期十分重视人的工作，从而充分调动了全国人民的积极性，使饱受战争创伤的经济迅速恢复。改革开放后，许多企业主动研究了人的行为规律，改革对人的管理制度，进一步加强思想工作，重新将管理重点从对物的管理转向以人为中心的管理。

扫描二维码，阅读“以人为本”的管理特点的相关内容。

拓展阅读	学习笔记

二、全球呈现经济文化一体化的发展趋势

(一)公司经营的国际化趋势

公司经营的国际化趋势可以从其商品输出和资本输出两方面来考察。

从商品输出来看，许多公司都是出口商，这些公司所生产的产品主要销往国外市场。例如，日本公司对产品出口的依赖性非常大，自 1965 年以来，日本实行了出口主导型经济发展战略，以出口来带动国民经济其他部门的增长。到 20 世纪 80 年代初，日本汽车和电视机在国内销售数量只占其年生产能力的二分之一。

从资本输出来看，公司经营的国际化趋势主要表现为跨国公司的形成和发展，公司形成的物质基础是资本输出。垄断资本为了获取高额利润，迫切要求去国外寻找有利的投资场所和销售市场。生产国际化和资本国际化的发展和现代化的交通运输工具和通信设备的出现，为跨国公司的发展提供了必不可少的物质条件，使得主要资本主义国家的跨国公司在第二次世界大战后得以迅速发展。

(二)大型跨国公司的合作化趋势

一些大型跨国公司进行“强强合作”，在开发新产品和新技术、占领市场、销售等方面进行联合，是 20 世纪 90 年代以来出现的一个值得注意的西方国家公司发展的新趋势。1990 年年初，美国 IBM 公司与德国的西门子公司决定合作开发计算机记忆芯片，德国的奔驰公司同日本的三菱公司商定共同投资开发高技术产品，美国的克莱斯勒汽车公司和欧洲第二大汽车厂商意大利的菲亚特公司相互成为对方在本国市场的销售代理。欧洲的一些大型跨国集团也形成了合作化、联合化趋势。1990 年 2 月，瑞典的沃尔沃汽车公司与法国的雷诺汽车公司决定互购股权，共同开发新产品。美国的通用电气公司和德国的西门子公司又商定在电子通信领域相互支持。西门子公司与荷兰的飞利浦公司达成协议，共同研制新一代芯片。瑞士雀巢公司和美国的可口可乐公司于 1990 年 11 月底宣布投资组建一家合资公司，专门生产以咖啡和茶叶为原料的各种产品，使用雀巢的牌子，利用可口可乐遍布世界 170 个国家和地区的销售网络进行推销。各国经济越来越相互渗透、相互依存和相互影响。

(三)世界各国文化一体化趋势

随着科学技术的飞速发展，在世界经济出现一体化的同时，世界各国也出现了文化一体化的发展势头。这里所说的“文化”主要是指一个国家、地区或民族的传统文化，如风俗习惯、伦理道德观念、价值观念等。一个地区的文化一旦形成，就将在一段时间内保持其稳定性，但随着该地区经济的发展和不同地区间文化交流的进行，民族文化得到发展。

世界经济一体化的发展，向跨国公司提出了如何调动不同文化背景下员工的积极性的问题，这促进了企业文化的产生；世界文化一体化的发展，加速了不同国家间企业文化理论的交流，为企业文化理论的产生和传播奠定了一定的基础。

同时，在经济一体化和文化一体化的进程中，经济与文化的结合也日益紧密，二者相互推动、相互渗透。尤其是近年来，文化的作用日益明显，已经成为推动经济发展和企业进步的一种巨大且不可替代的推动力。这是企业文化得以迅速发展的重要原因。

任务深层思考

利用当前成功的企业文化建设实例，分析中小微企业的企业文化的发展走向。

任务 3 建立中小微企业文化

任务分析

通过学习以下相关知识，掌握中小微企业文化的建设程序。

相关知识

一、企业文化的功能

(一)导向功能

一般来说，任何文化都体现一种价值取向，规定着人们所追求的目标，具有导向的功能。卓越的企业文化，使企业具有崇高的理想和追求，总是引导企业主动满足健康的、先进的、有发展前途的社会需求，使企业发展壮大。拙劣的企业文化，使企业短视，总是引导企业迎合不健康的、落后的、没有发展前途的社会需求，最终使企业走向衰落。

(二)激励功能

激励功能是指企业文化可最大限度地激发员工的积极性和首创精神，最终达到组织目标。企业文化具有使组织成员从内心产生一种高昂情绪和奋发进取精神的效应。企业文化把尊重人作为中心内容，以对人的管理为中心。企业文化给员工多重需要的满足，并能对各种不合理的需要用它的软约束来调节。所以，积极向上的思想观念及行为准则会形成强烈的使命感、持久的驱动力，成为员工自我激励的一把标尺。

(三)协调功能

企业文化可以协调企业与社会的关系。企业存在于社会中，生命周期面临着发展、扩张，甚至衰败。同时，企业之间的互容和互斥，使企业本身、企业与企业、企业与社会的关系得以不断调整。

企业文化的协调发展，来源于它为社会发展服务、为人的全面发展作贡献的精神实质。这种本质使企业文化的协调功能可以在更大的范围内发挥作用。企业文化不仅是民族文化精华和社会文化精华的继承者，是民族文化和社会文化在公司范围内的应用，而且还为民族文化精华和社会文化精华添砖加瓦，是民族文化和社会文化的能动推进器。

(四)凝聚功能

企业文化可以增强企业的凝聚力。这是因为企业文化有同化作用、规范作用和融合作用。这三种作用的综合效果，就是企业文化的凝聚功能。

从形式上看，企业与本企业的职工是一体的。但是，传统的管理理论把企业和职工的相互利用关系，作为管理工作的出发点与归宿。例如，企业满足职工的各种需要，条件是职工必须为企业作出贡献，至于职工的目标和企业的目标是否一致、各个职工之间的目标是否一致，对企业来说并不重要。企业文化理论则不然，它把个人目标同化于企业目标，把建立共同的价值观作为重要目标，从而坚持对职工的理想追求进行引导。企业文化的这种同化作用，使企业不再是一个因相互利用而聚集起来的群体，而是一个由具有共同的价值观念、精神状态、理想追求的人凝聚起来的组织。

企业文化中的共有价值观念，一旦发育成长到习俗化的程度，就会像其他文化形式一样产生强制性的规范作用。企业文化的强制性规范作用，大大加强了一个企业的内部凝聚力。

(五)约束功能

企业文化对组织员工的思想、心理和行为具有约束和规范作用。企业文化的约束不是制度式的硬约束，而是一种软约束。这种约束产生于组织的企业文化氛围、群体行为准则和道德规范。群体意识、社会舆论、共同的习俗和风尚等精神文化内容，会形成强大的使个体行为从众化的群体心理压力和动力，使组织成员产生心理共鸣，继而达到行为的自我控制。

制度总是落后于组织发展，也常常存在漏洞。一个开放的企业文化恰恰是对严谨制度的最好的平衡和补充。企业文化中的组织宗旨、经营理念能规范组织工作行为，企业文化更多地规范了组织内部员工的行为。组织有多种多样的目标，当有些目标相互冲突时，或当个人目标与组织目标冲突时，无形的企业文化比写在纸上的行为规范更有力、更自觉、更统一。

(六)创新功能

企业文化的创新功能是指企业对思想道德观念、科学技术，以及精神财富、物质财富的创新作用。文化主体在对社会现实认识的基础上，借助原有的文化材料，通过预见未来，创造新的思想道德观念，进而又在新观念指导下实际地改变社会现实，创造新的思想道德观念的内容和形式。文化在反映社会生活的同时，又创造在现实中并不存在或并不如此存在的事物的观念形态。

二、建设中小微企业文化应遵循的原则

(一)树立正确的价值观

企业价值在企业文化中居于核心地位，企业文化的所有内容都是在企业价值观的基础上产生的，企业的所有行为也都是在企业价值观的指导下进行的。它是企业的导向，甚至有些人把企业文化直接地理解为一种观念形态的价值观。

创立企业文化，要先树立正确的企业价值观，这是一个企业成功的基础。就像建造一所房屋，先要打好地基，没有打牢基石，房屋就会倒塌。如果一个公司缺乏明确的价值观，它在经营过程中必然要失败。

中小微企业要深入贯彻党的二十大精神，学深悟透习近平新时代中国特色社会主义思想，引领构建企业的价值观。企业的价值观反映了企业自身的利益，体现了员工利益，在企业中起到了凝聚力和向心力的作用。它把企业的全体员工团结在了一起，激励他们，最大限度地调动他们的积极性，充分发挥他们的聪明才智。它能把企业员工的思想统一起来，鼓舞员工为实现企业目标共同奋斗，让他们认识到企业的利益就是自身的利益，每个人都会把它作为自己的精神支柱。

(二)继承传统精神

许多企业都有着悠久的历史，一些企业甚至是几代人努力的结晶。良好的企业文化的形成，也非一日之功，在企业文化的发展过程中，留下了许多优良传统。一个有独特个性的企业要长期发展下去，也需要延续优良的传统。

企业的传统精神久经岁月磨炼，是一部企业自身的创业史，是前人留给后人的一笔巨大的财富。创建一种企业文化，应该继承光荣传统。传统是企业精神的延续，是企业精神的凝结。任何企业都应珍惜自己的优良传统，在继承传统的同时，走向更好的未来。

(三)目标原则

目标是人们通过自身的各种活动，在一定时期内所要达到的预期结果。目标管理是一种管理思想和管理方法。人们从事任何管理活动，都应该设定目标。企业文化建设作为企业管理活动的高层次追求，更不可缺少目标。

在企业文化建设中坚持目标原则。一方面，意味着要科学合理地制定企业文化的发展目标，即明确企业的基本信念和基本哲学。这些基本信念和基本哲学目标不同于企业经营目标，不像经营目标那样具体和可量化、可操作，它只是一种理念性的目标。这种目标一旦确定下来，一般不会轻易改变，它决定着经营管理目标的方向和实施的成效。另一方面，意味着要采取有效的办法实现既定文化目标。一般来说，一个企业的创始人或执掌企业较长时间的企业家，往往是企业基本信念和基本哲学的最初倡导者。开始企业成员对此并未产生共识，只有经过企业创始人和企业家的长期灌输，精心培育，及时得到员工的认同并实现这些目标，才能使他们的目标行为不断被强化，进而为实现企业目标而努力奋斗。

(四)绩效原则

绩效是一项工作的结果，也是另一项工作的开始。在企业文化建设中坚持绩效原则，不光是根据人们工作绩效进行奖励，以鼓励他们以更好的心理状态、更大的努力投入下一轮工作当中，而且其目的还在于把人们的着眼点从“过程”转向“结果”，避免形式主义、教条主义。

传统的管理与其说重视目标，不如说更重视达到目标的过程。这种管理把主要精力放在过程的标准化和规范上，不仅告诉组织成员“做什么”，而且还告诉他们“怎么做”，更注重工作程序和方法。这种管理的思维逻辑是“只要过程正确，结果就一定正确”。员工在工作中必须严格执行既定的规程、方法，接受自上而下的严密监督和控制，压制员工的工作个性发展和创新精神。

在企业文化建设中坚持绩效原则，就要改变传统管理的思维逻辑，建立起“只要结果正确，过程可以自主”的观念。在管理实践中应引入目标体制，坚持以个人为主的自下而上协商制定目标的办法。执行目标过程以自我控制为主，评价目标也以自我检查、自我评价为主。企业最终以目标执行结果——工作绩效为唯一尺度进行奖惩，并以此作为晋级、提升和调整薪资的依据，从而鼓励人们积极探索、创新，谋求使用更好的方式与方法，提高工作效率，完成工作任务。实际上，这一过程既成为员工自我学习、提高的过程，也成为企业促进员工不断进步和提升能力的过程。

三、中小微企业文化建设的程序

中小微企业文化建设是一项复杂而艰巨的系统工程，一种优秀的中小微企业文化的构建不像提一个宣传口号那样简单，它需要企业有意识、有目的地进行长期的总结、提炼、倡导和强化。因此，在建设企业文化过程中，企业必须根据企业文化发展规律的要求，按照科学的程序和原则办事，克服主观盲目性，增强自觉性。

中小微企业文化建设的基本程序一般包括以下四个环节。

（一）调查研究

调查研究是中小微企业文化建设的起点。只有把握中小微企业现阶段的文化状况及影响文化的各种因素，才能为自身企业文化的定格做好准备。

调查研究的内容包括：①中小微企业的经营领域；②中小微企业领导者的个人修养和风范；③中小微企业员工的素质及其需求特点；④中小微企业的优良传统及其成功经验；⑤中小微企业现有文化理念及其适应性；⑥中小微企业面临的主要问题；⑦中小微企业所处的地理环境。

调查研究的步骤如下。

1．企业家的倡导和决策

一个企业能否成功地建设自身的企业文化，企业家的倡导和决策是首要因素。在中小微企业文化建设中，企业家从本企业的特点出发，以自己的价值观、自己的理想追求、自己的管理经营之道，融合成企业的价值观、企业的使命和目标、企业的经营哲学，并逐渐被员工认同、遵守、发展和完善。

2．企业文化建设委员会及其工作机构的建立

在企业家的倡导下，企业决策机构为了使中小微企业文化建设有组织地进行，必须建立组织领导，即企业文化建设委员会。这个委员会的最高决策者就是企业家本人，另外还包括企业的其他一些高层领导。

3．企业文化调研人员班组的构成

在企业文化建设委员会的指导下，由咨询机构人员组成的工作机构——项目小组就进入了考察调研阶段。考察调研的工作主要由咨询机构的人员担任。这主要是因为企业自身

的工作人员在本单位从事调研，受各种人际关系、利益关系的限制，加上缺乏调研工作的专业培训，使他们受到了较大的局限：或者是对调研者有顾虑而不会提供真实想法；或者是对一些情况熟视无睹，习以为常；或者是对调研情况不能作出客观的判断。

4. 企业文化调研人员深入调研

调研人员在企业文化建设委员会的指导下，设计调研问卷。用资料查阅、现场观察、专题研讨、个人访谈、问卷调查等方法了解企业原有文化的现状及企业全体员工的期望。

5. 整理调研资料，编写调研报告

当调研工作完成后，调研人员将有关资料整理、归纳之后，编写调研报告，并提出中小微企业文化建设的策划方案。

(二)定格设计

中小微企业文化的定格设计，即在分析总结企业现有文化状况的基础上，充分考虑中小微企业的经营领域、中小微企业领导者的个人修养和风范、中小微企业员工的素质及其需求特点、中小微企业的优良传统及其成功经验、中小微企业现有文化理念及其适应性、中小微企业面临的主要问题及所处地理环境等因素的影响，用确切的文字语言，把肯定的企业价值观表述出来，成为固定的理念体系。

企业理念体系大体包括企业使命、企业目标、企业价值观、企业道德、企业精神、经营观、管理观、人才观、服务观、员工基本行为准则及企业风尚等。

(三)实践巩固

企业文化定格后，就要创造条件付诸实践并加以巩固。把企业文化所确定的价值观全面地体现在中小微企业的一切经济活动和员工行为之中，同时采用必要的手段，强化新理念，使之在实践中得到员工的进一步认同，使新型的企业文化逐步得到巩固。

1. 积极创造适应新的企业文化运行机制的条件

不断深化企业改革，推行现代企业制度，强化科学管理；加强员工的政治、业务培训，不断造就训练有素的员工队伍；积极开展民主管理活动，创造一个民主、和谐的环境；完善分配机制，建设一个牢固的企业命运共同体。

2. 加强灌输教育和舆论宣传

通过对员工尤其是新员工进行灌输教育，创办企业文化宣传刊物，开展企业文化理念研究和旨在宣传企业文化的各种生产经营活动或文娱、体育活动，让员工潜移默化地接受新的价值观，并逐渐用以指导自己的行为。

3. 企业领导者以身作则，积极倡导

企业领导者在工作实践中积极示范、宣传，身体力行，让员工看到企业提倡什么、反对什么，以及应以什么样的准则和规范从事工作，可以使新的企业文化建设加速。

4. 利用制度、规范、礼仪、活动等进行强化

将企业文化渗透企业的每一项规章制度、政策、工作规范、标准和要求当中，体现在各种活动和礼仪之中，使员工从事每一项工作、参与每一项活动时都能够感受到企业文化在其中的引导和控制作用。

(四)完善提高

企业文化定格并在实践中得到巩固以后，尽管其核心和特有的内容不易改变，但随着企业经营管理实践的发展和内外环境的改变，企业文化还是需要不断充实、完善和发展

的。企业领导者要依靠群众，积极推进中小微企业文化建设，及时吸收社会文化和外来文化的精华，剔除本企业文化中的消极部分，不断对现有文化进行提炼、升华和提高，从而更好地适应企业变革与发展的需要。

企业文化的完善提高，既是企业文化建设一个过程的结束，又是下一个过程的开始，是一个承上启下的阶段。企业文化的建设与企业文化的演变规律相适应，是一个不断积累、传播、碰撞、选择、整合、变革的过程，循环往复，永无休止。企业文化建设不是经过一两次循环就能完成的，它与企业文化的运动相适应，是没有止境的。然而，一种积极的企业文化体系和模式一旦重塑完成，就会在一个较长的时期内发挥作用。企业文化建设的任务在更多情况下是积极的积累、传播、充实、完善。只有当企业内外环境发生急剧变化，企业文化产生激烈冲突，需要选择、整合和变迁的时候，企业文化建设的任务才是对原有文化实行彻底的推翻，并在此基础上重塑新型企业文化。

任务深层思考

通过学习，对中小微企业进行企业文化内容的调整与建设。

任务4 分析中国企业文化的发展

任务分析

中国传统文化思想丰富，影响深远。当前，中国企业在发展过程中，虽然受到来自国外管理思想的影响，但因其文化的根在中国。对今天的中国企业来说，所建设的企业文化中一定蕴含着传统文化的基因。通过学习以下相关知识，厘清中国企业文化的发展历程。

相关知识

一、早期的中国企业文化

“树无根不活”，企业文化无根不立。企业文化是民族文化的具体体现，是由民族文化所决定的。中华民族有着五千年的文明历史和优秀的民族文化，其中最具代表性的是儒家文化。

儒家文化博大精深，涵盖仁、义、礼、智、信、忠、孝、廉、中庸等。虽然有一些中国企业文化在发展中受到其他国家的外来文化的影响，但根本的来源还是儒家文化。

中国企业文化的根基在于儒家文化的以下三个方面。

(一)一体论——“天人合一”的思想

一体论源于儒家文化中的“天人合一”的思想。儒家文化中的“天人合一”思想说明人与自然、人与人、人与周围的一切关系。天人合一是指天与人既分又合，非一非异。天不是人，人不是天，所以相分，非一；但人又是天的产物，又内在融合统一，所以又相合，非异。

“天人合一”的思想认为，这个世界是一个统一的世界，都是由天地演化而来的。人之为人本于天，人就是天的缩影。天有风雨阴晴，人有喜怒哀乐；天有金木水火土“五行”，人有仁义礼智信“五常”等。“天人合一”的思想说明，自然天地好比人的父母，人人皆我兄弟，万物皆我同伴，天地万物与我本是一体。天下万物之间是一种全息关系，即部分映现着整体，并凝聚着整体的各种信息。孟子的“万物皆备于我”表达的就是天下万物都聚集在人的身上，要求人们与自然、他人、社会和谐相处。

一体论揭示了宇宙人生的真相，即人与自然、人与人、人与周围的一切都是一体的关系，是不可分割的，强调的是“一”，即人与自然、人与社会、人与人要和谐、团结和统一。

一体论作为社会主义市场经济条件下企业文化建设之根基，表现为两个特色。

一是社会主义特色，主要表现在更快地发展生产力，实现经济的可持续发展和共同富裕。社会主义就是一个利益共同体，它代表个人、集体、社会、人类的共同利益。在经济和社会的发展过程中，一体论要求尽善尽美地利用资源并发挥其最大的价值，保护与开发同存，全社会稳定、和谐地达到共同富裕。

二是市场经济的本国特色，主要表现在中国的儒商精神。儒商是明末清初产生的贯彻儒道精神的商人，其主要特点是“以德为本”来行商，提倡“君子爱财，取之有道”，表达了行商的方式和远大目标及为人准则，体现出家国利益的有益结合。

因此，一体论应用于企业文化建设，主要体现在以满足社会和顾客的正当需求和欲望为导向的企业经营哲学。它要求企业的生产经营活动应当被看作一个不断满足社会和顾客正当需求的过程，而不仅仅是简单制造或销售某种商品或服务的过程。真正把企业的发展看成满足社会、顾客和企业自身的需求，以及长远利益与当前利益、整体利益与局部利益相结合的活动，从而实现多方的和谐统一。

(二)人性善论——天下为公

“人之初，性本善。”人的本性是无私的、公正的、平等的。

“公”是社会主义的基本性质和根本方向，是符合天性的、人性的，是正确的选择。“公”有公共、公正、公平、公开、共同之意，代表的是一个利益共同体，也体现出各方的和谐与统一。

中国的企业文化建设必须继承和发扬中华民族的优秀传统文化，坚持社会主义“公”的方向，把社会主义的根本方向、基本国情、优秀传统文化与西方发达国家先进的经济模式有机地结合起来。当务之急，要在企业员工中建立共同的信念、理想、价值观体系、行为标准，建立有效的激励机制，使企业员工树立“为天地立心，为生民立命，为往圣继绝学，为万世开太平”这一崇高的人生价值观念。坚持社会主义的根本方向，合理利用资源，保护好我们的环境，在得与失之间选择“为”与“不为”。

(三)“尽孝”的思想

企业文化的核心是以人为本，做企业实际就是在做人。儒家文化中的“尽孝”“报恩”思想的实质是教诲人们如何做人，应具备什么品质。把“尽孝”的思想放到企业文化的建设工作中来，从宏观来看，要求企业在取之于民、取之于社会后，还须还之于民、还之于社会，企业的壮大和发展，得益于社会环境，得益于内部员工；从微观来看，企业内部的员工的成长和发展得益于企业环境给予他的帮助，因此，企业员工也要“尽孝”，这份孝心和报恩的行为应当是回报企业和全社会。只有企业内外真正意识到自己的责任，才能尽心尽力求发展，加倍努力回报社会，才能继承“尽孝”“报恩”的思想，并将这种思想落到实处。

二、新时期的中国企业文化

(一)经济体制改革的推动

改革开放以来，我国宏观经济环境发生了巨大变化，经济体制已经由计划经济转变为市场经济，经济增长方式正在由粗放型向集约型转变。同时，微观的企业改革已经发展到纵深层次，提出了企业组织形式创新的问题。

企业组织形式是企业的资产结构及由此形成的产权所有制形式。我国股份制企业的主要形式有股份有限公司和有限责任公司两种类型。除了规范化的两种公司形式以外，我国还开展了形式多种多样的转换企业资产结构的试点，一是组织国有独资公司，赋予其法人财产权，实行资本经营机制，确保国有资产的保值和增值；二是对国有中小微企业推行股份合作制；三是利用市场机制，完善各种承包、租赁、托管等国有资产经营形式，盘活国有存量资产，使市场机制在优化资产结构方面发挥基础性作用。

企业组织形式的变化，要求企业管理必须彻底摆脱过去的行政性领导方式，严格按照现代企业制度的要求，以市场为导向，建立科学的内部运行机制和新型的企业领导制度，实行董事会领导下的总经理负责制，确保企业在市场中的主体地位。

扫描二维码，阅读我国市场环境变化的相关内容。

拓展阅读	学习笔记

(二)理论研究方兴未艾

20 世纪 80 年代初，我国管理理论界介绍现代西方管理思想时，虽提及了企业文化理论，但未引起足够的重视。之后，各种管理著作对此理论都有所讨论，但一直未形成主流，对企业界的影响也不大，主要限于东南沿海开放地区。1987 年年底，时任中共中央纪律检查委员会书记、中央顾问委员会委员韩天石多次赴广州、深圳等地考察，从南方等地刚刚兴起的“企业文化热”中觉察到这是一门新兴的学科，必将对走上改革开放的中国企业、经济和社会发展产生巨大的影响。回来后，他和一批理论界、企业界的有志之士共同倡议于 1988 年成立了中国企业文化研究会。研究会成立以后，举办了各种类型的学术研讨活动，对于什么是企业文化、要不要搞企业文化、如何建设有中国特色的社会主义企业文化等问题，逐步取得了共识。举办了讲习班，培养了一批企业文化建设的积极分子，推动了全国各地企业文化建设研究的开展。

当然，目前的企业文化建设中也存在不少问题，主要表现在几个方面：①企业文化管理理论还未引起一些地区和企业的重视；②各地区、各行业、各企业间的发展很不均衡，还有很大的发展空间，取得全面经验的典型企业为数不多；③如何从企业文化理论中推导出一套可操作的规范化做法，有待进一步探索；④对企业文化的界定及其基本内涵的理解，也还有一些不同看法；⑤对企业文化中的中国特色还需要在广泛实践的基础上进行不断探索和总结。当前，对这一理论研究和实践的潮流正呈方兴未艾之势，而且在向着如何建立有中国特色的企业文化理论的方向发展。

(三)实践上的成功探索

改革开放后，我国坚持实事求是的方针，执行了务实地让群众富裕起来的政策，通过物质需求的满足极大地调动了群众的积极性，取得了很好的效果。这种情况在农业上的表现就是联产承包责任制的执行，在工商企业中的表现就是实行了经济责任制，在区域经济发展中的表现就是特区政策的贯彻。此时，在生产力低下、人们生活还贫穷的情况下，只有先满足人们的物质需求，才能调动人们的生产积极性。因此，当时的企业文化建设主要体现在通过物质需求的满足调动人们的积极性。

然而，随着人们生活水平的提高和物质需求的不断满足，继续通过物质刺激的手段难以再提高人们的积极性。同时，单纯地在经济责任制上做文章在执行过程中也出现了很多的弊端，主要表现在管理人员过分强调指标的实现，而忽视对人的关心和爱护，激化了管理人员和生产人员的矛盾。这表明，社会生活的进步和管理环境的改变，要求进一步加强企业管理。在这种情况下，各地的企业开始探索通过精神需求的满足来调动人们的工作积极性。

扫描二维码，获取青岛海尔集团探索的相关内容。

拓展阅读	学习笔记

(四)新时期的中国企业文化的走向

1. 精神层面的转变

来自国际市场的竞争使异质文化之间的交流和碰撞对企业的影响越来越直接，因此，在企业文化建设的内容上，不能再局限于原来的管理文化，而应在此基础上根据新形势发展的需要，将企业的营销文化、品牌文化、服务文化和跨文化经营管理等都纳入企业文化建设的内容。全球化的企业环境将使企业面临着跨文化管理和跨文化营销等新问题、新知识。因此，企业经营管理者需要主动学习，带领员工把企业构建成一个学习型组织去适应这样的环境。

2. 制度层面的转变

在国家的信用规范制度约束下，企业除了从观念上树立伦理道德观，发扬我国民族企业文化的优良传统外，也需要以科学管理的制度框架为依据建立保障企业诚信经营的信用制度，如财务制度、人事制度等，使企业的诚信经营纳入法治的轨道从而固化下来并延续下去。企业的信用将成为我国企业在国际竞争舞台上树立“中国制造”的国际市场地位和开拓国际市场的核心。

3. 物质层面的转变

物质层面的转变主要体现在跨文化交流和沟通上。尽管在改革开放之后，大多数中国企业开始走向公司化经营，计划经济时期企业没有标识的现象在企业导入企业形象设计的热潮中逐渐消失了。但是，企业的标识作为一种企业的识别要素和形象符号，需要与世界范围内的消费者进行沟通并建立联系。因此，在注重标识所蕴含的民族文化内涵和企业特色的同时，还要注意它与异质文化的交流和融合。

4. 行为层面的转变

企业的行为从根本上说是从员工的行为当中体现的。员工的行为大体可分为两类：一类为员工在企业内的日常行为，如工作规律性、待人接物等；还有一类就是员工的对外行为，或者说是具有外协性工作的员工在对外交往中表现出来的行为，如谈判行为、公关行为等。注重企业的行为文化、规范企业员工的行为，将是企业的长期工作。

对企业来说，上述两种行为尽管都受到员工本身知识素养、文化程度及企业环境的影响，但对于前一种行为，企业通常认为可以通过制度约束，在短期内使之至少表现出企业期望达成的表面效果；而后一种行为因为其外向性导致可控程度较低，所以企业通常会采取技术性的教育培训方法，如聘请一些行为科学或人际交往礼仪方面的专家来对这部分员工进行短期培训。对外行为给企业带来的直接影响也使企业对员工的行为教育和影响大多集中在第二类行为上。这样一来，表面上企业内部员工具有了企业制度条文中要求的行为表现，企业外部员工也在对外交往中提高了交际水平，但实际上，靠这样的硬性约束和即期培训仅仅是“治标”，当企业的员工在对外交往中面对纷繁复杂的各类文化时，短期培训的内容根本无法覆盖其实际行为，员工的表现又会流露出“本质”。因此，看似表面的员工行为，要从根本上适应与异质文化的融合，只能靠企业文化的长期渗透。因为员工的知识素养和人格特点无法在短期内全面扭转，除了尽可能靠知识教育和培训提高员工的文化素养之外，只有在企业内形成顺应人类文明趋势的良好氛围并以此来规范所有员工的行为习惯，如培养员工遵守公德、言行文明的良好习惯，才能以独具魅力的企业文化与具有不同背景文化的企业在行为上友好融合。

任务深层思考

分析当前我国中小微企业文化建设面临的环境及应对的措施。

项目小结

亲爱的同学，你已经完成了项目五的学习内容，结合前面各项目的认识和学习，相信你对企业文化的重要性及如何营建良好的中小微企业文化有了较好的认识和理解。本项目的重点在于通过分析企业文化的内容和构成，介绍建设中小微企业文化的程序，使同学们能真正体会到企业文化对于中小微企业长久生存的重要性，并学会如何在实践中进行应用。

下面请进入“能力自测”部分，通过对项目五内容的学习，能及时转化为应用知识。

能力自测

一、单项选择题

1. “企业文化”这一概念出现于(　　)。

A. 19 世纪末　　B. 20 世纪 30 年代　　C. 20 世纪 70 年代　　D. 20 世纪 80 年代

2. 文化作为一个变量进入管理学的范畴是在(　　)。

A. 20 世纪 60 年代　　B. 20 世纪 80 年代

C. 20 世纪 90 年代　　D. 21 世纪初

3. 认为文化是一种集意义、信仰、价值观、核心价值观在内的存在的是(　　)。

A. 特雷斯·E. 迪尔和阿伦·A. 肯尼迪　　B. 威廉·大内

C. 埃德加·沙因　　D. 杰克琳·谢瑞顿

4. 企业文化的核心是(　　)。

A. 企业哲学　　B. 企业价值观

C. 企业精神　　D. 企业伦理道德

5. 华为公司是通信领域的知名企业，在业内人们提到华为就会想起“狼性文化”。这说明企业文化具有(　　)。

A. 区分功能　　B. 导向功能　　C. 约束功能　　D. 凝聚功能

6. 企业文化理论和实践的中心是(　　)。

A. 文化　　B. 人　　C. 物　　D. 制度

在线测试	总　结
	______________________________ ______________________________ ______________________________

二、简答题

1. 简述我国学者对企业文化的看法。
2. 简述企业文化的构成。
3. 简述中小微企业文化的营建。
4. 简述中小微企业文化建设应遵循的原则。

案例分析

A 公司的奖惩机制

A 公司是一家新成立的儿童教育咨询公司。该公司将美国某一儿童教育的品牌带到了中国。它的发展战略是通过发展俱乐部会员制，推广先进的教育理念，扩大该品牌在中国的影响力和知名度，最终拥有自己的特有的品牌产品及传媒刊物。

A 公司的受众是学龄前的儿童，因此主攻方向也就主要是一些高档的社区和幼儿园。该公司通过发放问卷和联合搞活动的方式和这些机构建立联系，获取客户的信息，然后由销售部的推广人员逐一推进。由于 A 公司对客户的分析和市场定位是较为准确的，而且在当时也没有什么旗鼓相当的竞争对手，因此，没有多久就小有成就，成为一些媒体关注的对象。精明的经营者意识到这是一个不错的机会，立即与一些相关媒体取得联系，将他们作为宣传窗口，进行连载式的报道，A 公司的知名度和影响力也就朝着预期的方向节节攀升。

可好景不长，问题接踵而至：会员制的推行速度减缓；已经建立联系的幼儿园、社区要求公司退出，因为幼儿园接到了家长对公司员工的投诉；新市场的开拓跟不上；销售部的人员流动很大，能工作超过两个月的销售寥寥无几。该公司的总经理在头痛不已的同时深感疑惑——为什么正确的战略不能带来收益。于是，他想到了利用奖惩机制来改变现状。

一、奖惩机制

一个公司的奖惩机制是企业文化的重要组成部分，是对员工行为进行塑造的重要手段。文化就像一只看不见的手，它并不是明文规定的规章制度，而是实际发生的奖惩机制。

二、奖惩行为

事件一：在全体员工大会上，领导们说："我们是新成立的公司，许多地方还很不完善，希望每位员工都把这份工作看成自己的事业，有什么新想法就提出来，公司一定会重奖的。"有几个青年受到了鼓舞，纷纷向公司递上了自己的建议书。

事件二：B从一名普通员工很快升到了总经理秘书。从公司组织结构来看，她的地位和副总是一样的。总经理也总是人前人后地夸她，如B在公司很勤奋，每天总是最后一个离开公司。此后，公司加班的人逐渐多了起来，可其中干活的人却没有几个，上网玩游戏的有之，聊天的也有之。总之，公司里的"人气"倒是旺了不少。

公司奖励什么行为就是鼓励员工多发生类似的行为；同样，惩罚什么行为也就是希望员工抵制甚至杜绝类似行为的发生。然而A公司的奖惩措施出来后，效果又是如何呢?

三、奖惩时间

奖惩时间指的是奖惩的及时性，即对员工发生的行为是否给予及时准确的反馈。

事件三：某一位员工因为工作表现突出，她的上司总是对她说："我一定在下周的例会上要求总经理提高你的底薪。"可是时隔两个月也没有动静。

及时性是有效激励的一个重要指标，如果违背了，效果只能适得其反。

四、奖惩对象

奖励或惩罚一位员工，也是在其他的员工面前树立了榜样。

事件四：销售部的一位销售人员，她的业绩第一个月占了整个部门的销售指标的90%，后连续三个月都保持在占全部门销售指标的60%以上。在她看来她的所得和那些业绩不如她的人相比相差不大，她所付出的时间和精力也没有得到应有的回报。

如果有激励措施，但是激励的对象没有突出，实际上会打击应该被激励的人的积极性。

五、奖惩方式

在A公司看来，金钱奖励对于本公司员工来讲是最重要的。因此，该公司奖励员工的形式大都与钱有关，如迟到早退罚钱，工作表现突出发奖金，请病事假一律扣去全天工资，等等。但这种奖惩方式太过单一，尤其是对于当前大部分员工来讲，随着个人需求的变化，公司应该从员工切身利益出发，制定多种奖惩方式，充分发挥这些奖惩方式的作用。

六、奖惩强度

针对不同的员工，奖惩的强度应当有所不同。但这种差异应该有一个"度"，体现公平、公开、公正。

事件五：一个新加入公司的员工工作上出了一点小差错，总经理一怒之下将其开除。可没过几天，总经理秘书也犯了同样的错误，但事情却不了了之。这在公司引发了不小的争议。

从奖惩机制运用的角度来看，实际工作中的奖罚应该是对事不对人，然而该公司的惩罚完全是对人不对事。毫无疑问，该公司的奖惩机制存在很大问题，对公司的发展很不利。

问题：

1. 联系本项目的相关内容，指出本案例中的奖惩机制存在的问题。

2. 请运用所学知识，为A公司建立合理的奖惩机制。

3. 分析A公司的企业文化特点。

实训操作

【实训目标】

调研中小微企业文化建设状况，了解企业文化对该企业发展的影响。

【实训内容与要求】

1. 以小组为单位设计中小微企业文化调查问卷。

2. 每个小组选择一家中小微企业进行问卷调查。

3. 调查访问结束后，小组整理调查资料并撰写调研报告，课堂以小组为单位进行讨论与交流，时间为2课时。文字材料整理后上交教师保存。

【实训成果与检测】

1. 教师综合以下评估打分。

(1)小组的问卷设计。

(2)小组收集的相关中小微企业资料。

(3)小组的调研报告和课堂交流心得，要求提交书面材料(1 500字左右)。

(4)小组课堂口头表述。

(5)小组每位成员实训期间的表现。

2. 个人须上交的实训心得与体会。

学习笔记

项目六

现代中小微企业如何进行生产管理

知识目标：

1. 掌握生产管理的策划要点；
2. 掌握生产作业控制的要点；
3. 掌握生产现场控制的要点；
4. 了解库存管理和物料需求计划。

能力目标：

1. 能编制生产作业计划；
2. 能有效进行生产现场管理。

素质目标：

1. 具备规范、精细的职业素养；
2. 具有忠于职守的责任意识。

项目任务：

1. 生产管理策划；
2. 生产作业控制；
3. 生产现场管理；
4. 库存管理和物料需求计划。

扫描二维码，获取本项目的教学内容展示。

教学内容展示	预习笔记

项目导入

相关阅读

我要一台蓝天白云的冰箱

北京的齐思佳夫妇在精心布置自己的房间时，突发奇想：如果拥有一台表面是蓝天白云景象的冰箱，那与房间的布置将多么协调！抱着试试看的想法，他们点击了海尔的网上订单。没想到，十多天后，齐思佳竟接到了海尔打来的电话，说冰箱已经做好了，可以给他送货。

过去没有迅速响应用户的速度，但今天海尔的流程再造使之有了可能。在海尔搭建的网络化平台上，齐思佳的订单被海尔的各个部门同时看到，市场链同步流程实现了这个订单。

海尔从向服务业转移，到推出定制冰箱，正是将市场细分和个性化与电子商务联系起来，以“商家设计、海尔制造”的营销模式，从设计系统、模具制造系统、生产系统、配送系统、支付系统、服务系统等方面，建立起完善而强大的实力支撑。实际这是制造商对自身提出的更高要求：既有满足用户个性化需求的开发设计系统，又有柔性制造系统，还有能使信息增值的信息平台。

这台冰箱的制作过程实际上就是一个企业满足顾客个性化需求的过程，同时也是一个制造类企业能够在现代市场中稳操胜券的关键。

扫描二维码，获取本项目的项目说明。

项目说明	预习笔记

任务1　生产管理策划

任务分析

计划是管理的首要职能，生产管理的策划是生产管理的核心内容。它调配着企业内外的多种资源，并在需要的时候，按需要的质量和数量，提供需要的产品和服务。在探讨如何进行生产管理的策划前，应先学习以下相关知识。

相关知识

一、生产管理的含义

(一)关于生产、生产与运作

生产(produce)的原意是制造产品(product)。生产与运作的含义要比生产宽(在有的书中把生产分为狭义的生产和广义的生产，狭义的生产就是生产的原意，广义的生产相当于本书的生产与运作)，既包括与生产有关的前导、辅助和后续活动(如设计、物流、库存、设备保证、市场营销、广告制作)，也包括为满足人们生活所需的各类服务运作，当然也包括生产。

本书采用广义的生产概念，即人们为满足其物质和精神文化需要而创造社会产品或提供服务(实际上，随着社会的发展，“产品”的概念也扩展了，它既包括实物产品，也包括精神产品，还包括服务)的一种有组织的活动，也是人类社会的最基本活动。

从一般意义上说，生产是把投入的资源(生产要素)按照特定要求转换为输出(产品或服务)的过程。生产过程如图 6-1 所示。

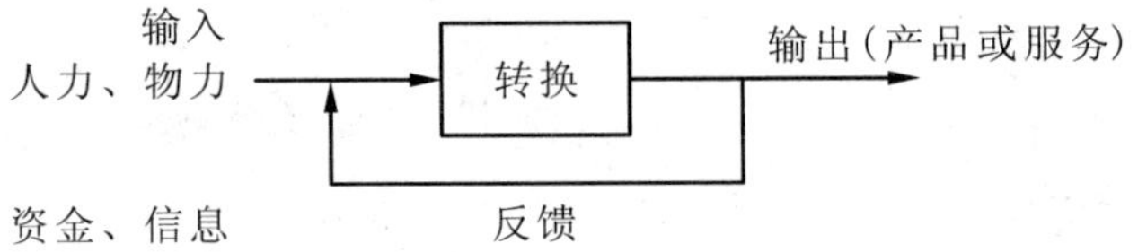

图 6-1 生产过程

(二)生产管理

结合上述关于生产的定义和项目一中关于管理的定义，我们可以将生产管理定义为：生产管理是指企业为实现经营目标，有效利用各种资源，对企业生产与运作过程进行计划、组织、协调、指挥、控制，从而为满足社会需要、市场需求提供产品或服务的管理活动的总称。

二、生产管理的方式与策划

本任务中的生产管理的策划包括两部分内容：一是针对生产管理的策划，也就是如何进行生产管理；二是针对生产的策划，也就是如何生产，包括生产什么、生产多少及如何实现产品生产。

(一)生产管理的方式

生产管理的方式可以按不同的角度进行划分。

1. 按市场特性划分

生产管理方式按市场特性不同，可分为订货式生产和存货式生产。

(1)订货式生产。订货式生产就是按顾客的订货组织生产，一般往往是顾客有特殊要求而生产的产品。

(2)存货式生产。存货式生产就是根据生产者对市场进行的预测，设计、生产一定规格、式样的产品，一般采用少品种、大批量的生产方式来满足市场需求。

同样的产品既可以按照订货式组织生产，也可以按照存货式组织生产。比如，项目导入中的案例，传统的冰箱一般按存货式组织生产，但是针对顾客有特殊要求的冰箱，就需要按订货式组织生产。

2. 按技术特性划分

生产管理方式按技术特性不同，可分为装配式生产和流程式生产。

(1)装配式生产。装配式生产是指通过固有的各种加工作业，制造出图纸规定的零件，然后通过一定的手段把它们组合起来，制造成具有特定功能的产品的过程。比如，机械、电器等产品均属此类。

(2)流程式生产。流程式生产是指把一种乃至数种原料投入生产，通过它们共同连续地进行一系列化学或物理变化，制成产品的过程。比如，化工产品、钢铁、食品等均属此类。

3. 按生产的连续性划分

生产管理方式按生产的连续性不同，可分为连续性生产和非连续性生产。

(1)连续性生产。生产连续进行，一般针对流程型产品，如电、水泥、液体(含水)和气体、布匹、钢铁、能源产品等。其产品特点是不具有固定的形状结构，需要一定容器装载，不以“个”(件、台、套、辆等)为单位，可以千克、吨、度、桶、瓶等为单位。

(2)非连续性生产。生产不能连续进行。其针对硬件或软件产品，具有一定的形状或结构，可以“个”(件、台、套、辆等)为单位的产品。

4. 以管理特性为标志划分

(1)大量生产。大量生产针对品种单一、产量巨大的产品，一般采用专用流水线生产，自动化、专业化程度高，销售稳定，产量大。这类产品在20世纪较多，如汽车、家用电器、自行车、钟表等。大量生产可以较好地满足巨大的市场需求，但是随着人民生活的多样化，上述产品的品种迅速增加，甚至出现如项目导入中案例所示的个性化需求，因此一般不宜再采用大量生产的方式。目前来看，大量生产的产品主要还是前述连续性生产的产品。

(2)成批生产。成批生产针对需求相对稳定、品种较多、产量较大的产品，可以采用普通或柔性流水线、专用或通用机械，或手工密集型生产，自动化、专业化程度不高，需要根据品种变化调整设备、工装。成批生产可以较好地满足不同的市场需求，但是产量不大，成本较高。

(3)单件生产。单件生产主要针对产品需求不稳定、品种多，不重复或偶尔重复的产品，包括用户有特殊需要的产品、大型机械、工程类产品。这类产品的生产一般也都属于订货式生产。

5. 以产品(生产结果)性质为标志划分

以产品(生产结果)性质为标志，生产管理方式可分为物质产品(包括硬件、流程型产品)的生产、精神(信息)产品(包括书本、电影、电视、软件)的生产、服务(包括上述产品的销售和售后、餐饮、美容、美发、医疗、商业、电信、网络、中介、教育、咨询等)。

(二)生产管理的策划

1. 生产管理方式的选择和创新

生产管理的策划先是生产管理方式的选择(或组合、创新)。中小微企业不要单纯只选择其中一种，或者非此即彼，要大胆组合、变革、创新、灵活机动。

比如，项目导入案例中的产品，按照传统，家用电器一般属于存货式生产、大量生产，但是海尔集团根据用户要求，可以变为订货式生产，甚至是单件生产。

当前的家电产品已不仅仅是一个硬件，往往还会涉及软件，更注重服务。因此，生产管理的策划也要几个方面同时进行。

2. 外包与合作

外包与合作是中小微企业的生存之道。当一个产品在完成工艺设计之后，摆在管理者面前的问题就是需要购进哪些原材料和配套件，哪些过程自己做，哪些过程需要合作或外包。解决这些问题的原则是在经济上要合算，在技术和质量上要做自己擅长的。如果某个零部件虽然自己能做，但是别人做得更好、成本更低，当然可以选择让别人做。

【例题 6-1】 某企业准备生产某种产品。预计该产品的销售有 3 种可能：销路好，其概率为 0.3；销路一般，其概率为 0.5；销路差，其概率为 0.2。

可采用的方案有两个：一是只进原材料，自己加工和装配，需投资 120 万元；二是零件加工外包给其他企业，自己只负责检验和装配，需投资 50 万元。两个方案的使用期均为 5 年。各种自然状态下年度销售利润如表 6-1 所示。请问：该企业应如何决策？要求画出决策树。

表 6-1 年度销售利润表

方案	投资（万元）	年收益（万元）			使用期
		销路好(0.3)	销路一般(0.5)	销路差(0.2)	
自己加工和装配	120	80	40	0	5 年
加工外包	50	60	30	15	5 年

解： 决策树如图 6-2 所示。

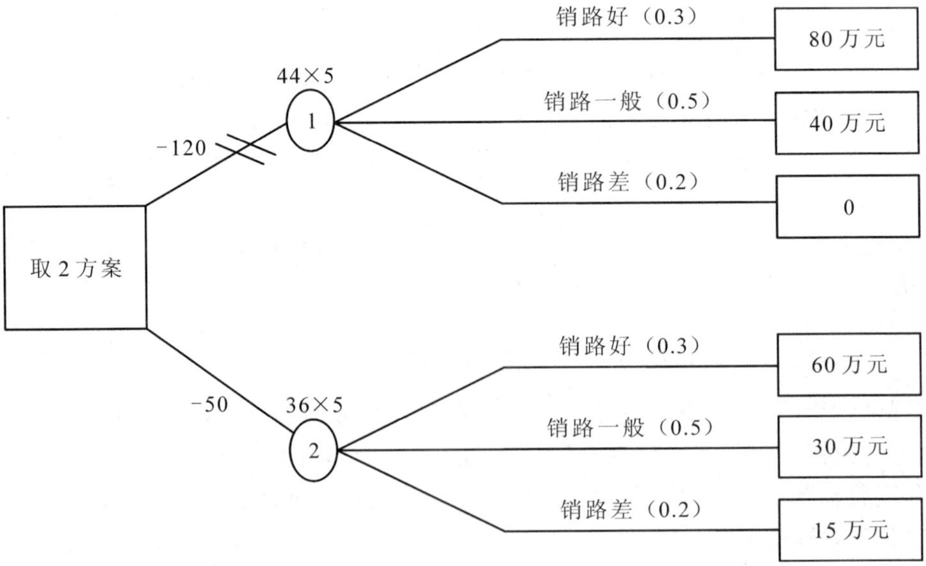

图 6-2 决策树

自己加工和装配方案的期望值：(80×0.3+40×0.5+0×0.2)×5−120=100(万元)
加工外包方案的期望值：(60×0.3+30×0.5+15×0.2)×5−50=130(万元)
采用加工外包方案比自己加工和装配方案好，加工外包方案的年期望值为130万元。

任务实施

在一定的时间生产什么和生产多少就是生产计划的问题；如何实现产品，既有技术问题，也有管理问题。本任务主要针对管理问题而设。

(1)生产计划的数量。

①订货式生产。订货式生产完全按顾客的订货要求进行，生产计划完全取决于顾客要什么、要多少以及什么时候要。具体的作业计划可按物料需求计划进行，详见本项目任务4。

②单一产品。对于只生产单一产品的中小微企业，生产多少应先满足盈亏平衡，也就是企业要有利润。考虑到企业要发展，就需要一个比较稳定的利润。此时可利用盈亏平衡点法衡量：

$$E=(P-V)\cdot Q-F$$

式中，E 为利润；P 为产品价格；V 为产品单位变动成本；Q 为产量或销量；F 为固定成本。

公式变形：

a. 保本产量：$Q=F/(P-V)$

b. 目标利润为 e 时：$Qe=(e+F)/(P-V)$

c. 利润、产量、固定成本一定时，单位产品变动成本 $V=P-(E+F)/Q$

【例题6-2】 某工厂生产甲产品，计划年度固定成本总额为20万元，单位变动成本为3 000元，单位产品售价为5 000元，目标利润为10万元。根据上述资料，计算盈亏平衡点的销售量和保证目标利润的销售量。

解：

$$Q^{*}=\frac{E+F}{P-V}=\frac{0+200\ 000}{5\ 000-3\ 000}=100(\text{产品单位})$$

$$Q=\frac{E+F}{P-V}=\frac{100\ 000+200\ 000}{5\ 000-3\ 000}=150(\text{产品单位})$$

盈亏平衡点的销售量是100(产品单位)，保证目标利润的销售量是150(产品单位)。

③有几种产品可以选择时。当有几种产品可以选择时(假设都能销售给顾客)，需要采用线性规划来选择最优方案。

【例题6-3】 某企业生产产品A和产品B两种产品。这两种产品它们都要经过制造和装配两道工序，有关资料如表6-2所示。假设市场状况良好，企业生产出来的产品都能卖出去，为求使企业利润最大的产品组合，试列出约束条件和目标函数方程。

表 6-2　两种产品的有关资料

项　目	产品 A	产品 B	工序可利用时间(小时/周)
在制造工序上的时间(小时)	2	4	48
在装配工序上的时间(小时)	4	2	60
单位产品利润(元)	80	60	—

解：设利润最大时生产 A 产品 a 件，生产 B 产品 b 件，利润为 Y，则有

目标函数方程：

$$Y=80a+60b$$

约束条件：

$$2a+4b\leqslant 48$$

$$4a+2b\leqslant 60$$

$$a\geqslant 0$$

$$b\geqslant 0$$

解决这个问题可以用图解法(只适用于两个变量)、单纯形法和计算机软件法，目前使用较多的是计算机软件法，市场上可以买到现成的软件(或从网络下载)，在此不再介绍。

上述问题的最优解是：$a=12$，$b=6$，$Y=1\ 320$ 元。

(2)生产周期。生产周期是生产计划安排的基础，生产周期的计算有流程式和装配式两种方法。

①流程式。

a. 顺序移动方式：一批零件或产品在上道工序全部加工完成后，整批转移到下道工序加工的移动方式。

生产周期计算公式：

$$T_{顺}=n\cdot\sum_{i=1}^{m}t_i$$

式中，n 为批量；m 为工序数；t_i 为 i 工序单件工时；$T_{顺}$ 为顺序移动方式生产周期。

【例题 6-4】　某产品加工批量 $n=4$，工序数 $m=4$，各道工序时间 $t_1=10$ min，$t_2=5$ min，$t_3=15$ min，$t_4=10$ min。求生产周期。

顺序移动方式示意图如图 6-3 所示。

$$T_{顺}=4\times(10+5+15+10)=160\ (\text{min})$$

b. 平行移动方式：每个产品或零件在上道工序加工完成后，立即转到下道工序加工，使各个零件或产品在各道工序上的加工平行地进行。

生产周期计算公式：

$$T_{平}=\sum_{i=1}^{m}t_i+(n-1)\cdot t_{长}$$

式中，$t_{长}$ 为工序时间最长的工序时间。

采用平行移动方式，例题 6-4 的示意图如图 6-4 所示。

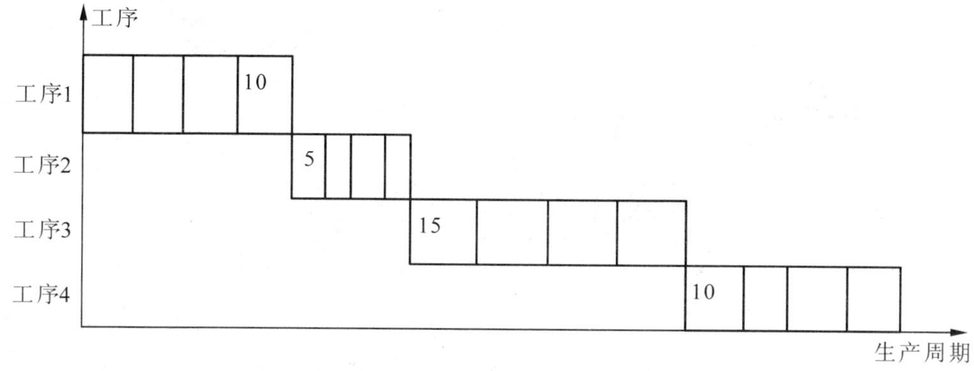

图 6-3　顺序移动方式示意图

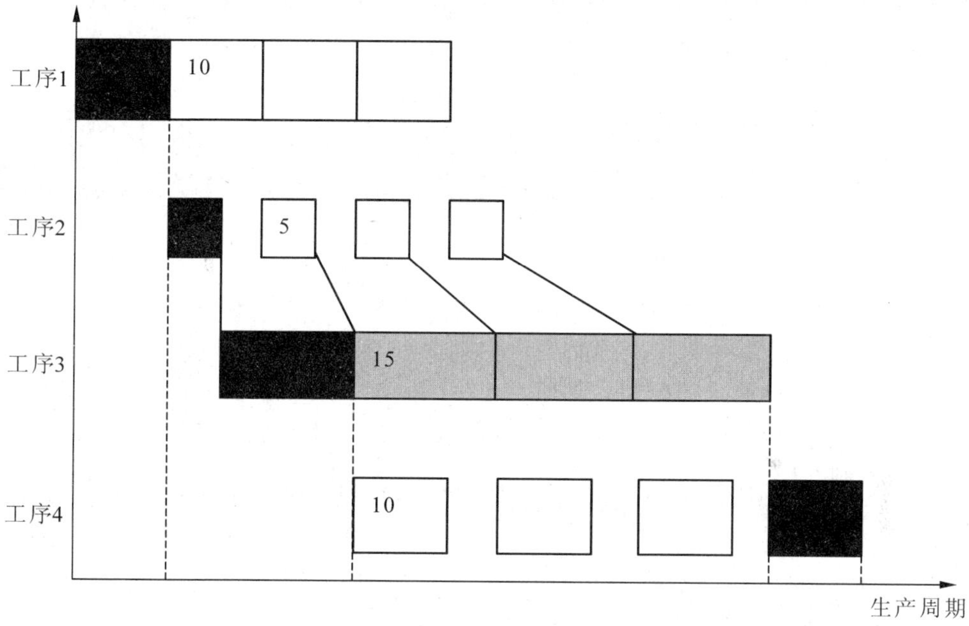

图 6-4　平行移动方式示意图

此时　　$T_{平}=(10+5+15+10)+(4-1)\times 15=85$ (min)

c. 平行顺序移动方式：一批零件或产品，既保持每道工序的平行性，又保持连续性的作业移动方式。

生产周期计算公式：

$$T_{平顺}=n\cdot\sum_{i=1}^{m}t_i-(n-1)\cdot\sum_{i=1}^{m-1}t_{i短}$$

式中，$T_{i短}$为相邻两工序中，工时较短的工序单件工时。

采用平行顺序移动方式，例题 6-4 的示意图如图 6-5 所示。

此时　　$T_{平顺}=160-(4-1)\times(5+5+10)=100$ (min)

②装配式。装配式生产周期可以采用网络图的方法来计算。

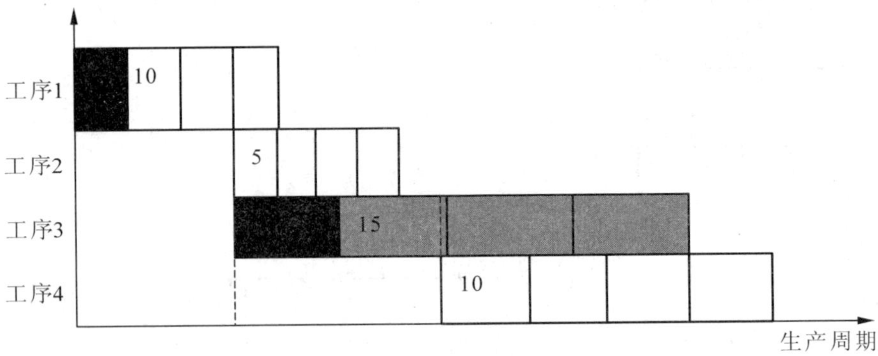

图 6-5　平行顺序移动方式示意图

【例题 6-5】 某产品由部件 A，B 和零件 C 装配而成，部件 A，B 又分别由零件 A_1，A_2，B_1，B_2 装配而成，需要时间如表 6-3 所示。

表 6-3　生产需要时间

作业名称	A_1，A_2 加工	B_1，B_2 加工	A 装配	B 装配	C 加工	总装配
紧前作业	—	—	A_1，A_2 加工	B_1，B_2 加工	—	A 装配，B 装配，C 加工
作业时间(小时)	3	4	2	2	6	3

通过示意图 6-6 计算可知，该产品生产周期为 9 小时，B_1 与 B_2 加工、B 装配、总装配均为关键工序。当然这里的时间计算已经包括了装配所需的数量。图中“□”内的数字是该节点之前所有工序全部完成的最早时间，“△”内的数字是该节点之前所有工序全部完成的最迟时间(否则会影响生产周期)。

解：

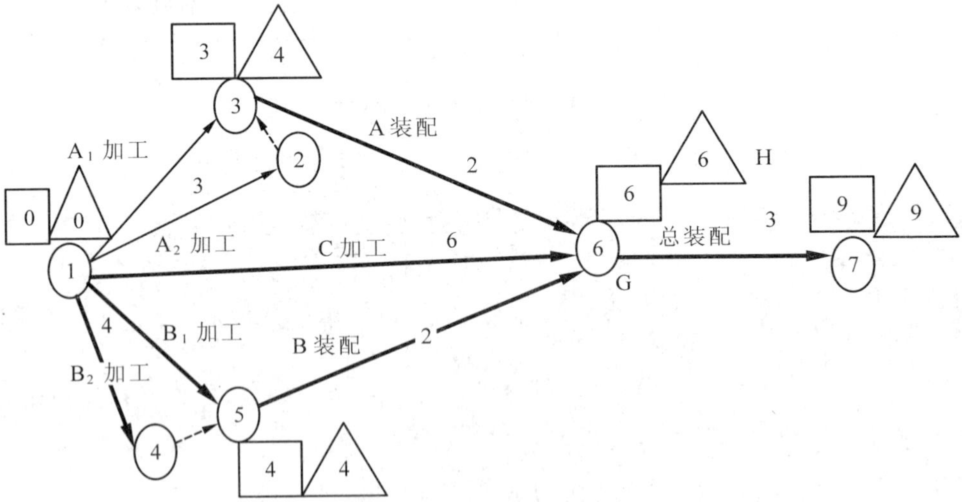

图 6-6　装配式网络图

(3)生产计划的输出。

①生产计划的输出形式。以上生产计划的数量、生产周期可以作为生产计划的输入，当然，生产计划的输入还包括顾客需要(数量和质量要求)、生产能力。最理想的情况是数量、质量和生产周期都既能满足盈利的要求，又能满足顾客的要求，并且在企业所具有的生产能力范围内。这样就可以列出规定时间内要完成的产品及其数量，形成生产计划。

生产计划按时间不同，可分为长期生产计划、年度生产计划、季度生产计划、月度生产计划，甚至可以安排到每周、每日的计划，从而确保随时检查、随时调整。

生产计划按下达到的单位不同，可分为公司(总厂)生产计划、分厂(车间)生产计划、班组生产计划以及个人生产计划。

生产计划按其对象不同，可分为产品生产计划(又称总生产计划)、部件或零件生产计划(又称生产作业计划)，此外还包括配套的采购计划、辅助生产计划等。

生产管理部门应该及时将上述计划下达给相应的部门或人员，以便这些部门和人员能够有的放矢，及时完成任务。

②生产计划的输出要求。生产计划的输出应能满足如下“5W2H”(What，Why，Where，When，Who，How，How much)的要求：

What?(做什么)要做的是什么?(这项任务能被取消吗?)

Why?(为什么做)为什么做这项任务?(澄清目的。)

Where?(在何地做)在哪里做这项任务?(必须在那里做吗?)

When?(何时做)必须现在做吗?(做这项任务的最佳时间是何时?)

Who?(谁来做)为什么是我做这项任务?应该由别人来做吗?(谁更适合做这项任务?)

How?(怎么做)现在如何做这项任务?还有其他的方式吗?(这是最好的方法吗?)

How much?(花费多少)现在的成本是多少?(改善以后的成本是多少?)

当然，并不是要把上述内容都放在生产计划内。比如，“怎么做”一般应另行下达设计图纸和技术、工艺文件，“花费多少”也可另行下达成本预算等。表6-4是一个比较简单的生产计划表。

表6-4 生产计划表

车间： 年 月 日

序号	产品名称	规格/型号	数量(件)	计划完工日期	备注(质量要求)

制表日期： 批准日期：

任务深层思考

如何理解推动式、拉动式、准时制？

推动式的计划按传统的工作所需时间计算从采购到交货的时间，根据接单时间加上所需时间，告诉顾客交货时间，把不满意留给了顾客。

拉动式的计划根据顾客要求的交货时间倒退计算出完成各工序所需的时间，把满意留给顾客，而把压力留给自己。

准时制是在拉动式的基础上强调准时、无库存、无缺陷，既满足顾客要求又将成本压到最低，而所需的就是精细化、规范化的管理。

实现上述目的的方法很多，任务4中的物料需求计划就是其中的方法之一。不过，对中小微企业来讲重要的还是树立上述思想，有了上述思想以后，方法就可以去学习，甚至去创造。

任务2　生产作业控制

任务分析

有了计划，就要实施。生产作业的控制就是按计划对生产作业进程进行控制。在对生产作业进程进行控制前，应先学习以下相关知识。

相关知识

一、生产作业控制的目标

生产作业控制的目标就是企业能够在满足社会需要的同时获得一定的经济效益。这里的社会需要包括满足顾客或市场需要，并同时承担相应的社会责任。

二、控制的基本方法——PDCA

PDCA循环中，P(plan)代表计划，确定方针和目标，确定活动计划及产品的数量与质量；D(do)代表执行，实地去做，实现计划中的内容；C(check)代表检查，总结执行计划的结果，注意效果，找出问题；A(action)代表行动，对总结检查的结果进行处理，对成功的经验加以肯定并适当推广、标准化，对失败的教训加以总结，未解决的问题放到下一个PDCA循环。

该方法最早用于质量控制，但实际上这种方法可以用于所有事项的控制，因此也就成了控制的基本方法。

三、生产作业控制的核心因素

生产作业控制的核心因素包括安全、质量、成本、效率、进度，这些因素也是相互关联的。一个综合因素就是现场，现场又涉及人员、设备、材料、环境和作业方法，而且现场也影响前面五个核心因素。由于现场的综合性，我们把它作为本项目任务 3 的学习内容。

(一)安全控制

安全是生产作业控制的首要问题，也是各类中小微企业比较容易忽视的问题。管理和技术人员必须认真分析各个生产环节的不安全因素，针对这些因素采取相应措施。在包括设备、材料、人员培训、环境因素等各方面，防止各类安全事故的发生。《职业健康安全管理体系 要求及使用指南》(GB/T 45001—2020)为我们建立和保持一个职业健康安全管理体系提出了比较全面的要求。

(二)质量控制

1. 质量控制的常用方法

质量控制是生产作业控制的重中之重。质量控制的方法有许多，常用的方法包括统计表、排列图、直方图、因果分析图、相关图、分层法、对策表等。

2. ISO 9001 与全面质量管理

ISO 9001 与全面质量管理具体内容将在项目七中介绍。这里要说明的是必须把 ISO 9001 与全面质量管理落实到生产作业控制的各个环节之中，严格按照相关的要求进行控制才是生产作业控制的关键。一些企业只是为获取 ISO 9001 证书而做了一些文件和记录，没有落到实处，这是在一些中小微企业中常见的现象，必须引起注意。

(三)成本控制

生产作业中的成本控制直接影响企业的利润，这样既能让工人轻松、健康，又保证质量，还能节约成本。

1. 成本的构成

成本的构成如图 6-7 所示。

- 售价
  - 利润
  - 总成本
    - 直接成本
      - 直接材料
      - 直接人工
    - 间接成本
      - 制造费用
      - 管理费用 → 管理成本
      - 销售费用 → 营销成本
      - 财务费用 → 资金成本

（直接材料、直接人工、制造费用 → 制造成本）

图 6-7　成本的构成

2. 对成本的认识

对成本的认识可以有三种类型。

(1)成本中心型。这种认识以成本为中心，加上设定的利润，得出产品的售价。

售价＝成本＋利润

(2)售价中心型。这种认识以售价为中心，当市场售价变动时，利润随之变动。

利润＝售价－成本

(3)利润中心型。这种认识以利润为中心，当市场售价降低时，成本也必须降低，以便获得的利润(目标利润)不会减少。

成本＝售价－利润

就当前的市场来说，大部分产品都要考虑第三种认识。当然，成本降低也是有极限的，一旦最低的成本(售价)都得不到市场认可，就该考虑更新产品了。

3. 有效降低成本体系

有效降低成本可以从如图 6-8 所示方面进行考虑。

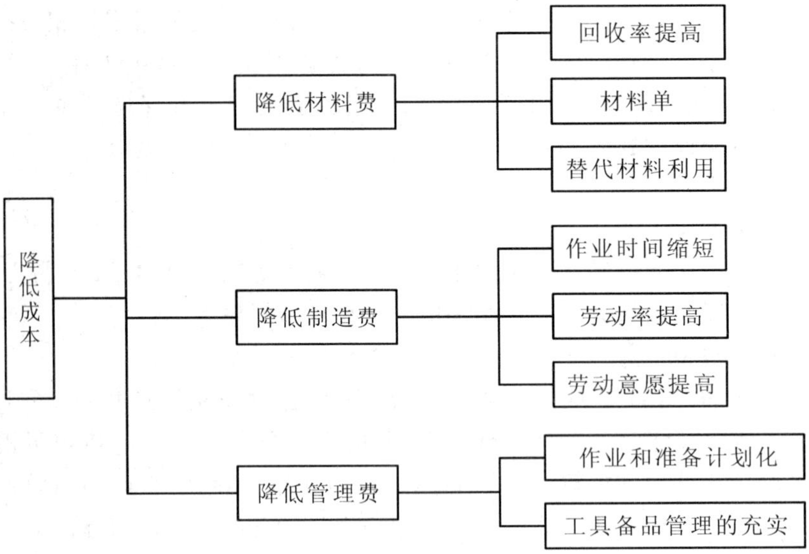

图 6-8　有效降低成本体系

4. 生产作业成本的控制

生产作业控制涉及的成本可以分为以下三个部分。

(1)正常生产所需成本。正常生产所需成本是指在不考虑出现不合格或异常情况前提下，企业需要投入的人力、物力、能源资源等所需成本。

应按照产品的构成及实现过程进行预算，确定产品的每个零部件的成本及实现过程。每道工序的成本包括采购成本、人工成本、设备折旧、能源消耗等，使之形成定额。一些企业的做法是把这样的定额作为考核指标下达至车间、班组乃至个人，每月进行核算，节约有奖，超支即罚，从而激励员工节约一点一滴、杜绝浪费。

(2)质量成本。质量成本是指为保证产品质量而需要的预防成本、鉴定成本，以及产品不合格造成的成本。

质量成本包括运行质量成本和外部质量保证成本。其中，运行质量成本包括预防成本、鉴定成本、内部损失和外部损失。

①预防成本。预防成本是指为预防不合格产品的出现所需的质量管理费用及预防措施所需的各项费用。

②鉴定成本。鉴定成本是指为鉴别产品是否合格所需投入的人力、物力等费用，包括进货检验、过程检验和最终检验所需费用。

③内部损失。内部损失是指产品在交给顾客之前的检验或作业中发现的不合格所造成的损失，包括返工费用、返修费用和报废损失。

④外部损失。外部损失是指产品交给顾客之后，在顾客的使用或储运中发现的不合格或不合用产品，而要求供应商返修、退货乃至赔偿的所有损失。

⑤外部质量保证成本。外部质量保证成本是指供应商为取得顾客信任而获取第三方认证、产品鉴定或提供担保所需的费用。

(3)其他异常成本。其他异常成本是指发生除质量问题以外的其他异常情况(如安全事故、设备事故等)造成的损失，也包括为预防此类事故所需的投入(如监视、测量、安全装置)。这类异常或事故一旦发生可能造成的损失是巨大的，尤其是安全事故。因此，企业必须树立“预防为主、安全第一”的思想。

(四)效率控制

1. 个别效率与整体效率

在一系列的生产环节中，整体的效率取决于效率最低的环节，这就是所谓的木桶定律，这个效率最低的环节也称为“瓶颈”，在效率控制中要善于找到“瓶颈”或关键所在。如果用装配式网络图来考虑(见图 6-6)，这样的瓶颈也往往在“关键路线”之中。针对“瓶颈”提高效率，往往能起到事半功倍的效果。

2. 追求卓越的综合效率

综合效率要考虑人、设备、作业和产品质量，公式如下：

$$综合效率=设备利用率\times作业效率\times良品率$$

式中，设备利用率反映设备实际运行占全部工作时间的比例；作业效率反映作业速度对效率的影响，包括设备的运转速度和人工操作的速度；良品率反映产品符合质量标准的比例。

(五)进度控制

生产进度控制是建立在上述质量控制、成本控制、效率控制基础之上的，进度控制的方法也很多，这里介绍以下三种常用的方法。

1. 报表控制方法

报表控制方法就是要求各车间、班组每日、每周或每月填报各类报表，自动化程度高的也可由计算机自动生成。然后与相应计划对照，对于未能完成的情况分析原因，如质量原因、设备原因、人的因素、原材料的因素或交货期不当等，然后针对原因采取措施。如解决质量问题、保养或改造设备、培训员工、更换供应商、与顾客商讨修改交货期等。

2. 看板管理

看板管理是日本丰田公司创造的一种方法，它通过一目了然的看板让员工了解当天需要完成的工作和具体要求，而不是事后再去与计划对照。看板管理也是现代化的生产现场管理的组成部分。

3. 甘特图

甘特图(Gantt Chart)也称线条图，是在 20 世纪初由亨利·甘特开发的。它基本上是一种线条图，横轴表示时间，纵轴表示要安排的活动，线条表示在整个期间上计划的和实际的活动完成情况。甘特图直观地表明任务计划在什么时候进行，以及实际进展与计划要求的对比。

下面我们来举一个图书出版的例子来说明甘特图，如图 6-9 所示。

在图 6-9 中，时间以月为单位表示在图的下方，主要活动从上到下列在图的左边。计划需要确定图书的出版包括哪些活动，这些活动的顺序，以及每项活动持续的时间。时间框里的线条表示计划的活动顺序，空白的线框表示活动的实际进度。甘特图作为一种控制

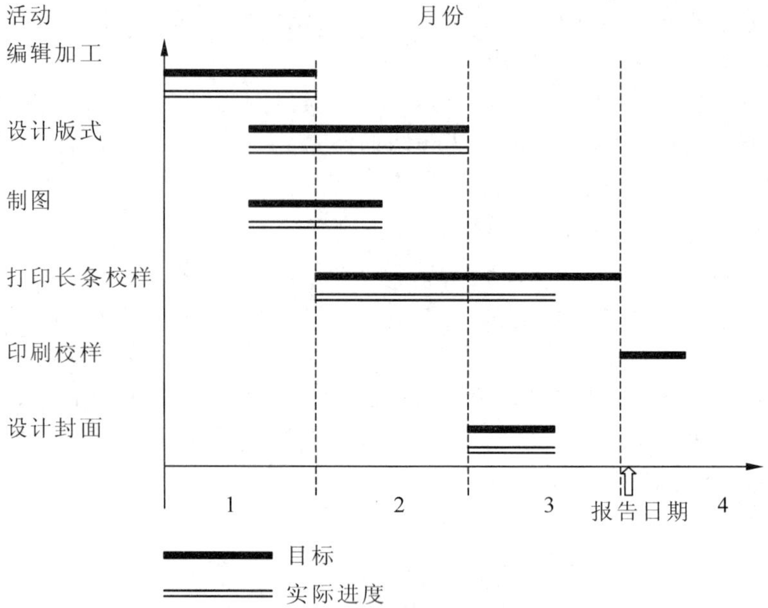

图 6-9 甘特图(以图书出版为例)

工具，帮助管理者发现实际进度偏离计划的情况。在图 6-9 中，除了打印长条校样以外，其他活动都是按计划完成的。

现在也有专门的软件来绘制带逻辑关系的甘特图，用于控制比较复杂的工程，如图 6-10 所示。

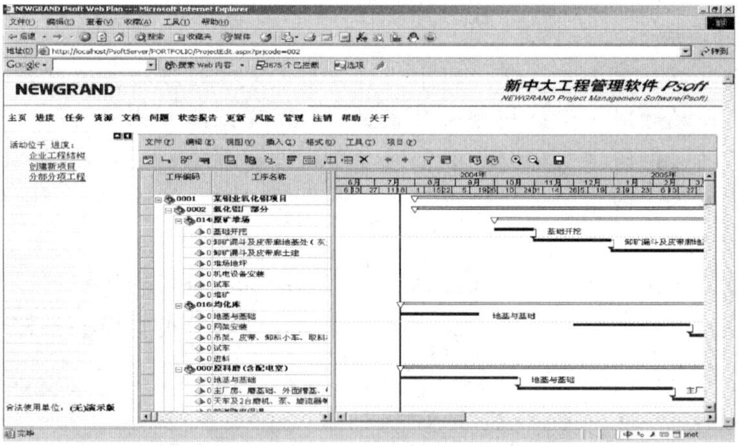

图 6-10 带逻辑关系的甘特图

任务深层思考

对中小微企业而言，生产作业的控制重点是什么？

任务3　生产现场管理

任务分析

生产现场涉及人员、设备、材料、环境和作业方法，生产现场管理就是使这些现场因素的组合处于最佳状态，确保生产的安全、高效、高质并按时完成。在本任务中将人员与作业方法结合在一起。在进行生产现场作业管理前，应先学习以下相关知识。

相关知识

一、人员与作业方法

(一)人员安排

现场人员安排包括岗位安排、时间安排和团队安排。

1. 岗位安排

岗位安排的原则是用人所长、人尽其才，同时要注意因事设岗和适当的岗位轮换。既要避免一个岗位的工作过于复杂或多样(结果是员工难以掌握和难免出错)，又要避免过于简单(结果是员工感到单调乏味，产生厌烦情绪)。

2. 时间安排

时间安排要考虑工作的疲劳程度。对于需要注意力集中或劳动强度大的工作要注意中间休息，可以在两小时左右安排一次工间休；对于不能停顿的工作可安排轮流休息(上岗)；对于需要轮班的工作更要安排好班次，使员工充分休息，养好精神，不打“疲劳战”。

3. 团队安排

团队安排可以考虑的原则包括年龄搭配、性别搭配和性格搭配。尤其是需要集体协作、相互配合或发挥集体智慧的工作，更要注重相互之间的默契、友好、信任、尊重，形成良好的工作氛围。

(二)培训与作业方法

任何一项工作都应该形成成熟的作业方法，并将这些作业方法写入作业指导书或工作说明书，并以此为标准，对员工进行培训(上岗培训)，使员工掌握这些方法。除此之外，还要定期进行检查和考核，考察员工的掌握程度。当然，这些方法也不是一成不变的，也需要定期组织员工和相关人员进行讨论或审议，讨论是否需要改进，也可以随时对员工的合理建议进行审议。确定改进的方法后要及时修改作业指导书或工作说明书。

关于培训，除了作业方法的培训之外，更要注重安全意识、质量意识、环境意识、成本意识、效率意识等方面的培训。除了上岗培训，其他培训也应定期反复地进行，使员工养成良好的习惯。

相关阅读

新人培训“四步法”

第一步：消除新人的紧张心理。可先找一两个轻松的话题，减轻新人的心理紧张程度，培训也就成功了一半。

第二步：解说和示范。将工作内容、要点、四周环境逐一说明，待对方大致有印象后，实际操作一遍做示范。

第三步：一起做和单独做。先让新人跟着一起做，然后在一旁观看新人单独做。

第四步：确认作业是否满足标准作业书的要求，确认新人能否独立工作，确认有无其他偏离各种规定的行为。

（三）情绪和心理

员工的情绪和心理也是现场管理者应特别注重的方面。员工的消极情绪很容易影响生产的安全、质量、成本、效率和进度。

1. 员工消极情绪分析

员工消极情绪的表现包括以下几种：①产生不满情绪与出现大量违法行为；②效率低，人浮于事，或消极怠工；③缺勤率增长，工作懒散；④对工作缺乏兴趣；⑤请病假人数增多；⑥出现原因不明的疲惫感；⑦人员流动增多，人员之间常发生争吵。

出现上述情况，管理者应从企业文化的角度进行认真分析。先要分析是否有管理、安排或领导不当之处，是否有不合理的制度，或员工待遇、福利等方面是否需要改进，而不是一味地责怪员工。一旦找出问题的根源则应及时改进，对于员工合理要求应及时予以满足，不合理要求或暂时不能解决的要认真加以疏导、解释，获得员工的理解。

2. 注重员工的需求变化

员工具有生理、安全、社交、尊重和自我实现各层次的需求，不同时期会有不同的需求重点。管理者要注重员工的需求变化，在管理措施上不断进行适当的调整。

相关阅读

表扬与批评员工的注意事项

表扬员工要注意：①不漏听、不漏看、不忘记员工取得的成果；②要及时在众人面前表扬；③可以借助他人来表扬；④莫要夸大其词；⑤莫要欺下瞒上；⑥莫要哗众取宠。

批评员工要适度：①就事论事，切莫言及他人他事；②批人要留“皮”，不公开批评，不往死里整；③切忌“四不”，不听部属解释，不给挽回机会，不再信任，不采取相应的实际处罚措施。

二、物料管理

现场物料管理需要注意以下几个方面。

一是领料与入库都要数清楚。在仓库领料与产品入库时都要与对口人员当面点清数量，确认无误后双方签名。

二是先来先用不能乱。按材料的制造时期，先生产的先使用，后生产的后使用。

三是材料去向要清楚，包括：①中途分流的材料要有合理的理由，分流的数量要补回，否则生产计划都无法完成；②非正常生产所需的材料，尽量从仓库领取，而不是从制造现场取得；③制作材料去向清单，实施现场材料管理追踪；④当日不良品当日清理；⑤及时记录和统计不同生产单位之间转用材料的数目；⑥制定相应奖惩制度，防止人为遗失、损毁材料；⑦改善材料保管和作业环境，防止盗窃的发生和天灾。

四是辅料管理清单，包括：①指定专职管理人员，负责申请、领取、保管、统计等工作；②额定单位用量；③分门别类保管好；④定期统计台账。

五是不良品退回要确认，现场不良品退回时一定要请保管人员确认，之后方可退回。

六是材料摆放要整齐、清楚，盘点时要认真，处理报废品要仔细，返工、选别要有品管签核的样品。当天下班时材料要归位。

企业物料管理的注意事项：不断料、不呆料、不囤料。此外，有关物料的库存管理和物料需求计划详见本项目任务 4。

三、设备管理

设备管理是生产管理的一个重要方面，这方面的内容实际上很多，本书只讲述现场设备管理的一些要点。

（一）设备的损耗

1．设备故障损耗

设备故障可分为功能停止型故障和功能下降型故障两类。功能停止型故障是指设备发生故障以致停止运行，功能下降型故障是指设备存在各类问题以致设备效能下降或部分功能丧失。

故障损耗是阻碍效率的最大原因，为防止此类故障发生，应注重设备的预防性保养，按规定做好设备的三级保养（日常保养、一级保养和二级保养）。

2．准备、调整损耗

设备从前一个产品生产完成，到生产出下一个产品为止，这其中的准备、调整阶段的停机就是准备、调整损耗。其中，主要是"调整时间"，减少这类消耗主要依靠合理地安排产品规格的批次。也就是说，尽可能将相同规格的产品集中安排在一起生产，包括指定设备和时间。

3．刀具调整损耗

刀具调整损耗也称为刀具损耗，包括因刀具寿命而调换刀具的时间、刀具折损引起的报废、修整时间。刀具损耗跟刀具的材质、产品的材质和规格、操作时的转速、进刀量及操作者的熟练程度都有关系，需要操作者积累经验，认真把握。

相关阅读

泰罗的金属切削试验

泰罗在米德瓦尔开始进行的金属切削试验延续了 26 年之久，进行的各项试验在 3 万次以上，80 万磅的钢铁被试验用的工具削成切屑，总共耗费约 15 万美元。试验结果发现了能大大提高金属切削机工产量的高速工具钢，并取得了各种机床适当的转速和进刀量及切削用量标准等。

4. 加速损耗

加速损耗是从开始生产时到生产稳定时的时间。由于加工条件的不稳定性，夹具、模具的不完善，以及受试切削损耗、作业人员的技术水平等因素影响，其发生量不同。这同样需要操作者积累经验，认真把握。

5. 检查停机损耗

检查停机与普通的故障不同，是指因暂时的小故障而停止设备或设备处于空转状态。例如，传感器因某种原因引起误动作，一旦使之复位，设备就正常工作。

6. 速度损耗

速度损耗是指实际运行速度比设备的设计速度慢。这既可能是为保证某种产品质量而必需损耗的，也可能是设备功能下降所致，需要具体问题具体分析。

7. 废品、修正损耗

废品、修正损耗是指由废品、修正引起的损耗。废品固然是损耗；次品由于要修正也需要花费许多人力、物力，因此也是一项不可忽视的损耗。

以上几种损耗是影响设备效率的主要因素，解决这些损耗问题是提高设备综合效率的要点。

(二)设备的潜在缺陷

设备的潜在缺陷是指设备中已经存在的将引起设备发生运行不良或故障的微小缺陷。设备故障正是这些微小缺陷经过日积月累所引起的，因此，加强设备的正确操作和日常保养有助于减少这类缺陷。如图 6-11 所示，故障正是设备缺陷中露出水面的“冰山一角”。设备的潜在缺陷与保养人员或操作人员的意识缺乏和技能不足相关。

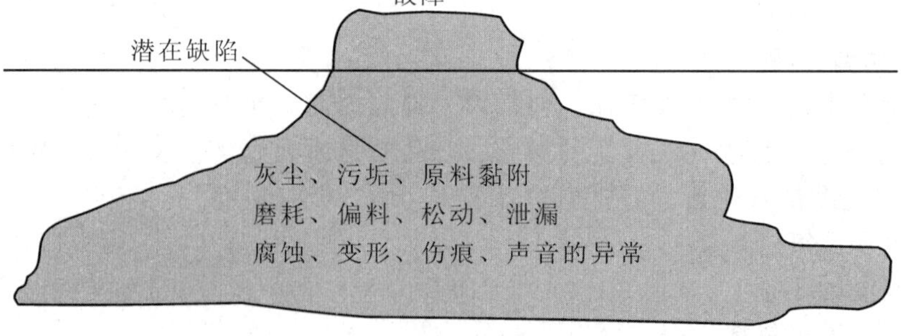

图 6-11 设备故障与潜在缺陷

(三)实现零故障的对策

实现零故障的对策包括：①清扫、加油、坚固是防止劣化的三要素，也是设备运行的基本条件；②制定操作、保养及环境条件的标准化指南，并严格遵守和控制；③复原是将出现异常的设备采取措施恢复其正常的活动；④能够根据产品的特性改进设备；⑤提高相关人员的技能，包括操作人员和保养人员的检查技能、操作技能和维修技能等。

扫描二维码，阅读全员设备维修制的相关内容。

拓展阅读	学习笔记

四、生产环境的管理

生产环境的管理包括两个方面，即大环境的管理和小环境的管理。大环境是指产品生产可能会产生对周边地区乃至人类生存环境有害的气体、液体或废料、噪声、辐射等环境因素，小环境是指这些环境因素对所在员工的身心健康和安全、产品质量或生产效率的影响。对于服务行业来讲，还包括对顾客的身心健康和安全的影响。

影响员工身心健康和安全、产品质量及生产效率的环境因素主要包括照明、色彩、温度和湿度、噪声、空气、辐射、整洁度和人际环境。

(一)照明

照明的影响包括照明强度和灯光的分配，照明强度不够或太强(产生眩光)和灯光分配不均匀都会使员工产生疲劳，影响生产安全、产品质量和工作效率。因此，生产现场的照明设计和管理是生产现场管理的重要方面。

(二)色彩

色彩与照明相关联，色彩对人的生理和心理都会产生影响，甚至让人产生错觉，从而造成安全或质量事故。

色彩对人产生的影响主要包括以下几个方面：一是色觉疲劳，单调的色彩会使人感到视觉疲劳；二是对空间和重量知觉的影响，浅色会使人感觉空间扩大和重量减轻，深色则相反；三是对温度知觉的影响，红、橙、黄使人感觉温暖，因此也称为“暖色”，青色和蓝色使人感到寒冷，因此也称为“冷色”；四是对情绪的影响，颜色对情绪的影响可能因人而异，如上述“暖色”可能使人兴奋，黑色或白色可能让人悲伤或抑郁，也可能跟人的经历有关，不能一概而论。

基于色彩对人的这些影响，工作环境的色彩设计也应考虑产品和生产的特点，征求员工的意见，服务场所还要考虑顾客的感受。

(三)温度和湿度

温度和湿度的不适会对人的疲劳程度、灵敏程度、知觉判断、协调能力、动作精确度、注意力产生不可忽视的影响，也会引起人的不良情绪，出现全身乏力、工作热情下降、工作效率波动等现象，严重者会出现中暑、昏迷。环境温度和湿度也会直接影响很多产品如电器件、铸件、塑料件等的质量，也会直接影响生产的安全。因此，控制好生产现场的温度和湿度有着非常重要的意义。湿度和温度之间也是相互关联的，较高的湿度会加重人体对热或冷的感觉。

对于一般生产场合，安装空调是控制现场温度和湿度的最好方法。但是，一些特殊的生产场合不能或无法安装空调，如露天作业、炼钢炉旁、蒸汽房、冷库等。对于这些场合，一是可以通过一些机械装置尽可能减少人的高温(或低温)作业；二是必须由工人操作的一定要穿戴好防护用品，减少连续作业的时间。此外，加强通风和做好工人休息场所的降温措施，也是非常必要的。

相关阅读

杭州到底算不算“火炉”

单单以温度来衡量是不是火炉是很片面的，因为人对热的感觉，不能完全与环境温度对等，还跟湿度有关。

单从温度来讲，新疆的吐鲁番肯定比杭州热，夏天40℃以上的高温是家常便饭。但杭州人到那边旅游会发现，吐鲁番好像没有杭州热，特别是树荫下非常凉快。有这种感觉的原因是吐鲁番那边的湿度低，夏天只有百分之一二十，汗一出来，马上挥发掉了，带走了身上的热量，所以人不会感觉到热得透不过气来。

相反，吐鲁番那边的人夏天跑到杭州来旅游，可能就吃不消。虽然这里的温度低多了，但因为湿度大，汗液挥发得慢，堵住毛孔，身体里的热量散发不出来，人就感觉闷热。

(四)噪声

噪声对作业者的影响表现在生理影响和心理影响两个方面。生理影响包括影响作业者的听力系统、神经系统、心血管系统、消化系统和内分泌系统，心理影响包括直接影响作业者的反应时间。噪声还会使人情绪不稳定、烦躁不安、注意力分散，也会使人际交往的次数和时间减少，影响相互间的配合与工作气氛。

降低噪声的影响有两个方面的措施：一是降低噪声源的噪声强度，包括进行设备改造或更新、增加减振或降噪设施；二是让作业者使用耳塞、耳套、头盔等个人隔声工具。使用隔音工具虽然方法简单、成本较低，但使用者会普遍感到不适，因此还是应该更多地从设备改造或更新这方面考虑。

(五)空气

空气的影响包括气压、气味和空气成分三个方面。一些特殊场合(如高原)的气压较低，会严重影响作业者的健康。有些企业的生产场地充满了难闻的气味和有毒有害的气体，更是严重影响作业者的身心健康。企业应重视这些方面的技术改造，努力杜绝或减少有毒有害气体的产生。

(六)辐射

辐射包括热辐射、光辐射、电磁辐射和核辐射。例如，电焊、气割、冶炼都会产生刺眼的光辐射和热辐射，这些工作的作业者在作业时必须穿戴好防护用品，防止被辐射伤害。

(七)整洁度

工作环境的整洁度既会影响作业者的心理和健康，也会直接影响生产安全、产品质量和生产效率。下面的"5S"活动是提高生产环境整洁度的有效方法。

(八)人际环境

人际环境包括家庭和社会环境、企业的管理措施、团队安排和企业文化，涉及面很广。这些因素不仅会直接影响人的心理和情绪，而且也会间接影响生产效率、产品质量乃至生产安全。

五、现场管理方法——"5S"活动

(一)"5S"的含义和内容

1."5S"活动的含义

"5S"活动起源于日本，是指在生产现场对人、机、料、法等生产要素进行有效的管理。这是日本企业的一种独特管理办法。

2."5S"活动的内容

(1)整理(Seiri)。把要与不要的人、事、物分开，再将不需要的人、事、物加以处理，坚决清理出生产现场。

(2)整顿(Seition)。把需要的人、事、物加以定量、定位，实施定置管理，以便在最简捷、有效的规章和制度下完成相关事项。

(3)清扫(Seiso)。把工作场所打扫干净，设备异常马上修理，并使之恢复正常。创建明快、舒畅的工作环境，以保证安全、优质、高效的工作。

(4)清洁(Seiketsu)。在整理、整顿、清扫的基础上，加以认真维护，保持最佳状态。并且更深一步，消除造成不清洁的各种根源。

(5)素养(素质/修养)(Shitsuke)。遵守纪律，养成严格遵守规章制度的习惯和工作作风。

(二)"5S"活动的目的

"5S"活动的目的包括：①清洁环保、安全生产；②降低不良、提高品质；③降低成本、提升效率；④提高素质、增强形象。

(三)"5S"活动推行的原则

一是自我管理的原则，即自己的事自己做；二是环保、节约的原则，即废物及时处理；三是持之以恒的原则，即建立责任制、定期考核、运用PDCA循环进行持续改善；四是安全、质量的原则，即有利于生产安全和产品质量提升。

(四)"5S"活动推行的步骤

"5S"活动的推行包括以下步骤：①建立"5S"推行组织；②制订"5S"活动计划；③培训、宣传与教育；④样板区"5S"作战试点；⑤全面展开"5S"活动；⑥导入目视管理；⑦实施、推动、导入制度；⑧考核评比；⑨实施改善；⑩跟踪、定期考核评比；⑪实施检讨、改善；⑫制度标准化、习惯化。

(五)具体场所"5S"活动的推行

生产现场的"5S"要点包括：①规划生产现场/改善布局；②改善物流路线/减少搬运、重复；③设置专用箱柜、定置管理；④进行标识、区域、目视管理；⑤定期检查、纠正、跟踪。

办公室的"5S"要点：①分清区域、公私区分；②橱柜编号、资料归位；③桌面整洁、抽屉整齐；④制度张贴、责任明确。

电子档案的“5S”要点：①及时存档、及时处理；②明确命名、区分版本；③正确存档、分类清楚；④邮箱清理、及时回复；⑤杀毒排障、文明上网。

(六)“5S”活动推行的技巧

1. 红牌警告

检查时发现不合乎“5S”要求的现象，就地张贴红牌进行警告，限时纠正，并可配合一定的处罚措施。

2. 检查表

由检查组定期检查，在记录表上记录检查结果、记录措施和结果并进行追踪确认。检查表示例，如表 6-5 所示。

表 6-5 检查表

部门	班组/位置	整理	整顿	清扫	清洁	素养	备注（红牌数—红牌号）	评分（总分/5）

整改记录： 检查人/日期：

3. 看板管理

(1)看板管理的作用。①沟通思想，统一认识；②传递数据，帮助管理；③强势宣传，形成改善意识；④褒优贬劣，营造竞争氛围；⑤加深客户印象，提升企业形象。

(2)看板管理的内容。①质量、环境、安全信息；②质量控制(Quality Control，QC方法)；③产量、物料需求计划、交货期信息、成本；④机器故障情况；⑤要求、目标和现状；⑥提案改善建议；⑦专案活动信息。

(3)看板制作的要求。①设计合理，容易维护；②动态管理，一目了然；③内容丰富，引人注目。

4. 目视管理

(1)目视管理的目的。能够正确地、高效地实施清扫、点检、加油、紧固等日常保养工作。

> 要点1：清楚明了地表示应该进行维持保养机能部位。
> 方 法：用颜色区别加油标贴，管道、阀门用不同颜色标识，规范管理。
> 要点2：能迅速发现发热异常。
> 方 法：在马达、泵上使用温度感应标贴或温度感应油漆。
> 要点3：是否正常供给、运转。
> 要点4：标识牌内容：设备名称、设备型号、设备状态(完好、故障、封存、正在修理/保养)、操作责任人、保养责任人、安全操作规程/注意事项。

(2)物品的目视管理。其管理对象为模具、工夹具、计量仪器、设备的备用零件、消耗品、材料、在制品、完成品等各种各样的物品。

要点1：明确物品的名称及用途。
方　法：分类标识及用颜色区分。
要点2：决定物品的放置场所，容易判断。
方　法：采用有颜色的区域线及标识加以区分。
要点3：决定合理的数量，尽量只保管必要的最小数量，且要防止断货。
方　法：标识最大在库线、安全在库线。

(3)作业管理的目视管理。需明确的问题包括：①是否按要求正确地实施；②如何简单明了地表示出来。

要点1：明确作业计划及事前需准备的内容，且很容易核查实际进度与计划是否一致。
方　法：检查用日历、生产管理板、各类看板。
要点2：作业能按要求正确地实施，能够清楚地判定是否在正确地实施。
方　法：不良品展示台。
要点3：早期发现异常。
方　法：异常警报灯。

(4)质量管理的目视管理。其目的是一种质量控制，为了达到质量要求而采取的作业技术和活动。

要点1：防止由人的失误导致的品质问题。
方　法：合格品与不合格品分开放置，用颜色加以区分。
要点2：设备异常的暴露。
方　法：重要部位贴"品质要点"标贴，明确点检线路，防止点检遗漏。

(5)安全管理的目视管理。其目的是将危险的事、物予以"显露化"，刺激人的视觉，唤醒人们的安全意识，防止事故、灾难的发生。

要点1：消防安全。
方　法：消防通道、逃生示意图、应急灯指示、防火标示。
要点2：生产安全。
方　法：危险设备、区域警戒标示。
要点3：存储安全。
方　法：将危险品按法律的有关规定醒目地标示出来。

5. 画线定位

通过画线定位可保持生产现场秩序井然、安全可靠。

(1)色带宽度的参考标准。①主通道，10 cm；②次通道或区域线，5～7 cm；③人行道，约80 cm；④单向车通道，约W车+60 cm；⑤双向车通道，约W车1+W车2+90 cm。

(2)画线定位方式。①油漆；②定位胶带；③瓷砖；④栅栏。

(3)画线定位颜色区分。①黄色，一般通道、区域线；②白色，工作区域；③绿色，料区、成品区；④红色，不合格品区警告、安全管制等。

任务深层思考

对一家中小微企业而言，如何保证生产现场管理的各项内容都能落实到位？

任务4 库存管理和MRP

任务分析

库存管理是确保生产成本和进度控制的关键。在学习库存管理之前，应先学习以下相关知识。

相关知识

一、库存管理

(一)库存的含义

库存是指企业暂时闲置的用于将来销售或使用的资源，也指具有经济价值的任何物品的停滞与储藏。

库存对管理者来说，其含义是复杂和广泛的。例如，判断销不出去的存货是否还算资产，判断库存多好还是少好，以及如何控制库存，等等。

(二)制造业的库存分类

制造业的库存可分为原材料/外购件、在制品(半成品)、完成品、设备的备品/备件、工具、在途物品几类。

(三)库存成本

库存成本可分为订货成本、保管成本、缺货成本和资金占用成本。订货成本包括订货费用、运输费用、检验费用等，保管成本包括仓库开支(包括仓库为保管物品所支付的全部费用，如库房及仓库设施折旧、保管员工资、能耗、办公用品消耗等)、货物损失(包括因物品变质、挥发、各种损耗、过时贬值)，缺货成本包括未实现销售的机会成本、丧失顾客信誉、延迟交货成本等，资金占用成本是库存占用资金造成的机会成本。其中，后两项成本实际上难以计算，资金占用成本虽然可以按银行利率来计算，但实际上并不等同。

(四)库存控制目标

库存控制目标是在库存成本的合理范围内达到满意的顾客服务水平，具体指标包括：①顾客服务水平；②订货成本和库存持有成本；③占用资金；④周转次数。

(五)库存控制方法

1. 连续检查控制法

(1)收发卡片法。卡片通常包括材料卡和产品标识卡。产品标识卡的样例，如表6-6所示。

表 6-6　产品标识卡

No.

产品/零部件名称：　　　　图号：

加工状态：　　　　检验状态：

上道工序(供方)：　　　　下道工序(顾客)：

防护要求：　　　　有效期：

日期/时间	期初结存数	移入数	移出数	期末结存数	责任人	备注

标识责任人：

(2)双堆法。将到库物品分为两堆，一堆用完即订货。

2. 周期检查(订货)控制法

定期检查物品数量和质量，及时确定是否需要订货或处理。

3. 库存重点控制法——ABC 分析法

该方法遵循 20/80 原则，即 20%的物品(按品种)占了 80%的资金，80%的物品(按品种)占了 20%的资金。

实施该方法的主要步骤分为以下三步。

(1)对库存进行排队。

(2)对库存货物进行分类。

A 类：占用资金/价值 65%～80%，品种占 15%～20%。

B 类：占用资金/价值 15%～20%，品种占 30%～40%。

C 类：占用资金/价值 5%～15%，品种占 40%～45%。

(3)对不同级别货物进行不同的管理和控制。

A 类：重点控制，查清用量规律，按需订货。

B 类：非重点控制，确保够用。

C 类：一般控制，适当有余。

【例题 6-6】 某仓库的库存情况，如表 6-7 所示。

表 6-7　某仓库的库存情况表

库存物资项目	年需要量(件)	单价(元)	需用资金量(元)
A—15	50	3.00	150.00
A—34	1 000	1.05	1 050.00
A—21	475	2.00	950.00
B—7	10	10.00	100.00

续表

库存物资项目	年需要量(件)	单价(元)	需用资金量(元)
B—15	2 600	0.50	1 300.00
B—28	600	5.00	3 000.00
B—81	1 000	0.25	250.00
CD—84	2 000	11.00	22 000.00
CD—91	3 000	0.10	300.00
G—4	100	0.40	40.00
G—15	600	0.10	60.00
G—25	440	2.50	1 100.00
H—10	2 000	0.25	500.00
合计			30 800.00

试按 ABC 分类法对以上库存进行分类。

解：(1) 依统计资料，以每种物品的年使用量乘单价，得出全年每种物品的总价值。

(2) 按每种物品的全年总价值的大小进行排列。

(3) 计算每种物品全年总价值占全部物品总价值的百分比。

(4) 依各种物品所占的百分比分出类别。

根据以上步骤，该仓库的库存物资分类，如表 6-8 所示。

表 6-8 ABC 分类法

级别	库存物资品种	库存资金(元)	占总库存资金(%)	累积(%)	占总品种的百分比(%)
A	CD—84	22 000.00	71.429	71.429	7.7
B	B—28	3 000.00	9.740	24.025	38.5
	B—15	1 300.00	4.221		
	G—25	1 100.00	3.571		
	A—34	1 050.00	3.409		
	A—21	950.00	3.084		
C	H—10	500.00	1.623	4.546	53.8
	CD—91	300.00	0.974		
	B—81	250.00	0.812		
	A—15	150.00	0.487		
	B—7	100.00	0.325		
	G—15	60.00	0.195		
	G—4	40.00	0.130		

(六)库位规划与配置要点

库位规划与配置要点包括：①依物品出库情况、包装、方式等规划所需库位及其面积，使库位空间得到有效利用；②配合库内设备(如车、消防设施、通风设备、电源等)及所使用的储运工具规划运输通道；③为方便出入库，物品必须面向通道进行保管；④出入频繁的物品应配置于进出便捷的部位；⑤同一品种在同一地方保管；⑥依据“先进先出”的原则对物品进行出库操作；⑦将各项物品依品名、规格、批号划定库位，标明于库位配置图上，并随时显示库存动态。

(七)平面布置和立体布置

依物品的体积、重量、类别规划储放位置，如图 6-12、图 6-13 所示。

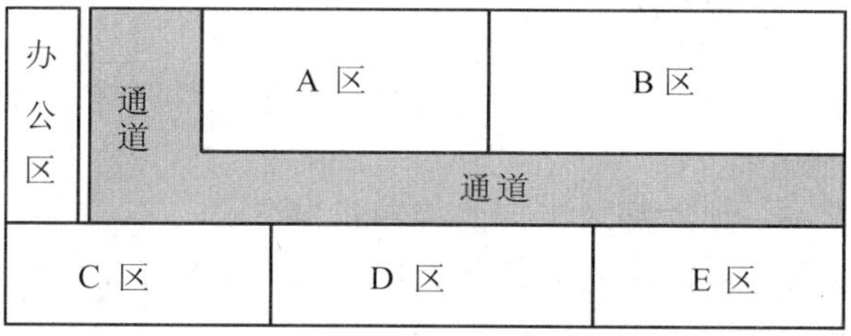

图 6-12　仓库的平面布置

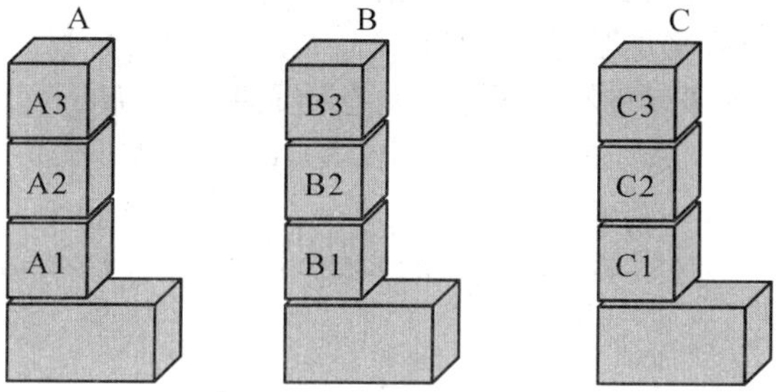

图 6-13　仓库的立体布置

在不影响搬运的情况下尽量考虑空间的使用，如合理放置储物架，并予以编号。

(八)物品堆放与库位表示

物品堆放应会同质量管理人员，依物品包装形态及质量要求设定物品堆放方式及堆积层数，以避免物品受挤压而影响质量。

库位表示应依层次类别、库位流水编号、通道类别、仓库类别进行库位编号，并于适当位置作明显标示，绘制库位标示图悬挂于仓库明显处。

(九)存量管制与库存周转率的控制

存量管制就是严格控制库存量，定期检讨库存周转率。

1. 材料库存周转率

$$周转率=\frac{年耗用材料成本}{期初与期末平均材料存货金额}$$

2. 在制品或制成品周转率

$$周转率=\frac{年销货成本}{期初与期末平均材料存货金额}$$

上述两式计算所得的周转率越高，则表示材料/产品库存越低，资金的运用越有效，通常对生产企业而言，可将其换算成周转次数。

3. 材料周转天数

$$材料周转天数=\frac{365}{库存材料周转率}$$

4. 在制品或制成品存货周转天数

$$周转天数=\frac{365}{在制品或制成品存货周转率}$$

二、经济订购批量与 MRP

独立性需求是不确定性的需求，由市场决定。非独立性需求是确定性的需求，由最终产品决定。

(一)经济订购批量——独立需求库存的控制机制

该控制机制的假设条件：需求均匀、各类成本数据固定、订货提前期确定、交货提前期为零、无缺货和数量折扣。

设 TC 为年总库存成本，PC 为年平均进货成本，HC 为年保管仓储成本，D 为年需要量，C 为货物购买价格，Q 为每次订货数量，S 为每次订货成本，h 为保管费率，即单位货物保管仓储成本预期价格的比值。则有：

$Q/2$ 年保管仓储成本=平均库存×单位货物仓储成本，即 $HC=Q/2\cdot C\cdot h$(与 Q 成正比)

每年订货成本=订货次数×每次订货成本=$D/Q\cdot S$

年进货成本=进货总价+订货成本，即 $PC=D\cdot C+D/Q\cdot S$(与 Q 成反比)

总库存成本=年进货成本+年保管仓储成本，即 $TC=PC+HC=D\cdot C+D/Q\cdot S+Q/2\cdot Ch$

如此可以得到：

$$Q^*=\sqrt{\frac{2DS}{Ch}}$$

$$n=D/Q^*$$

$$T=\frac{365}{n}$$

$$R=d\cdot LT=\frac{D}{365}\cdot LT$$

其中，Q^* 为经济订购批量(即此时总库存成本最低)，n 为年订货次数，T 为订货周期，R 为订货点(订货时库存)，d 为日需求量，LT 为订货提前期。

经济订购批量的函数图像，如图 6-14 所示。

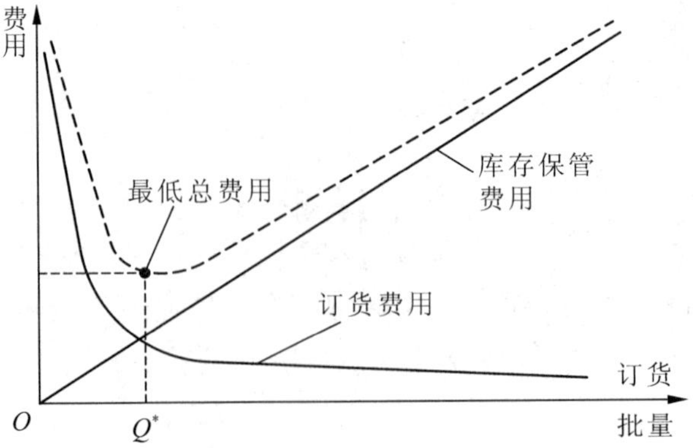

图 6-14 经济订购批量

(二)物料需求计划(MRP)——非独立需求库存的控制机制

1. 物料的含义

物料是指为产品出厂必须列入计划的物品，包括原材料、配套件、在制品、半成品、成品、包装材料、说明书、工装、工具、能源。

2. 生产所需——非独立需求物料的特点

生产所需——非独立需求物料有三个特点：一是不同物料及其与产品之间存在先后主从依存关系，二是需在生产适当时期定期、分阶段、成批投入，三是可分阶段、分层次核算需要量。

3. 物料需求计划(MRP)核心思想

根据非独立需求的特点，把储存费用降到最低，使生产运行效率提高到最高水平。即在需要的时间，向需要的部门提供其恰好需要的物料(品种、数量和质量)。

4. 相关需求库存的控制机制

相关需求物料与独立需求产品之间的数量关系由物料清单(Bill of Materials，BOM)决定，时间关系由独立需求产品的生产计划决定。

5. 物料需求计划(MRP)的基本逻辑

一是从主生产计划导出所需最终物料的数量，二是根据 BOM 确定所有的料项，三是按照需求时间对每一种料项计算其净需求，四是考虑时间、批量因素，下达计划订单。

6. 物料需求计划(MRP)适用的生产类型与解决的问题

物料需求计划(MRP)适用的生产类型包括：①离散型/加工装配型企业；②多品种、中小批量生产；③BOM 层次较多；④需求、生产工艺、生产能力相对稳定；⑤供应商相对稳定和可靠。

物料需求计划(MRP)主要解决生产效率问题：①库存高、资金占用多；②生产周期长、交货不准；③生产计划编制；④均衡生产、缺件与成套；⑤成本控制。

7. 物料需求计划(MRP)的编制程序

物料需求计划(MRP)的编制程序，如图 6-15 所示。

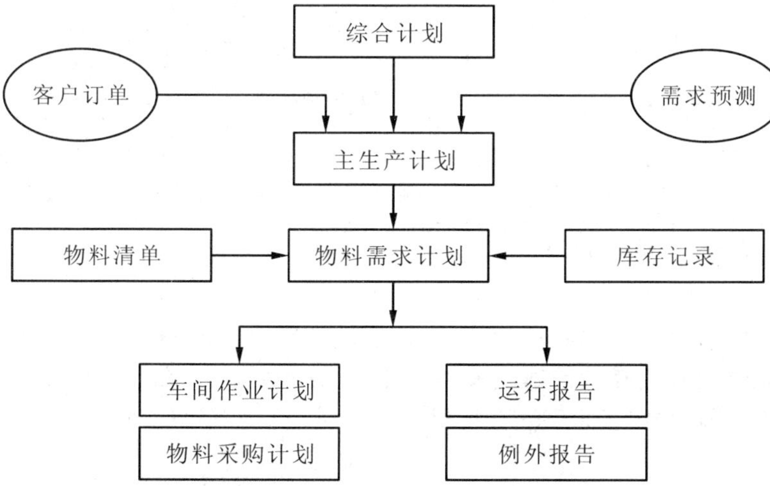

图 6-15 物料需求计划的编制程序

【例题 6-7】 某产品结构如图 6-16 所示，各类零部件的提前期及库存量如表 6-9 所示。请计算各类零部件的毛需求量和实际需求量，以及开始生产或订货的时间，并填入表 6-10 中。

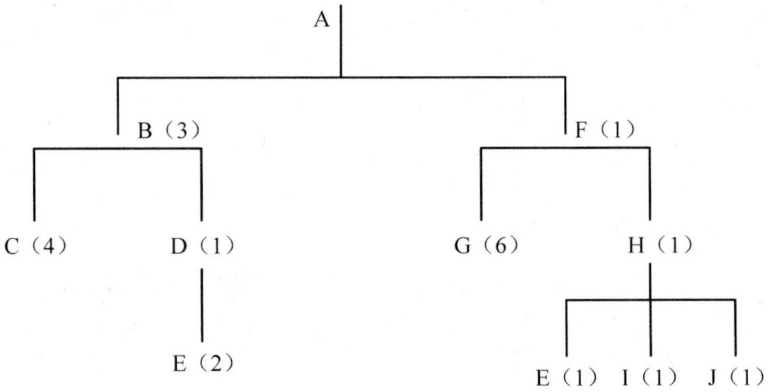

图 6-16 产品结构图

表 6-9 零部件提前期及库存量

名称	A	B	C	D	E	F	G	H	I	J
提前期（周）	2	1	2	1	2	1	2	1	2	2
库存量	0	250	14	20	40	16	54	10	6	40

表 6-10 毛需求量与实际需求量

名称	A	B	C	D	E	F	G	H	I	J
提前期（周）	2	1	2	1	2	1	2	1	2	2
库存量	0	250	14	20	40	16	54	10	6	40
毛需求量（投入时间）	150（第 6 周）	450（第 5 周）	800（第 3 周）	200（第 4 周）	484（第 2 周）	150（第 5 周）	804（第 3 周）	134（第 4 周）	124（第 2 周）	124（第 2 周）
实际需求量（投入时间）	150（第 6 周）	200（第 5 周）	786（第 3 周）	180（第 4 周）	444（第 2 周）	134（第 5 周）	750（第 3 周）	124（第 4 周）	118（第 2 周）	84（第 2 周）

注：毛需求量是指不考虑库存的需要量，实际需求量为按物料清单计算的总需求量减去库存。

8. 物料需求计划的编制

(1)常备性物料的需求计划。常备性物料是指长期要用或能通用、共用的需常备的物料。这类物料通常可运用存量计划性采购。常备性月度物料需求计划表，如表 6-11 所示；常备性周物料需求计划表，如表 6-12 所示。

表 6-11　常备性月度物料需求计划表

日期：____年____月____日　　编制：__________　　审核：________　　批准：________

项次	品名	规格	前月库存		上月				本月				备注
			仓库	未验收	已购未入	库存	计划用量	结存	计划请购	库存	计划用量	结存	

表 6-12　常备性周物料需求计划表

料号：__________________　　　　型号/规格：__________

日期：____年____月____日　　　　共____页第____页

项次	产品名称	单位用量	第　　周			……	第　　周			备注
			批号	批量	需求量	……	批号	批量	需求量	

批准/日期：____________　　审核：____________　　编制：____________

常备性周物料需求计划的编制程序，如图 6-17 所示。

(2)专用性物料的需求计划。专用性物料是指必须有订单才会去购备的物料，属于具体某一产品的专用料件。这类物料是依订单分别制订物料需求计划，通常不保有存量。专用性物料需求计划表，如表 6-13 所示。

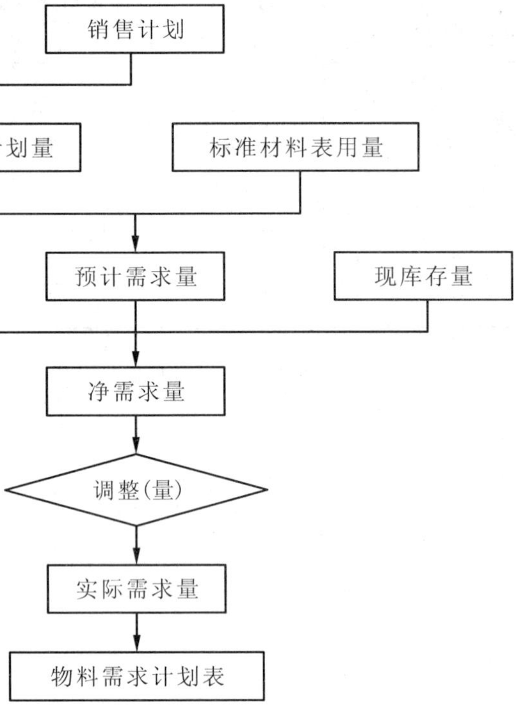

图 6-17　常备性物料需求计划编制程序

表 6-13　专用性物料需求计划表

订单号：________　生产批号：________　批量：________

日期：________　No：________

项次	品名	规格	单位用量	单位	购备时间	预计用量	调整量	请购量	需用日期	备注

批准/日期：________　审核：________　编制：________

专用性物料需求计划编制程序，如图 6-18 所示。

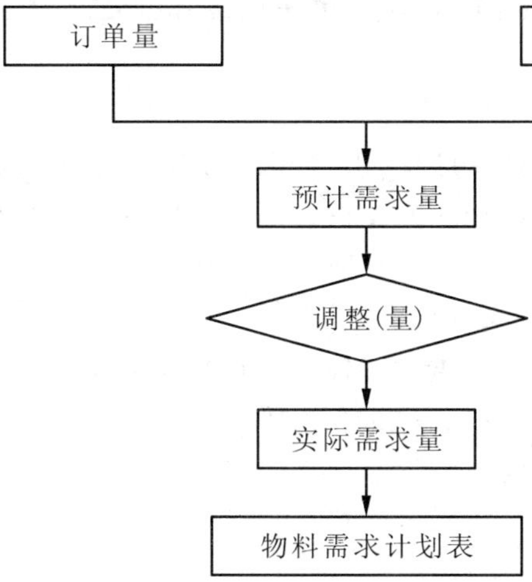

图 6-18　专用性物料需求计划编制程序

(三)从 MRP 到 ERP——多层次、多种计划的衔接

1. MRPⅡ——制造资源计划

不同层次 MRP 的衔接，多种不同生产计划之间的衔接，销售计划、产品计划、物料需求计划之间的衔接，要求有新的解决方案，于是就有了 MRPⅡ——制造资源计划，如图 6-19 所示。

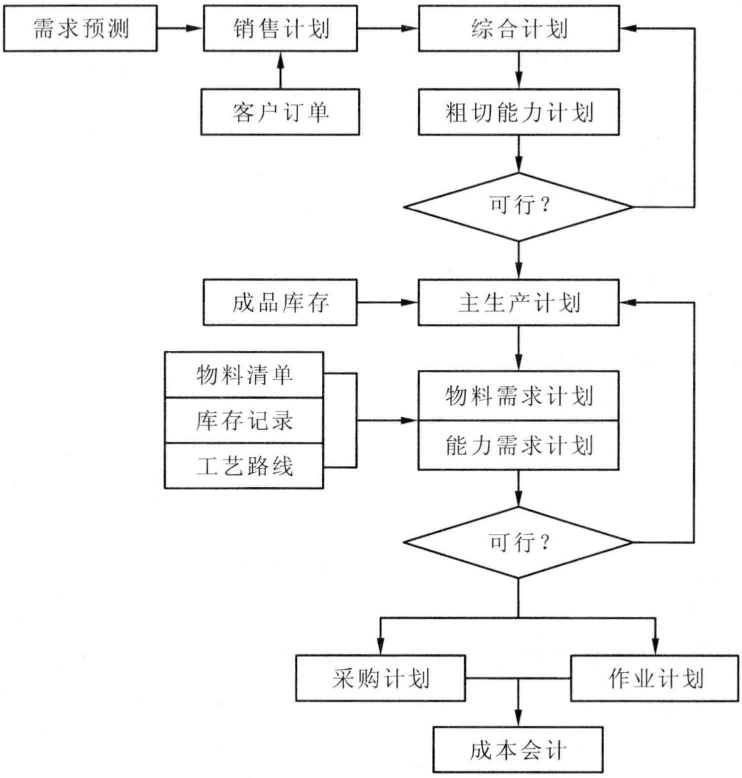

图 6-19　制造资源计划(MRPⅡ)

当然，MRPⅡ只是提供了一个思路，真正解决问题需要配套计算机程序和相应的数据库。

2. MRPⅡ的特点

MRPⅡ具有以下几个特点：①计划的一贯性和可行性；②管理系统性，从部门分割到系统整体；③数据共享性，中央数据库的支持；④动态应变性，可根据情况变化迅速调整计划；⑤物流、资金流的统一，生产与财会职能的集成。

3. MRPⅡ的进一步发展——企业资源计划(ERP)

MRPⅡ的进一步发展前景包括：①超越MRPⅡ范围的集成功能；②支持混合方式的制造环境；③支持开放的客户机/服务器计算环境等；④面向企业供应链的管理——整合供应链的资源，完全按用户需求制造。

任务深层思考

对中小微企业而言，库存管理是否重要?

项目小结

亲爱的同学，你已经完成了项目六的学习，相信你已经获得了丰厚的回报，掌握了包括生产管理的策划、生产作业控制、生产现场管理、库存管理和物料需求计划等相关知识，初步具备了一个生产管理者的基本素质。

下面请进入“能力自测”部分，一方面巩固项目六所学内容，另一方面为后续课程的学习夯实理论基础。

能力自测

一、单项选择题

1. 房间内的墙壁刷上(　　)色，人会有空间扩大的感觉。

A. 红　　B. 浅蓝　　C. 褐　　D. 白

2. (　　)是指一批零件或产品在上道工序全部加工完成后，整批转移到下道工序加工的移动方式。

A. 平行移动方式　　B. 平行顺序移动方式

C. 顺序移动方式　　D. 连续移动方式

3. ERP是指(　　)。

A. 制造资源计划　　B. 企业资源计划

C. 准时制　　D. 物料需求计划

4. (　　)是以能使下道工序连续加工为前提，组织平行作业的移动方式。

A. 平行移动方式　　B. 平行顺序移动方式

C. 顺序移动方式　　D. 连续移动方式

5. QC是指(　　)。

A. 制造资源计划　　B. 质量控制

C. 准时制　　D. 物料需求计划

6. MRPⅡ是指(　　)。

A. 制造资源计划　　B. 企业资源计划

C. 准时制　　D. 物料需求计划

7. MRP是指(　　)。

A. 制造资源计划　　B. 企业资源计划　　C. 准时制　　D. 物料需求计划

8. 保持现场的整洁状态属于(　　)。

A. 整理　　B. 整顿　　C. 清洁　　D. 清扫

9. 定置管理属于(　　)。

A. 整理　　B. 整顿　　C. 清扫　　D. 清洁

10. 发现设备异常马上修理属于(　　)。

A. 整理　　B. 整顿　　C. 清扫　　D. 清洁

11. 清除灰尘属于(　　)。

A. 整理　　B. 整顿　　C. 清洁　　D. 清扫

12. 在箱子外表刷上(　　)色，人会有重量减轻的感觉。

A. 红　　B. 浅蓝　　C. 褐　　D. 白

13. 对于成本控制，一般将占用15%～20%价值的30%～40%的物品划分为(　　)。

A. A类　　B. B类　　C. C类　　D. D类

14. 对于成本控制，一般将占用65%～80%价值的15%～20%的物品划分为(　　)。

A. A类　　B. B类　　C. C类　　D. D类

15. 对于成本控制，一般将占用5%～15%价值的40%～55%的物品划分为(　　)。

A. A类　　B. B类　　C. C类　　D. D类

16. 以(　　)为标志的生产管理方式可划分为订货式生产和存货式生产。

A. 技术特性　　B. 市场特性　　C. 生产结果　　D. 管理特性

17. 以(　　)为标志的生产管理方式可划分为装配式生产和流程式生产。

A. 技术特性　　B. 市场特性　　C. 生产结果　　D. 管理特性

18. 以(　　)为标志的生产管理方式可划分为单件生产、成批生产和大量生产。

A. 技术特性　　B. 市场特性　　C. 生产结果　　D. 管理特性

19. 以(　　)为标志的生产管理方式可划分为物质产品的生产、精神(信息)产品的生产和服务。

A. 技术特性　　B. 市场特性　　C. 生产结果　　D. 管理特性

在线测试	总　结
	______________________ ______________________ ______________________

二、简答题

1. 什么是生产管理?

2. 什么是生产管理的策划？

3. 生产作业控制的目标是什么？

4. 什么是生产现场管理？

5. 什么是库存？

6. 什么是经济订购批量？

7. MRP 的核心思想是什么？

三、计算题

1. 某产品加工批量 $n=4$，工序数 $m=4$，各道工序单件加工时间为：

$$t_1=10\ \text{min},\ t_2=5\ \text{min},\ t_3=15\ \text{min},\ t_4=10\ \text{min}$$

分别求其顺序移动方式、平行移动方式、平行顺序移动方式的生产周期。

2. S 公司以单价 10 元每年购入某种产品 8 000 件。每次订货费用为 30 元，维持库存费用按所库存货物价值的 30%计算。若每次订货的提前期为 2 周，试求经济订货批量、最低年总成本、年订货次数和订货点(每年按 52 周计算)。

3. 某工厂生产甲产品，计划年度固定成本总额为 25 万元，单位变动成本为 3 000 元，单位产品售价为 5 000 元，目标利润为 20 万元。根据上述资料计算盈亏平衡点的销售量和保证目标利润的销售量。

4. 某企业准备生产某种产品。预计该产品的销售有 3 种可能：销路好，其概率为 0.3；销路一般，其概率为 0.5；销路差，其概率为 0.2。可采用的方案有两个：一是新建一条流水线，需投资 120 万元；二是对原有设备进行技术改造，需投资 60 万元。两个方案的使用期均为 5 年，各种自然状态下年度销售利润如表 6-14 所示。

表 6-14 年度销售利润

方案	投资(万元)	年收益(万元)			使用期
		销路好(0.3)	销路一般(0.5)	销路差(0.2)	
新建流水线	120	100	50	0	5 年
技术改造	60	60	30	15	5 年

该企业应如何决策？要求画出决策树。

5. 某产品结构如图 6-20 所示，各类零部件的库存量如表 6-15 所示。A 的市场需求量为 200。请计算各类零部件的毛需求量和实际需求量，并填入表中。

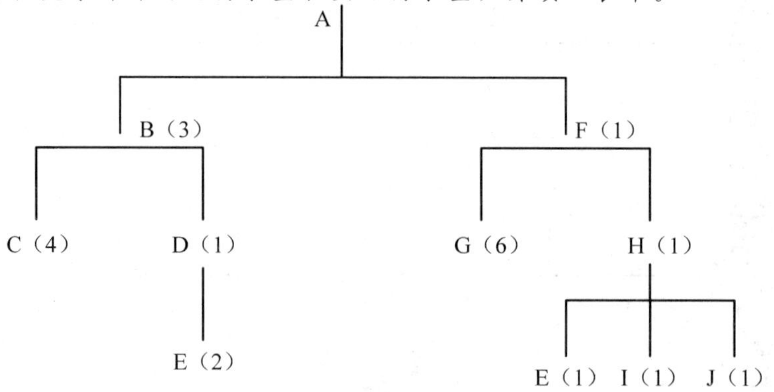

图 6-20 某产品结构

表 6-15　各类零部件库存量

名称	库存量	毛需求量	实际需求量
A	0	200	200
B	250		
C	14		
D	20		
E	40		
F	16		
G	54		
H	10		
I	6		
J	40		

案例分析

土星公司的工作设计

行业专家认为，土星公司作为通用汽车公司的子公司，对汽车市场已经产生了显著的影响。1991 年，土星公司要比其他制造商销售更多的汽车给每一位经销商，包括曾经的行业领头羊本田公司。土星公司 70%的购买者，已经将购买非通用公司生产的汽车作为他们的第二选择。从 1991 年起，就购买者对销售和发送服务的满意度而言，土星公司位居第六。只有豪华型汽车，如劳斯莱斯、凯迪拉克和奔驰等超过了土星公司。

土星公司在保留传统产品的同时并没有保持传统的做法。它使用了艺术型的制造法和工作设计技术，包括工程、人类工程学和员工贡献。例如，工人们站在柔软而舒适的桦树木地板上工作，而不是站在坚硬的水泥地上。汽车在液压梯的作用下通过流水线，这使员工可以上下调节汽车的高度，以方便操作。员工被允许站在平台上并给予 6 分钟的时间来准确完成任务。而在传统的流水线上，员工只有不到 1 分钟的时间来履行他们各自的职责。工业工程师录下员工的每一个动作，再找出多余动作。在靠近和离开汽车这样的一个事例中，员工就节约了三分之一的步骤，因此保存了体力。

土星公司的管理者们认为，员工参与小组的引入是公司成功的关键。在土星公司，团队是组成公司最基本的部分。在生产层，5～15 名员工组成一个团队，他们实行自我管理。每一个团队选举一名领导，称为“工作小组顾问”。团队根据生产计划、雇用、预算及各种产品质量问题来做决策。决策是由多数人决定的，即一旦一个决定被执行的话，这就要求 70%的同意率和 100%的支持率。

团队相互监督以确保效益最大化。例如，一个团队的成员可以每星期收到材料浪费的报告。团队成员知道零件的成本，并能够计算出由于浪费材料而增加的费用。每个团队每年可以预算出下一年度其计划使用的资源的总量。团队每个月可以收到有关预算条款的明细账，甚至包括电话单。

上面的各层次团队是由被称为“工作单元模拟顾问”的员工组成的。顾问作为麻烦的解决者和协调者，服务于3个营运单元中的每一个工作团队——电力火车、主体系统和运输系统。整个土星公司的联合体是由来自每一个经营单位的工会代表和管理层代表所组成的制造顾问委员会来监督的。其最高层是战略执行委员会，主要负责为公司制订长期计划和政策。

问题：

结合本案例，谈谈中小微企业应如何进行生产与运作控制。

实训操作

【实训目标】

运用网络计划。

【实训内容与要求】

新产品投产计划

2020年春节刚刚过去，某市电子玩具厂研究所的小王突然来了灵感，准备开发一种新的电动玩具娃娃。刘厂长看过他的设计之后，认为创意不错，估计市场前景非常乐观，当即拍板决定投产。但对能否赶在六一儿童节之前推出，厂长心里没有十分的把握。因此，刘厂长决定召集有关人员研究该创意是否可行。

在会议上，大家看了小王的样图后，也都觉得设计非常新颖。但对其复杂性提出异议，认为可以再设计得简单一些。由于这种新产品对生产工艺的要求较高，如果投产的话，还需购进一台新的检测设备。生产副厂长张工计算了一下，估计至少需要120天才能投入市场。表6-16是他的计算依据。

表6-16 新产品开发活动时间表

序号	活动名称	估计需要时间(天)	序号	活动名称	估计需要时间(天)
1	产品开发决策	2	8	工艺准备	20
2	市场调查	10	9	设备采购	10
3	筹资	8	10	设备安装	8
4	确定规模	3	11	试生产	5
5	修改设计	15	12	生产	20
6	设备调查	4	13	销售准备工作	10
7	物资采购	3	14	投入市场	2

张工进一步解释说：“如果2月1日开工，离‘六一’正好有4个月，如果一天也不休息的话，一共有120天。要是再减去39天休息日，实际工作日才只有81天。缺口这么大，靠一般的加班是难以解决的。”

经张工一说，原本热闹的会场一下子安静下来。因为以前工厂的新产品开发一般都需半年左右，这回要想提前2个月完成，困难实在是大了些。

经营副厂长老陈一见这种情况，心里的气儿就不打一处来，接过话茬说：“现在顾客的要求越来越高，玩具市场的竞争也越来越激烈。按照我们的推测，今年北方‘六一’的玩具市场的火药味肯定要比去年浓得多。年前我曾去南方考察了一圈，它们新产品的生产周期已经缩短到了 3 个月。如果我们的生产周期还是比它们长 1 倍，那咱们大家迟早都要下岗。”

刘厂长一听老陈的话音，知道他心里还在为未能完成去年的销售任务而有怨气，赶紧接过话题，说道：“老陈的话有道理，我们去年没有完成销售计划目标的主要原因是新产品的开发周期太长。如果去年那款产品能够提前 1 个月上市的话，我们就不会让别人占了先。大家去年的年终奖也就至少可以增加 1 成。今天会议的主题是看大家有没有什么办法，缩短我们的生产周期。”

刘厂长的这一番话，又勾起了大家的记忆，大家七嘴八舌，会场一片议论声……

过了一会儿，只见企管科新毕业分配来的大学生小吴站起来，怯生生地说：“关于如何缩短生产周期的事情，我们老师专门讲过。一个方法是采用并行工程的方法，就是将原来首尾相接、顺序进行的活动变成并列进行，不必等前一个完成，再进行下一个。我们的新产品开发可以考虑采用这种办法。”

小吴的话又一次引发了大家的议论，只不过这次怀疑的成分更多了些。刘厂长没想到是这么个情况，但他也意识到小吴的话不是一点道理都没有。

看着涨得满脸通红的小吴，刘厂长心里不觉闪现出一丝欣慰之情。他清了清嗓子，宣布今天的会议先开到这里，大家回去想想小吴的话有没有道理，自己的工作能不能改进、应该怎样改进，明天大家再来继续讨论。最后，他又一次强调，这次的新产品一定要在“六一”投入市场。

会后，刘厂长将小吴、小王、老陈和张工留下，专门讨论了缩短生产周期的各种可行措施。小吴自告奋勇，要在明天拿出按时完成任务的网络图。

讨论和操作：你能帮助小吴将网络图画出来吗？新产品能在“六一”投入市场吗？

【实训成果与检测】

教师综合以下评估打分。

1. 绘制网络图。
2. 计算总的需要时间。
3. 计算各阶段的完工时间。

学习笔记

项目七

现代中小微企业如何进行质量管理

知识目标：

1. 熟悉全面质量管理的思想；
2. 掌握质量管理体系的内容；
3. 掌握质量控制和改进的统计方法。

能力目标：

1. 能策划和编制质量管理体系文件；
2. 能运用质量控制和改进的统计方法。

素质目标：

1. 具备刻苦钻研的职业道德；
2. 具有追求卓越的质量意识。

项目任务：

1. 树立全面质量管理的思想；
2. 建立和实施质量管理体系与质量认证；
3. 质量控制和改进。

扫描二维码，获取本项目的教学内容展示。

教学内容展示	预习笔记

项目导入

相关阅读

质量管理不能只凭经验

某乡办企业承接某家开关厂的开关柜箱体焊接加工工艺，开关厂的审核员在车间里发现所焊接的焊点间距分布不均匀，于是问工人："你们的《工艺指导书》上对于焊点间距有没有规定?"焊工回答："工艺没有规定，但我们都是很熟练的焊工，凭经验就知道应该掌握的焊接间距。"审核员查看了相关的工艺指导书，上面对于箱体每边有焊接点数的规定，但没有间距要求。但是他在检验科查阅《焊接检验规程》时却看到这样的规定："焊点应该分布均匀，两点之间距离应为 10 cm±2 cm。"而上述两份文件均由总工程师审核批准。

扫描二维码，获取本项目的项目说明。

项目说明	预习笔记

任务 1　树立全面质量管理的思想

任务分析

全面质量管理是一种思想和观念，在树立全面质量管理的思想前，应先学习以下相关知识。

扫描二维码，阅读纽约市公园及其娱乐部实施"全面质量管理"技术的相关内容。

拓展阅读	学习笔记

相关知识

一、全面质量管理的含义

全面质量管理(Total Quality Management，TQM)的定义在不同的教科书或资料、标准中表述不一。本书给出以下定义：全面质量管理是指在全社会的推动下，企业中所有部门、所有组织、所有人员都以产品质量为核心，把专业技术、管理技术、数理统计技术集合在一起，建立一套科学严密高效的质量保证体系，控制生产过程中影响质量的因素，以优质的工作、最经济的办法提供满足用户需要的产品的全部活动。

二、全面质量管理的思想

全面质量管理的思想可以概括为“三全”“一多”和“四个一切”。

(一)“三全”

1. 全面的质量概念

质量不仅包括产品的技术性能，还包括服务质量和工作质量。质量由设计质量、制造质量、使用质量、维护质量等多种因素构成。质量是设计、制造出来的，而不是检验出来的。

2. 全过程质量管理

其范围是产品质量产生、形成和实现的全过程，包括市场调查、研究、开发、设计、制造、检验、运输、储存、销售、安装、使用和维护等多个环节和整个过程的质量管理。

3. 全员参与的质量管理

调动企业所有人员的积极性和创造性，使每一个人都参与质量管理工作。

(二)“一多”

“一多”即多种方法的质量管理，包括统计方法、技术方法和管理方法。不仅要把三类方法结合起来，还要结合预防方法、控制方法和改进方法。

(三)“四个一切”

“四个一切”是指一切为了顾客，一切以预防为主，一切用数据(客观事实和证据)说话，一切按 PDCA 循环操作。

任务深层思考

对一家中小微企业而言，如何树立全面质量管理的思想?

任务 2　建立和实施质量管理体系与质量认证

任务分析

建立和实施质量管理体系是中小微企业产品质量的有效保证。在建立和实施质量管理体系前，应先学习以下相关知识。

相关知识

一、质量管理体系的建立与实施

(一)质量管理的七项原则

1. 七项质量管理原则的内容

多年来，基于质量管理的理论和实践经验，在质量管理领域形成了一些有影响力的质量管理的基本原则和思想。国际标准化组织(ISO)吸纳了当代国际最受尊敬的一批质量管理专家在质量管理方面的理念，结合实践经验及理论分析，用高度概括又易于理解的语言，总结为质量管理的七项原则。这些原则适用于所有类型的产品和组织，成为质量管理体系建立的理论基础。

七项质量管理原则的内容包括：①以顾客为关注焦点；②领导的作用；③全员参与；④过程方法；⑤改进；⑥循证决策；⑦关系管理。

2. 七项质量管理原则的理解

(1)以顾客为关注焦点。组织依存于顾客，因此，组织应当理解顾客当前和未来的需求，满足顾客需求并争取超越顾客期望。

顾客是组织存在的基础，如果组织失去了顾客，就无法生存下去。因此，组织应把满足顾客的需求和期望放在第一位，将其转化成组织的质量要求，采取措施使其实现。同时，组织还应测量顾客的满意度，处理好与顾客的关系，加强与顾客的沟通，通过采取改进措施，使顾客和其他相关方满意。由于顾客的需求和期望是不断变化的，也是因人因地而异的，因此需要进行市场调查，分析市场变化，以此来满足顾客当前和未来的需求，并争取超越顾客的期望，以创造竞争优势。

(2)领导的作用。领导者确立组织统一的宗旨及方向，他们应当创造并保持使员工能充分参与实现组织目标的内部环境。

领导的作用即最高管理者具有决策和领导一个组织的关键作用。为全体员工实现组织的目标创造良好的工作环境，最高管理者应建立质量方针和质量目标，以体现组织总的质量宗旨和方向，以及在质量方面所追求的目的。组织的最高管理者还应时刻关注组织经营的国内外环境，制定组织的发展战略，规划组织的蓝图。最高管理者应将质量方针、目标传达落实到组织的各职能部门和相关层次，让全体员工理解和执行。质量方针应随着环境的变化而变化，并与组织的宗旨相一致。

为了实施质量方针和目标，组织的最高管理者应身体力行，建立、实施和保持一个有效的质量管理体系，确保提供充分的资源，识别影响质量的所有过程并管理这些过程，使顾客和相关方满意。

为了使建立的质量管理体系保持其持续的适宜性、充分性和有效性，最高管理者应亲自主持对质量管理体系的评审，并确定持续改进和实现质量方针和目标的各项措施。

(3)全员参与。各级人员都是组织之本，只有他们充分参与，才能使他们的才干为组织带来收益。

全体员工是每个组织的根本，人是生产力中最活跃的因素。组织的成功不仅取决于正确的领导，还有赖于全体人员的积极参与。因此，应赋予各部门、各岗位人员应有的职责和权限，为全体员工创造一个良好的工作环境，激励他们的创造性和积极性。通过教育和培训，增长他们的才干和能力，发挥员工的革新和创新精神。共享知识和经验，积极寻求增长知识和经验的机遇，为员工的成长和发展创造良好的条件。这样才会给组织带来最大的收益。

(4)过程方法。将活动和相关的资源作为过程进行管理，可以更高效地实现期望的结果。

任何使用资源，将输入转化为输出的活动都被认为是过程。组织为了有效地运作，必须识别并管理许多相互关联的过程。系统地识别并管理组织所应用的过程，特别是这些过程之间的相互作用，称为过程方法。

在建立质量管理体系或制定质量方针和目标时，应识别和确定所需要的过程：确定可预测的结果，识别并测量过程的输入和输出，识别过程与组织职能之间的接口和联系，明确规定管理过程的职责和权限，识别过程的内部和外部顾客，在设计过程时还应考虑过程的步骤、活动、流程、控制措施、投入资源、培训、方法、信息、材料和其他资源等。只有这样才能充分利用资源，缩短周期，以较低的成本实现预期的结果。

(5)改进。成功的组织总是致力于持续改进。改进对组织保持当前的业务水平，对其内外部条件的变化作出反应并创造新的机会，都是非常必要的。

组织所处的环境是在不断变化的。科学技术在进步、生产力在发展，人们对物质和精神的需求在不断提高，市场竞争日趋激烈，顾客的要求也越来越高。因此，组织应不断调整自己的经营战略和策略，制定适应形势变化的策略和目标，提高管理水平，这样才能适应竞争的生存环境。

持续改进是组织自身生存和发展的需要。持续改进是一种管理的理念，是组织的价值观和行为准则，是一种持续满足顾客要求、增加效益、追求持续提高过程有效性和效率的活动。

持续改进包括了解现状，建立目标，寻找、实施和评价解决办法，测量、验证和分析结果，把它纳入文件等活动。其实质也是一种 PDCA 的循环，从计划开始，经过执行和检查效果，采取纠正和预防措施，直至将它纳入改进成果加以巩固。

(6)循证决策。有效决策是建立在数据和信息分析的基础上的。

成功的结果取决于活动实施之前的精心策划和正确决策。决策的依据应采用准确的数据和信息，分析或依据信息作出判断是一种良好的决策方法。在对数据和信息进行科学分析时，可借助其他辅助手段。统计技术是最重要的工具之一。

应用基于事实的决策方法，对信息和数据的来源进行识别，确保获得充分的数据和信息的渠道，并能将得到的数据正确、方便地传递给使用者，做到信息的共享，利用信息和数据进行决策并采取措施。用数据说话，可以使决策更加真实、有效。

(7)关系管理。为持续获得成功，组织需要管理与所有相关方的关系。相关方影响组织的绩效。因此，组织对供方及其合作伙伴的关系网的管理是非常重要的。组织管理所有相关方的关系，以最大限度地发挥其在组织绩效提升方面的作用。

(二)建立与实施质量管理体系的基本步骤

1. 学习标准

组织中的各级员工，尤其是各管理层，应重点学习质量管理体系的基本概念和基本术语及质量管理体系的基本要求。通过学习，端正思想、找出差距、明确方向。

2. 确定质量方针和质量目标

组织应根据其宗旨、发展方向，确定与组织宗旨相适应的质量方针，对质量作出承诺。在质量方针提供的质量目标框架内规定组织的质量目标，以及相关职能和层次上的质量目标。质量目标应是可测量的。

3. 质量管理体系策划

组织应依据质量方针、质量目标，应用过程方法对组织应建立的质量管理体系进行策划，并确保质量管理体系的策划满足质量目标要求。在质量管理体系策划的基础上，进一步对产品实现过程及其他过程进行策划，确保这些过程的策划满足所确定的产品质量目标和相应的要求。

4. 确定职责和权限

组织应依据质量管理体系策划及其他策划的结果，确定各部门、各级人员及其他与质量工作有关人员应承担的相应职责和赋予的权限。

最高管理者还应在管理层中指定一名管理者代表，代表最高管理者负责质量管理体系的建立和实施。

5. 编制质量管理体系文件

组织应依据质量管理体系策划及其他策划的结果，确定质量管理体系文件的框架和内容，在质量管理体系文件的框架里确定文件的层次、结构、类型、数量、详略程度，规定统一的文件格式，编制质量管理体系文件。

6. 质量管理体系文件的发布和实施

组织在质量管理体系文件正式发布前应认真听取多方面意见，并经授权人批准发布。质量手册必须经最高管理者签署发布。质量手册的正式发布实施意味着质量手册所规定的质量管理体系正式开始实施和运行。

7. 学习质量管理体系文件

在质量管理体系文件正式发布或即将发布而未正式实施之前，认真学习质量管理体系文件对质量管理体系的真正建立和有效实施至关重要。各部门、各级人员都要通过学习，清楚地了解质量管理体系文件对本部门、本岗位的要求，以及与其他部门、岗位的相互关系的要求。只有这样才能确保质量管理体系文件在整个组织内得以有效实施。

8. 质量管理体系的运行

质量管理体系的运行主要反映在两个方面：一是组织所有质量活动都在依据质量策划的安排及质量管理体系文件要求下实施；二是组织所有质量活动都在提供证实，证实质量管理体系运行符合要求并得到有效地实施和保持。

9. 质量管理体系的内部审核

组织在质量管理体系运行一段时间后，应组织内部审核人员(内审员)对质量管理体系进行审核，以检验其是否更加符合策划的安排、GB/T 19001—2016 标准要求及组织所确定的质量管理体系要求，确定是否得到有效地实施和保持。内部审核是组织自我评价、自我完善机制的一种重要手段。组织应每年按策划的时间间隔，坚持实施内部审核。

10. 管理评审

在内部审核的基础上，组织的最高管理者应就质量方针、质量目标对质量管理体系进行系统的评审(管理评审)，确保质量管理体系持续的适宜性、充分性和有效性(评审也可包括效率，但不是认证要求)。管理评审包括评价质量管理体系改进的机会和变更的需要，以及质量方针和目标变更的需要。管理评审与内部审核都是组织自我评价、自我完善机制的一种重要手段。组织应每年按策划的时间间隔坚持实施管理评审。

通过内部审核和管理评审，在确认质量管理体系运行符合要求且有效的基础上，组织可向质量管理体系认证机构提出认证申请。

二、质量管理体系的审核与认证

(一)质量管理体系审核的基本概念

1. 审核

审核是指为获得审核证据并对其进行客观的评价，以确定满足审核准则的程度所进行的系统的、独立的并形成文件的过程。

审核的目的是确定审核准则是否得到满足，审核的方法是获取证据并对证据进行客观评价，审核的要求是审核过程应具有系统性、独立性并形成文件。

2. 审核准则

审核准则又称审核的依据，是指用作依据的一组方针、程序或要求。审核准则通常包括标准、相关的法律法规和组织的质量管理体系文件(质量方针、质量手册、程序文件等)。

3. 审核证据

审核证据是指与审核准则有关的并且能够证实的记录、事实陈述或其他信息。

审核证据可以是审核员在审核范围内查阅的文件、记录，也可以是现场审核观察到的现象，还可以是自己或他人测量与试验的结果。受审核人的谈话也可以是审核证据。

审核证据可以是定性的，也可以是定量的，供审核员判断是否符合审核准则。

4. 质量管理体系审核

质量管理体系审核是指依据质量管理体系标准及审核准则，对组织的质量管理体系的符合性及有效性进行客观评价的系统的、独立的并形成文件的过程。质量管理体系审核对组织质量管理体系的持续改进具有重要的作用。

质量管理体系审核的系统化是指审核活动必须是一项正式、有序而又全面的验证活动。“正式”主要是指外部审核是按合同进行，内部审核是由最高管理者授权；“有序”是指审核必须是有组织、有计划并按规定程序进行；“全面”是指对与审核对象有关的各个方面都要进行审核，以便得出完整的结论。

形成文件是审核的基本要求，包括审核前应准备的审核计划、检查表，审核中的不符合报告和审核记录，审核后提交的审核报告等。

(二)质量管理体系审核的分类

审核可以是为实现内部或外部的目的而进行的，因此，质量管理体系审核常常分为内部质量管理体系审核和外部质量管理体系审核两类。

内部质量管理体系审核即第一方审核，是一个企业(或组织)对其自身的质量管理体系所进行的审核。这种审核用于满足内部目的，由组织自己或以组织的名义进行，可作为组织自我合格声明的基础。

外部质量管理体系审核可分为第二方审核和第三方审核两类。第二方审核是由组织的顾客或其他人以顾客的名义进行，可按合同规定要求对组织的质量管理体系进行审核，也作为签订合同前评定组织是否具备一定的质量保证能力的措施。第三方审核是由外部独立的审核服务组织进行，这类组织通常是经认可的，提供符合要求(ISO 9001)的认证或注册。

在现实生活中还有一些比较特殊的外部质量管理体系审核。例如，总公司派出审核组对其下属单位进行质量管理体系审核；在总公司授权或在合同规定条件下，总公司的一个下属单位对另一个下属单位(即兄弟单位)的质量管理体系审核；咨询机构在协助一个企业建立了质量管理体系以后，为验证其咨询效果并检查该企业的质量管理体系是否有效运行而进行的质量管理体系审核，等等。

外部质量管理体系审核较内部质量管理体系审核有更高的独立性。

任务深层思考

全面质量管理的思想与质量管理体系(ISO 9001)之间存在什么关系?

任务 3　质量控制和改进

任务分析

提高和保证质量除了依靠全面质量管理的思想和质量管理体系外，还需依靠质量控制和改进的具体方法。要想进行质量控制与改进，应先学习以下相关知识。

相关知识

一、质量控制和改进的常用方法——统计技术

质量控制和改进的方法有许多，针对中小微企业，这里只选取其中用得最多又比较简单的七种方法(统计技术)加以介绍。

(一)统计表

统计表又称统计分析表，是对所发生的质量问题进行分类统计，一般需要与分层法、排列图或相关图结合使用。产品缺陷分类统计表，如表 7-1 所示。

表 7-1　产品缺陷分类统计表

产品规格：　　　　　　　　　　　　统计时段：

缺陷类别	出现频数	累计数	百分率(%)	累计百分率(%)
焊缝气孔	5	5	33.33	33.33
夹渣	4	9	26.67	60.00
焊道凹陷	3	12	20.00	80.00
焊缝成型差	2	14	13.33	93.33
其他	1	15	6.67	100.00

(二)排列图/帕累托图

排列图/帕累托图就是将上述统计表的各个项目从大到小进行排序和绘图。其原理是“重要的少数与无关紧要的多数”。

制作排列图/帕累托图的程序：①明确排列项目；②收集数据；③作缺陷项目统计表，并进行必要的计算；④作排列图，并标注必要的说明；⑤对排列图进行分析，找出主要因素。作图可通过 Excel 进行。

排列图的举例，如图 7-1 所示。

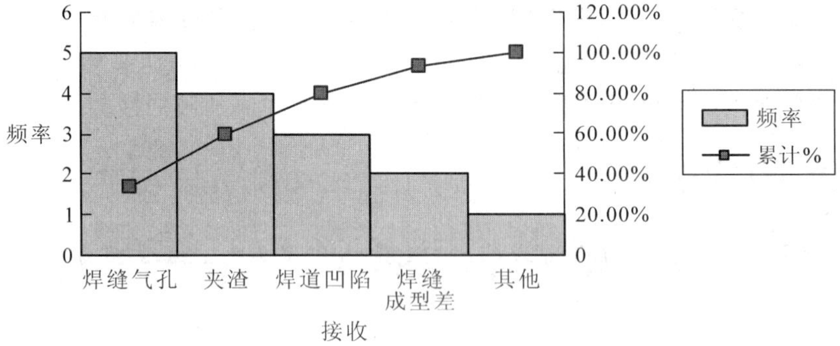

图 7-1 排列图

(三)因果分析图

因果分析图也称因果图、鱼刺图、鱼骨图，即对质量问题进行因果分析，找出主要原因。因果分析图的举例，如图 7-2 所示。

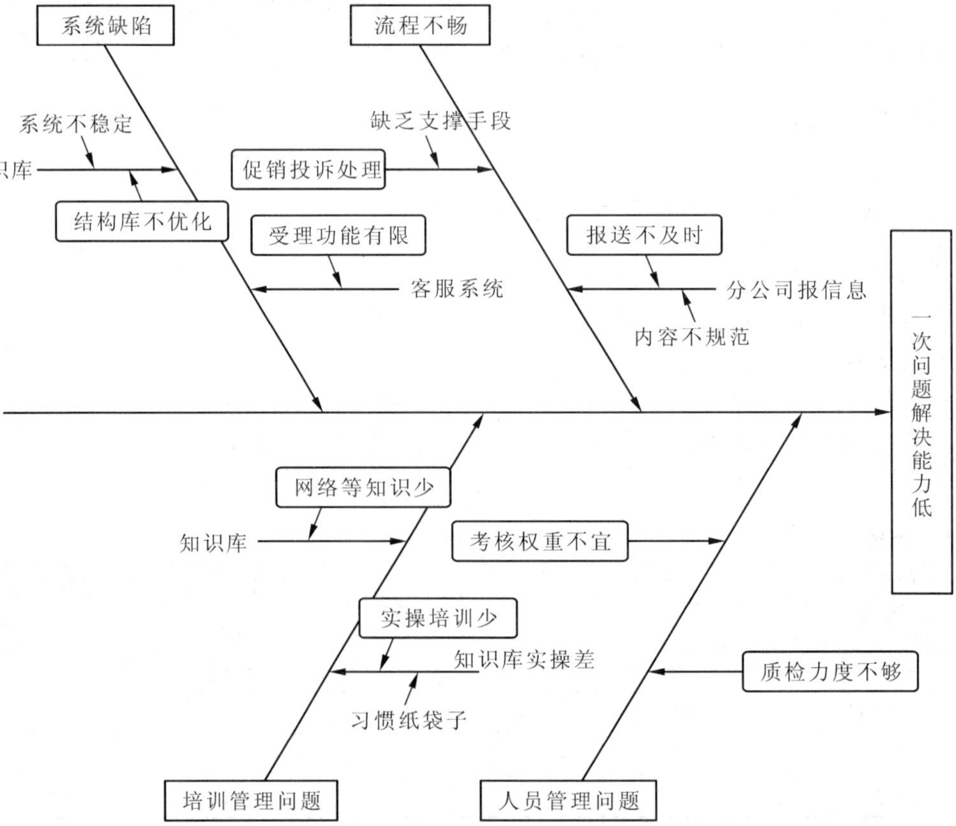

图 7-2 因果分析图

(四)相关图

相关图也称散布图，是用来分析某质量因素与质量特性之间相互关系及相关程度的图。

【例题 7-1】 炼钢厂出钢时盛钢水用钢包，在使用过程中由于钢液及炉渣对包衬耐火材料的侵蚀，其容积不断扩大。试验中钢包的容积用盛满钢水时的重量 y 表示，相应的使用次数用 x 表示，共测得 13 组数据，如表 7-2 所示。要求绘制相关图。

表 7-2 具体数据

x	y	x	y
2	106.42	11	110.59
3	108.20	14	110.60
4	109.58	15	110.90
5	109.50	16	110.76
7	110.00	18	111.00
8	109.93	19	111.20
10	110.49		

通过 Excel 作图，得到图 7-3 中的图形，图中的直线是趋势线，公式就是回归方程。

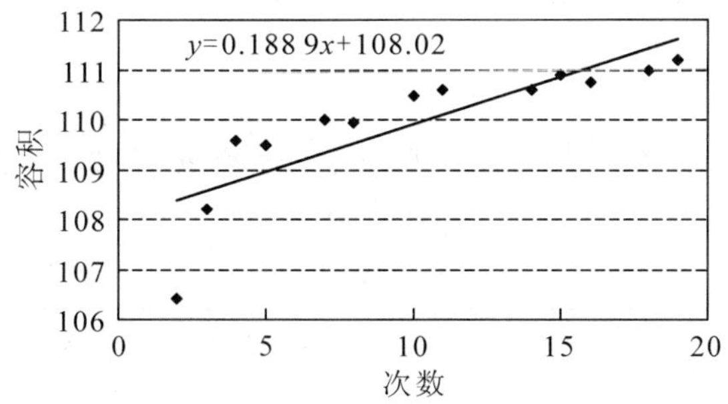

图 7-3 相关图

(五)分层法

分层法就是选用合适的分层标志，分层次再作排列图或因果图进行分析。分层标志可以是人员、设备、材料、时间等因素。

(六)直方图

直方图又称质量分布图，是按时间或样本对质量数据进行分析，检查质量数据是否正常或符合正态分布。

【例题 7-2】 为了确定灯泡的使用寿命(小时)，在一批灯泡中随机抽取 70 只进行测试，所得结果如表 7-3 所示。

表 7-3 所得结果

700	699	695	729	741	691	677
706	696	717	710	717	736	703
708	702	718	692	720	683	684
668	683	701	690	729	718	692
706	721	665	689	691	664	661
694	704	698	671	690	725	666
688	709	722	697	706	719	700
701	708	727	699	698	722	749
693	685	702	728	698	681	713
713	658	692	712	673	697	712

根据上表可通过 Excel 作直方图，如图 7-4 所示。

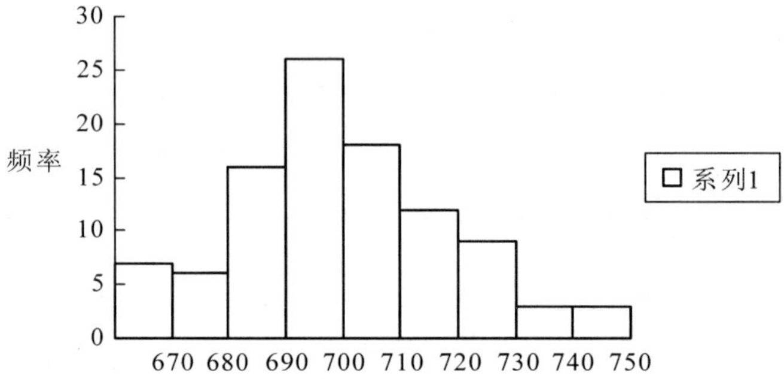

图 7-4 直方图

(七)对策表

对策表配合排列图、因果图使用，以便针对问题采取措施，如表 7-4 所示。

表 7-4 对策表

制定部门： 批准： 制定日期： 检查部门：

问题/原因	措施	负责人/部门	配合人/部门	完成日期	检查人/日期	检查结果

二、质量控制与改进的管理方法——六西格玛管理

六西格玛是一种能够严格、集中和高效地改善企业流程管理质量的实施原则和技术。它包含众多管理前沿的先进成果，以“零缺陷”的完美商业追求，带动质量成本的大幅度降低，最终实现财务成效的显著提升与企业竞争力的明显提高。

六西格玛管理包含两方面的含义：一方面，是对不合格的一种测量评价指标；另一方面，是驱动经营绩效改进的一种方法论和管理模式。

西格玛即希腊字 σ 的译音，是统计学家用来衡量工艺流程中的变化性而使用的代码。企业也可以用西格玛的级别来衡量在商业流程管理方面的表现。

扫描二维码，阅读六西格玛管理的相关内容。

拓展阅读	学习笔记

我们对六西格玛管理的定义：获得和保持企业在经营上的成功并将其经营业绩最大化的综合管理体系和发展战略，是使企业获得快速增长的经营方式。六西格玛管理是寻求同时增加顾客满意度和企业经济增长率的经营战略途径，是使企业获得快速增长和竞争力的经营方式。它不是单纯的技术方法的引用，而是全新的管理模式。

六西格玛管理具有以下特点：①有比以往更广泛的业绩改进视角，强调从顾客的关键要求及企业经营战略焦点出发，寻求业绩突破的机会，为顾客和企业创造更大的价值；②强调对业绩和过程的度量，通过度量，提出挑战性的目标和水平对比的平台；③提供了业绩改进方法；④在实施上由经过培训职责明确的人员作为组织保障；⑤通过确定和实施六西格玛项目，完成过程改进项目，每一个项目的完成时间为 3～6 个月；⑥明确规定成功的标准及度量方法，以及对项目完成人员的奖励标准；⑦组织文化的变革是其重要的组成部分。

六西格玛管理方法的重点是将所有的工作作为一种流程，采用量化的方法分析流程中影响质量的因素，找出最关键的因素加以改进，从而达到更高的客户满意度。

实施六西格玛对一个企业来说，不仅仅只是一系列的训练。它意味着整个企业文化从防护性的标准化管理到放开思想改革创新的突破性理念。六西格玛在提供行之有效的管理方法和流程技术的基础上，为企业培养了具备组织能力、激励能力、项目管理技术和数理统计诊断能力的领导者，这些人才是企业适应变革和竞争的核心力量。他们应用最先进的工作方法和最新的电脑技术，通过追求零缺陷运行和改善流程，达到顾客满意的快速突破性改善，以达到每一个环节不断改善的战略目标。

任务深层思考

你能运用上述方法对你日常碰到的质量问题进行分析吗？

项目小结

亲爱的同学，你已经完成了项目七的学习，相信你已经获得了丰厚的回报，初步具备了一个质量管理者的基本素质。

下面请进入“能力自测”部分，一方面巩固项目七所学内容，另一方面为后续课程的学习夯实理论基础。

能力自测

一、单项选择题

1.（　　）又称鱼刺图。

A. 排列图　B. 因果分析图　C. 直方图　D. 相关图

2.（　　）又称散布图。

A. 排列图　B. 因果分析图　C. 直方图　D. 相关图

3.（　　）又称质量分布图。

A. 排列图　B. 直方图　C. 因果分析图　D. 相关图

4.（　　）的原理是“重要的少数与无关紧要的多数”。

A. 排列图　B. 因果分析图　C. 直方图　D. 相关图

5. 全面质量管理的思想中的“三全”不包括（　　）。

A. 全面的质量概念　B. 全过程质量管理

C. 全员参与的质量管理　D. 方法全面的质量管理

6. 内部质量管理审核体系审核即（　　）。

A. 第一方审核　B. 第二方审核　C. 第三方审核　D. 都不是

7. 外部质量管理体系审核即（　　）。

A. 第一方审核　B. 第二方审核　C. 第三方审核　D. 都不是

8. 多种方法的质量管理不包括（　　）。

A. 统计方法和技术　B. 技术方法　C. 管理方法　D. 质量认证

9. “四个一切”不包括（　　）。

A. 一切为了顾客　B. 一切以预防为主

C. 一切为了高质量　D. 一切以 PDCA 循环办事

10. PDCA 循环的概念中，“C”是指（　　）。

A. 计划　B. 执行　C. 检查　D. 行动

在线测试	总　结

二、简答题

1. 简述质量管理的七项原则。
2. 简述全面质量管理。
3. 简述建立与实施质量管理体系的基本步骤。
4. 简述质量控制和改进的常用方法。

案例分析

清华同方的服务质量

2000 年 5 月 7 日，重庆市黄先生购买了清华同方真爱 2000E 电脑一套。5 月 9 日，在使用时电脑出现死机现象，黄先生立即与经销商和维修服务部取得联系，在以后的 20 多天里，维修站 4 次派人上门维修，清华同方电脑技术服务中心北京总部也通过电话对维修人员进行技术指导。经过仔细检查发现，软件系统一切正常，不存在使用不当的问题，确实存在死机现象且无法排除。6 月 3 日，上一级分销商重庆华方公司为用户更换了同型号的电脑，但仍然出现类似的故障。用户要求退货，但是经销商重庆赛达电脑经营部坚持进行维修，与用户产生分歧。在进行了几次维修无法排除故障的情况下，用户黄先生向清华同方电脑北京总部进行投诉，北京总部于当天致电重庆经销商，要求立即给用户办理退货手续，并将货款退给黄先生。

按照清华同方电脑的退货流程，电脑需要在北京检测之后才能给经销商办理货款冲抵手续，存在时间差。经销商担心北京检测后如果没有确认故障，可能不办理货款冲抵。因此，重庆赛达电脑经营部坚持先给用户打一张欠条，要等北京确认之后再退给用户钱。这样黄先生退机时不能马上从经销商那里拿回货款。

黄先生在十分无奈的情况下给清华同方股份有限公司总裁写了一封信，在信中叙述了他的遭遇，并写道："如果你了解了我的遭遇，以后还会选择清华同方吗？我认为，这种退货办法是极不公平的，试问顾客能仅凭一张欠条就从商店拿走东西吗？清华同方的这种做法，显然违背了公平交易的原则。若不是亲身经历，我真难以相信在这样一个全国有名的上市公司及其销售网络中会存在这样的问题。不但我未能体会到清华同方高科技产品和服务带来工作上的方便和生活中的乐趣，它反而给我在精神上和经济上增加了很大负担。"

由于气愤和焦虑，黄先生在投诉信寄出后第三天未等到回音的情况下，在 7 月 3 日下午向《重庆晚报》反映了情况，并于 7 月 4 日在《重庆晚报》"读者之音"栏目刊登出题目为《退货不给钱，清华同方岂有此理》的文章。

1. 同方总裁的反应

同方总裁在收到来信后(此时尚不知道《重庆晚报》即将曝光)，立即作出以下批示："这是一起很严重的事件，要从管理上查清制度、程序、思想上的原因，并提出解决办法。另外，要立即与客户联系，解决客户的困难，在合理的范围内给予赔偿，并感谢他对我们的批评，事情查清之后向我报告，由我去向客户道歉。"

2. 同方电脑事业部的反应

同方电脑事业部接到总裁批转的投诉信后，主管客户服务的副总经理立即给黄先生打电话了解情况，转达了同方总裁对此事的关注，对用户在购买同方电脑后的一系列遭遇表示极为关注，并保证一定在 3 天之内查清此事，处理有关责任人，并对用户的损失进行赔偿，将问题彻底解决。

3. 用户的反应

黄先生对同方总部的态度表示满意，原以为这封投诉信寄出以后，还会像以前经销商的做法一样，会拖延很久，所以他才向新闻媒体反映。如果问题能够圆满解决，他愿意向新闻媒体表达他对此事的满意态度。

4. 同方对待媒体的方式

在从用户那里得知新闻媒体即将对此事曝光的消息之后，同方电脑事业部总经理立即给《重庆晚报》编辑部打电话，表示对这件事十分关注，感谢晚报在保护消费者权益方面所做的工作，并保证尽快处理此事，给用户和新闻媒体一个满意的答复。

5. 同方电脑事业部对事件的处理

同方电脑事业部组成了由总经理牵头，包括主管客户服务的副总经理、市场部经理、销售渠道管理部经理、技术服务中心经理、质量管理部经理等人参加的临时处理小组，并做了如下分工：由副总经理负责对经销商的调查和处理，质量管理部经理负责对这一批电脑的质量进行追查，技术服务中心经理负责做好对用户的善后工作。

6. 调查结果

经过调查，同方电脑事业部最近出厂的一批真爱2000E电脑确实存在质量隐患，主板的BIOS(基本输入输出系统)管理程序存在缺陷，在一般检测环境下一切正常，但在某一特定使用条件下会出现死机现象。尽管维修服务站多次提供上门服务，更换主板，但由于是同一批货，并且使用通用的检测手段，致使没有从根本上解决问题。

此外，将电脑卖给黄先生的经销商重庆赛达电脑经营部也不是清华同方的签约代理商，属于同方代理商下属的小经销商，刚开始经销同方电脑，未经过严格培训，不熟悉同方电脑对用户的承诺和服务规范。

7. 同方对事件的处理及结果

在调查的基础上，临时小组决定立即对此事进行处理：①为黄先生立即办理退款手续，并赔偿用户的损失；②立即通过售后服务体系与已经购买这批电脑的用户联系，上门更换BIOS程序，如果用户有顾虑，可以为用户更换其他批次的电脑或者办理退货手续；③对有关经销商进行处理，责成他们向用户道歉，清除影响；④派清华同方西南大区总经理登门拜访《重庆晚报》编辑部，代表同方总裁和电脑事业部总经理，感谢新闻媒体的监督和关心，并通报清华同方对此事的处理措施和结果；⑤7月5日晚，清华同方总裁给黄先生打电话，表示对此事的歉意，感谢他对清华同方的关心和批评，并表示这件事对于清华同方改进工作起到了很好的促进作用，请他继续监督清华同方的工作；⑥7月6日，《重庆晚报》在接到了黄先生的电话之后，在“回音壁”栏目中登出了“问题已经圆满解决，黄先生对清华同方的态度和处理结果表示满意，并对本报表示感谢”的消息。

8. 清华同方举一反三

事件结束后，清华同方电脑事业部对销售体系进行了培训和检查，在流程和制度上做了进一步的改进和完善。同时，在组织结构上提高了用户投诉处理部门的级别权限，直属总经理室领导，并且扩大了人员编制，以便及时接待和处理用户投诉，每周将处理情况向总经理室报告。

问题：

1. 你认为清华同方公司售后服务的问题出在哪里？

2. 你对清华同方公司总裁的做法有何看法？

3. 本案例对你有何启示？

实训操作

【实训目标】

调研企业质量管理状况，了解企业质量管理对该企业发展的影响。

【实训内容与要求】

1. 以小组为单位设计企业质量管理调查问卷。

2. 小组选择一家中小微企业进行问卷调查。

3. 调查访问结束后，小组整理调查资料，并撰写调研报告，课堂以小组为单位进行讨论与交流，时间为2课时。文字材料整理后上交教师保存。

【实训成果与检测】

1. 教师综合以下评估打分。

(1)小组的问卷设计。

(2)小组收集的相关企业资料。

(3)小组的调研报告和课堂交流心得，要求提交书面材料(1 500字左右)。

(4)小组课堂口头表述。

(5)小组每位成员实训期间的工作表现。

2. 个人须上交的实训心得与体会。

学习笔记

项目八

现代中小微企业如何开拓市场

知识目标：

1. 了解市场营销的含义；
2. 熟悉市场营销观念的演变；
3. 掌握市场营销组合策略。

能力目标：

1. 能进行市场细分，学会选择目标市场；
2. 能运用营销组合策略开展市场营销。

素质目标：

1. 爱岗敬业、遵纪守法；
2. 培养吃苦耐劳、团结协作、勇于创新的精神。

项目任务：

1. 学习市场营销的基础知识；
2. 进行市场营销研究；
3. 制定市场营销组合策略。

扫描二维码，获取本项目的教学内容展示。

教学内容展示	预习笔记

项目导入

相关阅读

地板煮面条

2009年3月，在之江饭店举办的一次建材采购会上，一家地板销售公司的销售人员将一块新锯下的强化地板连同面条一道放在水中煮开，并当众将这碗面条吃下，围观者一时都被这一“疯狂”举动镇住了。

一年多以前，该地板销售公司就琢磨出两套营销方法，一是让重型压路机从刚铺好的地板上碾过，二是用锯下来的强化地板和面条一起煮开，当众吃掉面条。这两套方案当时被公司视为“撒手锏”，不到万不得已不拿出来用。

在许多装修户看来，该品牌的油漆并没有多乐士、立邦出名。但是从2009年的几场建材采购会的订单情况来看，“拿油漆当饮料喝”所带来的回报还是比较丰厚的。据这场建材采购会的统计数据，该品牌漆的订单数量有四五十个，不比同场竞争的其他品牌油漆差。“地板煮面条”的做法更是场场给商家带来了很高的人气，和同场竞争的其他产品相比，优势比较明显。此外，借助于互联网，“地板煮面条”等类似的宣传现场的视频正在网友中快速传播，这给企业带来的影响力虽然无法量化统计，但是可以从产品销量中得到答案。

当前的商家面临的是一个物资极丰富的商品社会，在绝大多数行业，顾客手里握有充分的商品选择权，并且现今顾客的消费态度又格外谨慎。商业营销拿什么吸引顾客成为许多商家迫切需要解决的难题。

通过本项目的学习，你能了解现代市场营销的理念，掌握如何进行市场细分、选择目标市场及制定市场营销组合策略，为中小微企业开拓市场，吸引消费者的注意力，取得比竞争对手更好的销售成绩。

扫描二维码，获取本项目的项目说明。

项目说明	预习笔记

任务1　学习市场营销的基础知识

任务分析

在掌握市场营销的具体技能之前，应先学习以下相关知识。

相关知识

一、市场营销概述

(一)市场营销的概念

所谓市场营销，指的是企业在变化的营销环境中，旨在通过变潜在交换为现实交换，满足市场需要，从而实现企业任务与目标所进行的与市场有关的一系列管理活动与业务活动。

(二)中小微企业的市场营销活动

中小微企业的整个市场营销活动过程包括三个相互连接的阶段，即企业在产品生产过程开始之前进行的产前活动、在流通领域内进行的活动及在流通过程结束后所进行的售后活动。中小微企业市场营销活动的具体内容包括市场调查、市场分析、目标市场选择、市场定位、产品决策、产品开发、产品定价、渠道选择、产品储运、产品销售、售后服务、公关工作、信息收集和反馈等。

扫描二维码，阅读市场营销概念的相关内容。

拓展阅读	学习笔记

二、市场营销观念的演变

市场营销观念的演变与发展，可归纳为以下六种。

(一)生产观念

生产观念是指导销售者行为的最古老的观念之一，产生于20世纪20年代以前。在这种观念下的企业经营哲学不是从消费者需求出发，而是从企业生产出发。其主要表现是“我生产什么，就卖什么”。生产观念认为，消费者喜欢那些可以随处买得到而且价格低廉的产品，企业应致力于提高生产效率和分销效率，扩大生产，降低成本，拓展市场。例如，烽火猎头专家认为美国皮尔斯堡面粉公司，从1869年至20世纪20年代，一直运用生产观念指导企业的经营，当时这家公司提出的口号是“本公司旨在制造面粉”。再如，美国汽车大王亨利·福特曾宣称：“不管顾客需要什么颜色的汽车，我只有黑色的。”显然，生产观念是一种重生产、轻市场营销的商业哲学。

(二)产品观念

产品观念也是一种较早的企业经营观念，产生于市场产品供不应求的“卖方市场”形势下。产品观念认为，消费者最喜欢高质量、多功能和具有某种特色的产品，企业应致力于生产高值产品，并不断加以改进。在这种观念下，企业最容易出现“市场营销近视”，即不适当地把注意力放在产品上，而不是放在市场需要上，在市场营销管理中缺乏远见，只看到自己的产品质量好，看不到市场需求在变化，致使企业经营陷入困境。

(三)推销观念

推销观念(或称销售观念)产生于20世纪20年代末至50年代初，是为许多企业所采用的另一种观念，表现为“我卖什么，顾客就买什么”。推销观念认为，消费者通常表现出一种购买惰性或抗衡心理，如果听其自然的话，消费者一般不会足量购买某一企业的产品。因此，企业必须积极推销和大力促销，以刺激消费者大量购买本企业产品。推销观念在现代市场经济条件下大量用于那些非渴求物品，即购买者一般不会想到要去购买的产品或服务。许多企业在产品过剩时，也常常奉行推销观念。

推销观念虽然比前两种观念前进了一步，开始重视广告推广与推销技术，但其实质仍然是以生产为中心。

(四)市场营销观念

市场营销观念是以满足顾客需求为出发点，即“顾客需要什么，就生产什么”。尽管这种思想由来已久，但其核心理念直到20世纪50年代中期才基本定型。当时社会生产力迅速发展，市场趋势表现为供过于求的买方市场。同时，广大居民个人收入迅速提高，有可能对产品进行选择。企业之间为实现销售产品的竞争加剧，许多企业开始认识到，必须转变经营观念，才能求得生存和发展。市场营销观念认为，实现企业各项目标的关键在于正确确定目标市场的需要和欲望，并且比竞争者更有效地传送目标市场所期望的物品或服务，进而比竞争者更有效地满足目标市场的需要和欲望。

相关阅读

本田公司的市场营销

日本本田汽车公司要在美国推出一种雅阁牌新车。在设计新车前，他们派出工程技术人员专程到美国洛杉矶地区考察高速公路的情况，实地丈量路长、路宽，采集高速公路的柏油，拍摄进出口道路的设计。回到日本后，他们专门修了一条9英里长的高速公路，就连路标和告示牌都与美国公路上的一模一样。在设计行李箱时，设计人员有意见分歧，他们就到停车场看了一个下午，看人们如何放取行李。这样一来，意见马上统一起来。结果本田公司的雅阁牌汽车一到美国就备受欢迎，甚至一度被称为“全世界都能接受的好车”。

(五)客户观念

随着现代营销战略由产品导向转变为客户导向，客户需求及其满意度逐渐成为营销战略成功的关键所在。各个行业都试图通过卓有成效的方式来了解和满足客户需求，进而实现企业目标。实践证明，不同子市场的客户存在着不同的需求，甚至同属一个子市场的客户的个别需求也会经常变化。为了适应不断变化的市场需求，企业的营销战略必须及时调整。在此营销背景下，越来越多的企业开始由市场营销观念转变为客户观念。

所谓客户观念，是指企业注重收集每一个客户以往的交易信息、人口统计信息、心理活动信息、媒体习惯信息及分销偏好信息等，根据不同客户的需求，分别为每个客户提供各自不同的产品或服务，从而确保企业的利润增长。市场营销观念强调满足每一个子市场的需求，而客户观念则强调满足每一个客户的特殊需求。

(六)社会市场营销观念

社会市场营销观念是对市场营销观念的修改和补充。它产生于20世纪70年代西方资本主义出现能源短缺、通货膨胀、失业增加、环境污染严重、消费者保护运动盛行的新形势下。社会市场营销观念认为，企业的任务是确定各个目标市场的需要、欲望和利益，并以保护或提高消费者和社会福利的方式，比竞争者更有效地向目标市场提供能够满足其需要、欲望和利益的物品或服务。社会市场营销观念要求市场营销者在制定市场营销政策时，统筹兼顾三方面的利益，即企业利润、消费者需要的满足和社会利益。

相关阅读

贝因美的社会营销

作为本土企业，贝因美集团从诞生开始，就面临着国外品牌的压力。但是，从另一方面看，贝因美也发现了巨大的市场机会。贝因美通过对市场进行认真的分析和研究，发现由于种族、地域等差异性，形成了不同的基因种群，不同的种群构成决定了人们从外界摄取营养元素的多样性和复杂性，并形成各自独具特色的种群和民族饮食文化。我国婴幼儿食品市场由于国外品牌的进入，导致产品质量和国外同类产品趋同，但作为婴幼儿食品的受体——婴幼儿本身并不存在同国外婴幼儿趋同之说。所以，适合国外婴幼儿的食品不一定适合中国的婴儿。中国家长若选用了不适合中国婴幼儿的食品，将在无形中影响中国婴幼儿的健康成长，从而带来巨大的难以弥补的影响。

贝因美了解到许多中国家长因为缺乏育儿知识方面的科学指导，并不能真正地判断什么样的食品是自己的孩子所需要的，从而影响了孩子的成长。基于此，贝因美集团既看到了机遇也感到了责任。如果能够生产出真正符合中国婴儿特质的产品，指导家长正确地养育自己的孩子，将为中国婴幼儿成长做一些实事，同时也将真正获得社会的认同，从而争取市场份额，有效地实现社会利益的同时也有效地实现企业利益。基于这样的定位，贝因美提出了“育婴工程”的概念，竭力完善这个概念的内涵和外延，并运用这个概念进行了有效的市场推广，实现了社会利益和企业利益的统一。

上述六种企业经营观的产生和存在都有其历史背景和必然性，都是与一定的条件相联系、相适应的。中小微企业为了求得生存和发展，必须树立具有现代意识的市场营销观念、社会市场营销观念。但是，必须指出的是，由于诸多因素的制约，当今中小微企业不是都树立了市场营销观念和社会市场营销观念。事实上，还有许多中小微企业仍然以产品观念及推销观念为导向。

任务深层思考

以某家中小微企业为例，分析其市场营销工作体现了哪种营销观念。

任务2　进行市场营销研究

任务分析

任何中小微企业在进行市场经营时，都必须进行市场分析，明确本企业市场在何处，为满足哪些顾客群的哪种需求而从事生产和销售。在进行市场营销研究前，必须先学习和掌握以下知识。

相关知识

一、消费者购买行为分析

购买行为通常包括两部分：一是活跃在消费品市场上的消费者行为，二是活跃在生产资料市场上的生产者行为。本任务将着重对前者进行分析。

消费者购买行为指个人、家庭为满足生活需要而发生的购买商品的决策过程和行动。消费者购买行为的形成是一个复杂的过程，受到心理因素、社会因素、经济因素之间相互促进、相互制约的影响。

(一)影响消费者购买行为的心理因素

1. 需求的层次性

在心理学中，消费者的购买行为是一种满足需要的行为。美国心理学家马斯洛将需求由较低层次到较高层次依次排列，分别是生理需求、安全需求、社交需求、尊重需求和自我实现需求五类。马斯洛需要层次论为企业提供了一个区别不同消费者可能购买什么商品的有效方法。

有的经济学家根据需要层次论，对商品进行了分类：①功能类产品，主要满足人们的物质需要的、实用性较强的产品；②渴望类产品，主要满足安全、防卫、护身的需要，大部分是日常生活用品；③地位类产品，主要显示自己所处社会地位和社会阶层归属的需要；④威望类产品，主要能够表明该产品的拥有者在某些方面的成功或具有某些方面威望的需要。

上述这些商品的分类对于中小微企业掌握商品与消费者需求之间的关系是有帮助的。中小微企业通过分析消费者不同的需求层次，可以将市场细分为若干市场，生产和出售不同品种的产品。

2. 感知的差别性

消费者产生购买动机后，其行为还要取决于对商品刺激物的感知程度。任何消费者购买商品，都要通过自己的感觉得到印象，然后用知觉进行整体反映，才能决定是否购买。所以，一切产品和广告宣传，只有通过人的感知觉，才能影响消费者的购买行为。

人们的感觉器官对客观事物的个别属性的反应能力是有很大差别的。消费者的知觉在很大程度上依赖本人的态度、知识和经验，同时也受到消费者文化、社会心理等主观的影响。

中小微企业应注意顾客在感知上的差别性，留意顾客对商品感受的反馈，如对商品性能的反映、对商品外观接触的反映、对销售渠道的反映等。

3. 态度的倾向性

态度是人们对某种事物的相对稳定的心理倾向。企业主要关心的是消费者的态度是如何形成的，以及消费者的态度包含什么内容。

消费者态度来源有三：一是与商品的直接接触，二是受他人直接、间接的影响，三是家庭教育与本人经历。

消费者态度包含信念、情感和意向，它们对购买行为都有各自的影响作用。信念是指人们认为确定和真实的事物。在实际生活中，消费者不仅根据知识，还常常是将见解和信任作为他们购买的依据。情感是指商品和服务在消费者情绪上的反应，如对商品或广告喜欢还是厌恶。情感往往受消费者本人的心理特征与社会规范影响。意向是指消费者采取某种方式行动的倾向，是倾向于采取购买行动，还是倾向于拒绝购买。消费者态度最终落实在购买的意向上。

研究消费者态度的目的在于使中小微企业充分利用营销策略，让消费者了解企业的商品，帮助消费者建立对本企业的正确信念，培养其对企业商品和服务的情感，让本企业产品和服务尽可能适应消费者的意向。

4. 学习的促动性

学习是指由经验引起的个人行为的改变。消费者在购买和使用商品的实践中，逐步获得和积累经验，并根据经验调整自己购买行为的过程。学习是通过驱策力、刺激物、提示物、反应和强化的相互影响、相互作用而进行的。

驱策力是诱发人们行动的内在刺激力量。例如，某消费者重视身份地位，尊重需要就是一种驱策力。这种驱策力被引向某种刺激物——如高级名牌西服时，驱策力就变为动机。在动机支配下，消费者需要作出购买名牌西服的反应。但是，其购买行为发生往往取决于周围的提示物的刺激(如看了有关广告、商品陈列)，他就会完成购买。如果穿着很满意的话，他对这一商品的反应就会加强，以后如果再遇到相同诱因时，就会产生相同的反应，即采取购买行为。如果反应被反复强化，久而久之，就成为购买习惯了。这就是消费者的学习过程。

中小微企业营销要注重消费者购买行为中“学习”这一因素的作用，通过各种途径给消费者提供信息(如重复广告)，目的是加强诱因，激发驱策力。同时，企业商品和提供服务要始终保持优质，消费者才有可能通过学习建立起对企业品牌的偏爱，形成其购买本企业商品的习惯。

(二)影响消费者购买行为的社会因素

1. 相关群体

相关群体是指那些影响人们的看法、意见、兴趣和观念的个人或集体。人们在消费活动中，随时随地受到相关群体的影响。

相关群体影响消费者的购买行为，一般表现为以下四个方面：一是相关群体为每个人提供各种可能选择的新的消费行为和生活方式；二是它引起人们的仿效欲望，从而影响人们对某种事物或商品的态度；三是它促使人们的行为趋于某种一致性，因而影响人们对某种商品类型的选择；四是相关群体中的意见领导者具有一定的示范作用。

中小微企业营销应该重视相关群体对消费者购买行为的影响作用，利用相关群体的影响开展营销活动，还要注意不同的商品受相关群体影响的程度不同。商品曝光率越高，受相关群体影响越大；商品越特殊、购买频率越低，受相关群体影响越大；对商品越缺乏认识，受相关群体影响越大。

2. 社会阶层

社会阶层是指一个社会按照其社会准则，将其成员划分为相对稳定的不同层次。社会阶层是影响消费者购买行为的重要因素之一。不同社会阶层的人的经济状况、价值观念、兴趣爱好、生活方式、消费特点、闲暇活动、接受的大众传播媒体等各不相同。这些都会直接影响他们对商品、品牌、商店的购买习惯和购买方式。

中小微企业营销要关注所在地区的社会阶层划分情况，针对不同的社会阶层，通过适当的信息传播方式，在适当的地点运用适当的销售方式，提供适当的产品和服务。

3. 社会文化状况

文化是人类从生活实践中建立起来的价值观念、道德、理想和其他有意义的象征的综合体。人们文化上的差异会引起行为上的差异。每个消费者都是社会的一员，其购买行为必然受到社会文化因素的影响。

中小微企业营销必须对文化予以充分的关注，研究社会文化对人们生活的影响，进一步了解不同文化群体的消费者的购买行为，便于确定目标市场，制定生产和营销策略。对于进入国际市场的产品，这种分析研究显得更为重要。

4. 家庭状况

一家一户组成了购买单位，中小微企业在企业营销中应关注家庭对购买行为的重要影响。研究家庭中不同购买角色的作用，可以利用有效营销策略，使中小微企业的促销措施引起购买者的注意，诱发主要营销者的兴趣，使决策者了解商品、解除顾虑、建立购买信心，使购买者购置方便。

家庭生命周期对消费购买也有一定的影响。中小微企业营销可以根据不同的家庭生命周期阶段的实际需要，开发产品和提供服务。

(三)影响消费者购买行为的经济因素

消费者的经济状况(如消费者的收入、存款与资产、借贷能力等)会严重影响消费者的消费水平和消费范围，并决定消费者的需求层次和购买能力。消费者经济状况较好，就可能产生较高层次的需求，购买较高档次的商品，享受较为高级的消费；相反，消费者经济状况较差，通常只能优先满足衣食住行等基本生活需求。

二、消费者购买决策过程分析

消费者的购买决策过程可以分为以下五个阶段。

(一)认知需要

消费者先要认识到自己需要某种商品的功能后，才会去选择和购买。因此，认识需要是消费者购买决策过程中的第一个阶段。在这个阶段里，消费者认识到自己的即时状态与理想状态的差距，所以就想消除这个差距。许多因素都可以使人们认识到自己的需要。当人们看到冰箱里空了时，就会去买蔬菜、水果、饮料等，甚至空了的酱油瓶和醋瓶也会引起人们认识到需要一瓶新的酱油和一瓶新的醋。正是因为许多因素都可以激发人们的认知需要，所以进行市场营销的中小微企业可以通过广告来激发人们对新产品的需要，从而使他们放弃那些老的产品或者是在市场上已经没有竞争力的产品。

(二)信息搜索

消费者认识到自己的需要以后，便会自动地进入购买决策过程中的另一个阶段——信息搜索阶段。当然，对于反复购买的商品，消费者会越过信息搜索阶段，因为所需信息已被消费者通过过去的搜索而掌握。对一个消费者来说，越贵的商品越能使其重视信息搜索。

(三)评估选择

消费者根据所掌握的信息，分析、对比、评价商品，作出选择。通常会有一项是促成消费者决策的主要因素，这项因素被称为决定性因素。

决定性因素依商品的种类和消费者的感觉、生活方式、态度、需要等诸多方面的因素而变化。例如，当一位公司高级职员要买一块与他的地位相称的手表时，他一般会去买名牌手表，这时的品牌就是他评价与选择的决定性因素。再如，一位爱吃辣椒的消费者买零食，那么带辣味儿的食品就是他的首选，而品牌有可能不是他关注的要点。有时决定性因素并不止一个，可以是两个同样重要的因素。

对中小微企业来说，使某种商品具有独一无二的特色并不是工作的全部，要紧的是这个特色必须与消费者眼里的决定性因素结合起来，这样才能吸引消费者并满足消费者的迫切需要。实际上，这种思想已经被许多中小微企业利用，这些企业在广告中不断地宣传产品的迎合消费者决定性因素的功能。

(四)购买决定

消费者经过信息搜索，对产品进行评价与选择后就会作出购买决定。当然，消费者也可能因为评价与选择过程中的问题推迟或取消购买的决定，消费者购买的决策过程处于停滞状态。这时，参与营销的企业对消费者的购买决定基本不会再有太大的影响。因为消费者一旦作出购买决定，剩下的只是完成交易，也就是付款、提货或安排交货地点等事宜。

(五)购后评估

将商品买回家以后，消费者的购买决策过程还没有终止，因为在最初使用商品的过程中，消费者会以购前的期望为标准来检查与衡量自己买回来的商品。

中小微企业应注意经常征求消费者的意见，强化售后服务，及时采取有效措施减少购买者不满意的地方。

三、市场分析与定位

(一)市场调查

1. 市场调查的含义

中小微企业要想了解、确定消费者的需求，把握自己产品的生产方向，知晓新产品的受欢迎程度，迅速获取准确的信息，就必须进行市场调查。市场调查就是运用科学的方法，系统、有计划、有目的地收集、记录、整理、计算、分析市场需求变化，以及与此有关的各种资料、情报、信息等一系列活动的总称。

2. 市场调查的内容

市场调查的内容非常广泛，如市场环境调查、市场状况调查、销售可能性调查，还可对消费者及消费需求、企业产品、产品价格、影响销售的社会和自然因素、销售渠道等开展调查。

一般来说，可以将市场调查分为以下两种。

(1)市场营销宏观环境的分析。宏观营销环境是指对企业市场营销产生基础性影响的总体社会力量。宏观环境是企业的不可控因素，企业只能因势利导，能动适应。

宏观营销环境主要包括以下几个方面。

①人口环境。市场是由具有购买欲望与购买能力的人构成的，人口规模决定着市场的潜力。因此，中小微企业要研究人口的规模、结构、变动趋势等。

②经济环境。购买力是决定市场的重要因素。因此，中小微企业要研究市场，就必须研究消费者收入与支出结构、储蓄与信贷等情况。

③自然环境。自然环境主要包括地理与气候的特点和变化、物质资源的丰裕程度、环境保护等因素。

④技术环境。高新技术的发展而引起的对老产品的淘汰与对新产品的渴望和需求等。

⑤政治与法律环境。它包括政府政策、法律约束等对产品生产和销售的影响。

⑥社会与文化环境。它包括社会的价值观、社会习俗、文化氛围等对市场营销的影响。

(2)市场营销微观环境的分析。微观营销环境是指影响企业营销能力和效率的各种因素的总和。

微观营销环境主要包括以下几个方面。

①市场需求调查。市场需求调查主要包括消费者需求量调查、消费者收入调查、消费结构调查、消费者行为调查。具体为消费者为什么购买、购买什么、购买数量、购买频率、购买时间、购买方式、购买习惯、购买偏好和购买后的评价等。

②市场供给调查。市场供给调查主要包括产品生产能力调查、产品实体调查等。具体为某一产品市场可以提供的产品数量、质量、功能、型号、品牌等。

③市场营销因素调查。市场营销因素调查主要包括产品、价格、渠道和促销的调查。产品调查主要包括了解市场上新产品开发的情况、设计的情况、消费者使用的情况、消费者的评价、产品生命周期阶段、产品的组合情况等；价格调查主要包括了解消费者对价格的接受情况、对价格策略的反应等；渠道调查主要包括了解渠道的结构、中间商的情况、消费者对中间商的满意情况等；促销调查主要包括各种促销活动的效果，如广告实施的效果、人员推销的效果、营业推广的效果和对外宣传的市场反应等。

④市场竞争情况调查。市场竞争情况调查主要包括对竞争企业的调查和分析，了解同类企业的产品、价格等方面的情况，以及其采取了什么竞争手段和策略。通过调查，做到知己知彼，以此确定本企业的竞争策略。

(二)市场细分

1. 市场细分的含义

所谓市场细分，是指按照消费者需求的差异性把某一产品的整体市场划分为若干子市场的过程。每个子市场都是由一群具有相同或相似的需要与欲望、购买行为或购买习惯的消费者所组成。属于不同子市场的消费者之间具有明显的差别。

2．市场细分的步骤

市场细分包括以下几个步骤。

(1)依据需求选定产品市场范围。每一个中小微企业，都有自己的任务和追求的目标，作为制定发展战略的依据。它一旦决定进入哪一个行业，接着便要考虑选定可能的产品市场范围。产品市场范围应以市场的需求而不是产品特性来决定。比如，一家建筑公司打算建造一幢简朴的小公寓。从产品特性如房间大小、简朴程度等角度出发，它可能认为这幢小公寓是以低收入家庭为对象的。但从市场需求的角度来分析，许多并非低收入的家庭也是潜在顾客。举例来说，有的人收入并不低，市区已有宽敞舒适的居室，但又希望在宁静的乡间再有一套房子，作为周末生活的去处。所以，建筑公司要把这幢普通的小公寓看作整个住宅出租业的一部分，而不应孤立地看成只是提供低收入家庭居住的房子。

(2)列举潜在顾客的基本需求。选定产品市场范围以后，公司的市场营销专家们可以通过头脑风暴法，从地理、行为和心理变数几个方面，大致估算潜在的顾客有哪些需求。这一步能掌握的情况有可能不那么全面，但却为以后的深入分析提供了基本资料。比如，这家建筑公司可能会发现，人们希望小公寓住房满足的基本需求包括遮风避雨，停放车辆，安全，经济，设计良好，方便工作、学习与生活，不受外来干扰，足够的起居空间，满意的内部装修、公寓管理和维护等。

(3)分析潜在顾客的不同需求。对于列举出来的基本需求，不同顾客的侧重点可能会存在差异。比如，经济、安全、遮风避雨是所有顾客共同强调的，但有的用户可能特别重视生活的便利，有的用户则对环境的安静、内部装修等有很高的要求。通过这种差异比较，不同的顾客群体即可初步被识别出来。

(4)排除潜在顾客的共同要求，而以特殊需求作为细分标准。上述所列购房的共同要求固然重要，但不能作为市场细分的基础。遮风避雨、安全是每位用户的要求，就不能作为细分市场的标准。

(5)根据潜在顾客基本需求上的差异，将其划分为不同的群体或子市场，并赋予每一个子市场一定的名称。例如，把购房的顾客分为好动者、老成者、新婚者、度假者等多个子市场，并据此采用不同的市场营销策略。

(6)进一步分析每一个细分市场需求与购买行为特点，并分析其原因，以便在此基础上决定是否可以对这些细分出来的市场进行合并，或作进一步细分。比如，新婚者与老成者的需求差异很大，应当作为两个分市场。同样的公寓设计，也许能同时迎合这两类顾客，但对他们的广告宣传和销售方式可能不同。中小微企业要善于发现这些差异。

(7)估计每一个细分市场的规模。在调查基础上，估计每一个细分市场的顾客数量、购买频率、平均每次的购买数量等，并对细分市场的产品竞争状况及发展趋势进行分析。

以上步骤基本决定了各分市场的类型。企业应把每个分市场同人口变数结合起来分析，以测量各分市场潜在顾客的数量。中小微企业进行市场细分，是为了寻找获利的机会，这又取决于各分市场的销售潜力。因此，引入人口变数是十分必要的。

3．市场细分的标准

消费者市场细分标准可归纳为地理因素、人口因素、心理因素和行为因素四类。这些因素中有些相对稳定，但多数则处于动态变化中。

(1)地理因素。地理因素即按照消费者所处的地理位置、自然环境细分市场，具体变量包括国家、地区、城市规模、不同地区的气候及人口密度等。处于不同地理位置和环境下的消费者，对同一类产品往往会呈现差别较大的需求特征，对企业营销组合的反应也存在较大的差别。例如，我国茶叶市场，各地区就有不同的偏好，绿茶主要畅销于江南各省，花茶主要畅销于华北、东北地区，砖茶则主要为某些少数民族地区所喜好。

(2)人口因素。人口因素是指各种人口统计变量，包括年龄、婚姻、职业、性别、收入、教育程度、家庭生命周期、国籍、民族、宗教、社会阶层等。不同年龄、受教育程度不同的消费者在价值观、生活情趣、审美观念和消费方式等方面会有很大的差异，因而对同一产品会产生不同的消费需求。例如，中国出口到日本的地毯尺寸不可太大，而出口到欧美等国的地毯尺寸就可适当加大。

(3)心理因素。人们发现按照上述标准划分出来的同一群体消费者，对同类产品的喜好程度也存在一定的差异性，原因之一就是不同心理特征所起的作用。心理因素非常复杂，包括生活方式、个性、购买动机、价值取向及对商品供求局势和销售方式的感应程度等变量。

(4)行为因素。行为因素即按照消费者的购买行为来细分市场，包括消费者进入市场的程度、使用频率、偏好程度等变量。许多产品可以按消费者进入市场的程度不同，分为常规消费者、初次消费者和潜在消费者。一般来说，具有较高市场占有率的企业，往往更重视将潜在消费者细分出来，使之成为现实的用户。而小企业则较重视对现有消费群的开发，力图使自己的产品比竞争者更有吸引力。对于常规消费群，可以根据消费者对特定商品的使用次数和数量，划分为大量使用、中量使用和少量使用的消费群。

根据消费者对品牌忠诚度不同，可以划分为绝对品牌忠诚者、多种品牌忠诚者和无品牌偏好者。对前两者占较大或很大比重的市场，其他企业很难进入，即使进入也难以提高市场占有率；而对无品牌偏好者占较大比重的市场，中小微企业应重新定位并调整市场策略，以扩大销售。

4. 市场细分的方法

(1)单一因素法。即选用某一单个因素进行市场细分。1978年，资生堂公司在日本对化妆品市场进行调查以后，依据年龄因素，把潜在消费者分为四类：第一类是15～17岁的女孩子，讲时髦、好打扮，对化妆品的需要意识很强烈，但购买的往往是单一的化妆品；第二类是18～24岁的姑娘，对化妆品很关心并采取积极的消费行为，只要中意，价格再高也在所不惜，往往成套购买化妆品；第三类是25～34岁的青年女性，多数已婚，对化妆品的需求心理和消费行为虽然有所变化，但化妆却仍然是她们的生活习惯；第四类是35岁以上的女性，分为积极派和消极派，但也显示了对单一化妆品的需要。这样就区分出了四个不同的细分市场。

(2)综合因素法。即运用两个以上的因素同时从多个角度进行市场细分。这种方法适于消费者需求差别情况较为复杂，要从多方面去分析、认识的场合。

(3)系列因素法。即运用两个以上因素且根据一定顺序逐次细分市场。细分的过程也就是一个比较、选择细分市场的过程，下一阶段的细分在上一阶段选定的细分市场中进行。

(三)目标市场选择

1. 目标市场的含义

目标市场是指中小微企业为满足现实的或潜在的需求而开拓的市场，即企业决定要进入的市场。选择目标市场必须以市场细分为基础。目标市场是一切营销活动的中心点，是中小微企业制定营销策略的基本出发点，满足目标市场需求是实现企业市场营销目标的前提。

2. 目标市场应具备的条件

一般来说，企业应对考虑进入的目标市场作以下几方面的评估。

(1)有一定的市场规模和增长潜力。适当规模是与企业规模和实力相适应的。较小市场对于大企业，不利于充分利用企业生产能力；而较大市场对于小企业，不能满足较大市场的有效需求或难以抵御较大市场上的激烈竞争。增长的潜力是要有尚未满足的需求，有充分发展的潜力。

(2)细分市场结构，有足够的市场吸引力。吸引力主要是指从获利的角度看市场长期获利率的大小。市场可能具有适当规模和增长潜力，但从利润立场来看不一定具有吸引力。波特认为有五种力量决定整个市场或其中任何一个细分市场的长期的内在吸引力，即同行业竞争者、潜在的新参加的竞争者、替代产品、购买者和供应商。细分市场可能具备理想的规模和发展特征，然而从盈利的观点来看，它未必有吸引力。中小微企业必须充分估计这五种因素对长期获利率造成的影响，预测各细分市场的预期利润。

(3)符合企业的目标和资源。某些细分市场虽然有较大吸引力，但不能推动中小微企业实现发展目标，反而会分散企业的精力，使之无法完成其主要目标，这样的市场应考虑放弃。另外，还应考虑中小微企业的资源条件是否适合在某一细分市场经营。只有选择那些企业有条件进入、能充分发挥其资源优势的市场作为目标市场，企业才会立于不败之地。

因此，中小微企业选择目标市场必须考虑：第一，是否符合企业的长远目标，如果不符合就只有放弃；第二，企业是否具备了在该市场竞争所需的技术和资源，如企业的人力、物力、财力等，如果不具备，也只能放弃。但是，企业仅拥有必备的力量是不够的，还必须具备优于竞争者的技术和资源，具有竞争的优势，才适宜进入该细分市场。

3. 目标市场的范围选择策略

中小微企业在对不同细分市场评估后，就必须对进入哪些市场和为多少个细分市场服务作出决策。一般来说，中小微企业在选择目标市场时，可采用的范围策略归纳起来有五种，如图 8-1 所示。

(1)单一市场集中。这是一种最简单的目标市场模式。中小微企业选择一个细分市场，生产一种产品，供应单一的顾客群，进行集中营销。例如，大众汽车公司集中经营小汽车市场，通过密集营销，公司更加了解本细分市场的需要，并树立了特别的声誉，在该细分市场建立了牢固的市场地位。另外，公司通过生产、销售和促销的专业化分工，也获得了许多经济效益。如果细分市场补缺得当，公司的投资便可获得高报酬。但密集市场营销比一般的市场营销风险更大。

(2)产品专门化。产品专门化是指企业集中生产一种产品，公司向各类顾客销售这种产品。例如，显微镜生产商向大学实验室、政府实验室和工商企业实验室销售显微镜。公

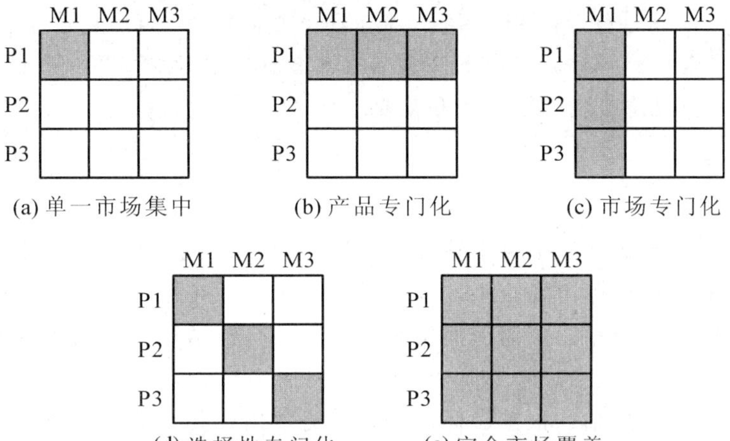

(a) 单一市场集中　(b) 产品专门化　(c) 市场专门化

(d) 选择性专门化　(e) 完全市场覆盖

图 8-1　目标市场选择的五种模式

司准备向不同的顾客群体销售不同种类的显微镜，而不生产实验室可能需要的其他仪器。中小微企业可以通过这种战略，在某个产品方面树立很高的声誉。这种策略的局限性是当该领域为一种全新的技术与产品所代替时，产品销售量有大幅度下降的风险。

(3)市场专门化。市场专门化是指企业专门为满足某个顾客群体的各种需要而服务。例如，公司可为大学实验室提供一系列产品，包括显微镜、示波器、化学烧瓶等。公司专门为这个顾客群体服务，而获得良好的声誉，并成为这个顾客群体所需各种新产品的销售代理商。市场专门化经营的产品种类众多，能有效地分散经营风险。但由于集中于某一类顾客，当这类顾客的需求下降时，企业也会遇到收益下降的风险。

(4)选择性专门化。选择性专门化是指企业选择若干个细分市场，其中每个细分市场在客观上都有良好的盈利潜力和结构吸引力，并且符合公司的目标和资源。各细分市场之间很少有或者根本没有任何联系，但每个细分市场都有可能盈利。这种多细分市场目标优于单细分市场目标，因为这样可以分散公司的风险，即使某个细分市场失去吸引力，公司仍可继续在其他细分市场获取利润。采用选择性专门化模式的中小微企业应具有较强资源和营销实力。

(5)完全市场覆盖。完全市场覆盖是指公司想用各种产品满足各种顾客群体的需求。一般来说，只有实力雄厚的大公司才能采用完全市场覆盖战略，如国际商用机器公司(计算机市场)、通用汽车公司(汽车市场)和可口可乐公司(饮料市场)等。

相关阅读

割草机的市场

江苏技术进出口公司于 1996 年赴美投资考察，发现国际市场对自动化、智能化程度低的割草机的需求很大并呈现供不应求之势。其中，美国的草地机械市场需求高达 70 亿美元。但其制作工艺滞后于其他产业 20 年，是美国唯一没有电子技术的行业。

江苏技术进出口公司瞄准这一市场空白，联合南京理工大学，共同研制开发出三代三类割草机，在美国申请了 19 项专利，投资建立舒泰克公司。产品很快打开市场，一年销售割草机15万台，2000年上半年仅带动出口就达368万美元。

由此可见，再完善、再成熟的市场也都存在各种各样的市场“缝隙”。经营机会随处可见，关键在于人们是否能够去探求和发现。

(四)市场定位

1. 市场定位的概念

中小微企业在选定目标市场营销策略后，还必须制定和实施定位策略。也就是说，中小微企业不管采取何种目标市场策略，都必须进一步考虑在拟进入的一个或多个细分市场中推出具有何种特色的产品，应当作何种努力使产品与营销组合在消费者心目中占据特定的位置。

所谓市场定位，就是企业根据目标市场上的竞争情况和企业自身条件，确定本企业及产品在消费者心中的地位，使产品具有一定特色，适合一定顾客的需要和偏好，并与竞争者的产品有所区别。例如，汰渍被定位成一种强力、全能的家用洗衣粉，麦当劳(金拱门)被定位为大众化快餐等。从上述定义可以看出，市场定位的主要作用在于借助确定产品或品牌的竞争优势，着重推出与竞争产品和品牌不同的产品以满足消费者的利益，从而更有效地吸引该细分市场中的消费者，尤其是有利于他们迅速作出购买决策，重复购买本企业的产品。

2. 市场定位的方式

市场定位作为一种竞争策略，显示了一种产品或一家企业同类似的产品或企业之间的竞争关系。定位方式不同，竞争态势也不同。以下分析四种主要的定位方式。

(1)“针锋相对式”定位策略。“针锋相对式”定位策略又称竞争性定位策略，是指企业选择在目标市场上与现有的竞争者接近或重合的市场定位，要与竞争对手争夺同一目标市场的消费者。

实行这种定位策略的企业，必须具备以下条件：①能比竞争者生产出更好的产品；②该市场容量足以吸纳两个以上竞争者的产品；③比竞争者有更多的资源和更强的实力。

第二次世界大战后，百事可乐采取了“针锋相对式”定位策略，专门与可口可乐竞争。多年来，这两家公司为争夺市场而展开了激烈竞争，并以相互间的激烈竞争作为促进自身发展的动力及最好的广告宣传。

(2)“填补空隙式”定位策略。“填补空隙式”定位策略也称避强定位策略，是指企业尽力避免与实力较强的其他企业直接发生竞争，寻找新的尚未被占领的，但又为许多消费所重视的市场进行定位。例如，“金利来”进入中国内地市场时，就是填补了男士高档服装的空位。

通常在两种情况下适用这种策略：一是这部分潜在市场即营销机会没有被发现，在这种情况下，企业容易取得成功；二是许多企业发现了这部分潜在市场，但无力去占领，这就需要有足够的实力才能取得成功。

由于这种定位方式市场风险小、成功率高，常常为多数中小微企业所采用。

(3)“另辟蹊径式”定位策略。当企业意识到自己无力与强大的同行竞争者相抗衡，获得绝对优势地位时，可根据自己的条件取得相对优势。即突出宣传自己与众不同的特色，在某些有价值的产品属性上取得领先地位。例如，“七喜”汽水突出宣传自己不含咖啡因的特点，成为非可乐型饮料的领先者。

(4)重新定位策略。对销路少、市场反应差的产品进行二次定位就是重新定位策略。采用这种策略的企业必须改变目标消费者对其原有的印象，使目标消费者对其建立新的认识。一般情况下，这种定位的目的是使企业摆脱困境，重新获得增长与活力。例如，美国强生公司的洗发液由于产品不伤皮肤和眼睛，最初定位于婴儿市场，当年曾畅销一时。后来由于人口出生率下降，婴儿减少，产品逐渐滞销。经过分析，该公司决定重新将产品定位于年轻女性市场，突出介绍该产品能使头发松软、富有光泽等特点，再次吸引了大批年轻女性。

3. 市场定位策略

差别化是市场定位的根本战略，具体表现在以下四个方面。

(1)产品差别化战略。该战略是从产品质量、产品款式等方面实现差别。寻求产品特征是产品差异化战略经常使用的手段。在全球通信产品市场上，各家企业不断地为自己的产品注入新的特征，使其产品科技走在市场的前列，吸引顾客，赢得竞争优势。实践证明，某些产业特别是高新技术产业，哪一个中小微企业掌握了最尖端的技术，率先推出具有较高价值的产品创新特征，谁就能将其发展成为一种十分有效的竞争优势。

(2)服务差别化战略。该战略是向目标市场提供与竞争者不同的优异服务。企业的竞争力越能体现在顾客服务水平上，市场差别化就越容易实现。如果企业把服务要素融入产品的支撑体系，就可以在许多领域建立进入障碍。因为服务差别化战略能够提高顾客总价值，保持牢固的顾客关系，从而击败竞争对手。这种战略在各种市场状况下都可以应用，尤其在饱和的市场上。

(3)人员差别化战略。该战略是通过聘用和培训比竞争者更为优秀的人员以获取差别优势。实践证明，市场竞争归根结底是人才的竞争。因此，中小微企业要高度重视人才资源，强化员工培训，提高员工综合技能，以便提升其发展空间。

(4)形象差别化战略。该战略是在产品的核心部分与竞争者类同的情况下塑造不同的产品形象，以获取差别优势。为企业或产品成功地塑造形象，需要具有创造性的思维和设计，需要持续不断地利用企业所能利用的所有传播工具。将具有创意的标志融入某一文化的气氛，也是实现形象差别化的重要途径。麦当劳(金拱门)的金色模型“M”标志，与其独特文化气氛相融合，使人无论在美国纽约、日本东京还是中国北京，只要一见到这个标志就马上联想到麦当劳舒适宽敞的用餐环境、优质的服务和香脆的炸鸡。

任务深层思考

以某家中小微企业为例，分析其如何进行市场定位。

任务3　制定市场营销组合策略

任务分析

中小微企业选定目标市场后，必须采取有效的营销组合策略去开发与占领目标市场，构建本企业的竞争优势。通过学习以下相关知识，掌握市场营销组合的“4P”理论，并能制定中小微企业的市场营销方案。

相关知识

一、市场营销组合的含义

市场营销组合是指企业针对目标市场，综合运用各种可能的市场营销策略和手段，组合成一个系统化的整体策略，以达到企业的经营目标，并取得最佳的经济效益。一个中小微企业在运用系统方法进行营销管理时，管理人员应针对不同的内外部环境，把各种市场手段，包括产品设计、定价、分销路线、人员推销、广告和其他促进销售的手段，进行最佳的组合，使它们互相配合起来，综合地发生作用。

二、市场营销组合的基本决策构架

市场手段和营销因素多种多样，细分起来十分复杂。人们为了便于分析利用，提出各种分类方法，其中以美国营销学学者杰罗姆·麦卡锡教授的分类法最为流行。他把各种因素分为四大类，即产品(Product)、分销渠道(Place)、促销(Promotion)和价格(Price)。这四种营销因素的组合，因其英文字头都是“P”，所以称为“4P”，营销因素组合就是“4P”组合。此后，一些营销学者又先后提出用“6P”理论代替“4P”理论，从“4P”转向“6P”。这些反映了市场营销理论的发展。但时至今日，“4P”理论仍是指导营销实践最基本、最实用的理论。

(一)产品策略

产品策略是市场营销组合的第一大要素，价格、分销、促销三个要素都是以产品策略为基础的。产品策略是指作出与企业向市场提供的产品有关的策划与决策。

1. 产品整体概念

现代市场营销学认为，产品是指人们向市场提供的能满足消费者某种需求的任何有形物品与无形服务，这就是产品整体概念。产品整体概念由五个基本层次构成，即核心产品层、形式产品层、期望产品层、延伸产品层和潜在产品层，如图8-2所示。

(1)核心产品。它是指产品能向消费者提供的基本利益和效用。用户购买某个产品，并不是为了占有这个产品本身，而是为了满足某种需要。例如，人们购买洗衣机并不是为了获得装有某些机械、电器零部件的铁盒，而是为了这种装置能代替人力洗衣服，从而满足减轻家务劳动的需要。

(2)形式产品。它是核心产品功能借以实现的形式，即向市场提供的实体和服务的外

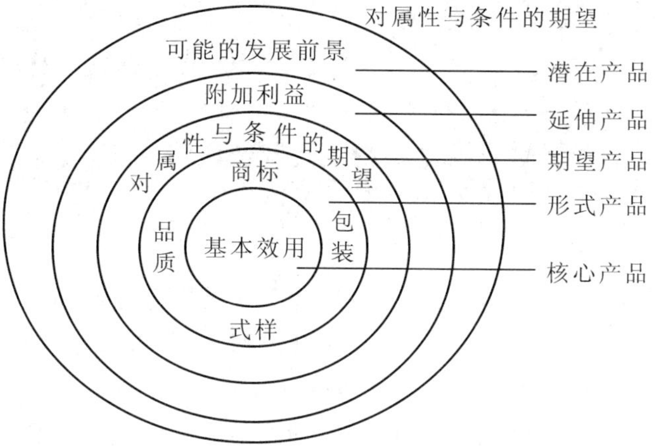

图 8-2　产品整体概念的层次

在形象。形式产品具有质量水平、特色、款式、品牌名称及包装五个特征。例如，计算机是泛指延伸人脑计算能力的一类产品，而戴尔计算机便是一件实际产品。它的名称、零部件、式样、特色包装和其他的特征，经过精心的组合，形成了它的核心利益——优质的计算机。

(3)期望产品。购买者购买产品时，通常期望得到和默认得到的与产品相关的一系列基本属性和条件。例如，乘坐飞机希望安全、准时，购买电子产品希望款式新颖、功能齐全。

(4)延伸产品。它是指提供者提供产品时增加的全部附加服务和利益。例如，由于客户购买计算机并不仅仅是购买计算工具，而是购买解决问题的服务，美国 IBM 公司立即向客户提供一整套体系，不仅包括硬件，也包括软件及使用和维修等一系列附加服务。正是这种系统销售的概念，帮助 IBM 公司在竞争中占据了领先的位置。

(5)潜在产品。它是指现有产品可能发展的前景，包括现有产品的所有延伸和演进部分，最终可能发展成为未来产品的潜在状态的产品。

相关阅读

今麦郎弹面

多年前，今麦郎曾是华龙方便面进军城市市场的新品牌。农村市场和城市市场对方便面品质的要求不一样。在农村市场，吃方便面主要图便宜、方便和填饱肚子。在城市市场，消费者对面的质感、口感、心理感受尤为看重。因此，今麦郎尊重城市消费者的口味，实现产品技术升级，坚决区别于原来农村市场的产品。在华龙展示的各种面粉证书及专业人员对各类面粉所做的细致介绍中，市场策划人员发现，“筋道”是北方人对好面的最高评价，具有不易被拉断、不易煮烂的特点。因此，今麦郎一定要用最好的面粉，将“筋道”发挥到极致。通过调查，“筋道”属于北方方言，在北方极为通俗，但不便于全国推广。为了更好地感受高品质方便面的口感、质感，市场专家决定“以身试面”。随后几天，他天天吃方便面，买各类高质方便面吃。最后发现，越是耐煮、耐泡的方便面，质量就越好，卖得也越好，而这一切都是由面的韧性决定的。因此，韧性成为消费者购买方便面的一大标准。在反复的试验中发现，“弹”最能给人高品质感，也最能表现面的韧性，最后提出了“弹面”的概念。消费者，尤其是青少年，对弹面都非常感兴趣，他们认为“弹面”一定比其他面质量更好，而且吃弹面应该比吃一般的方便面更有趣，能够从中获得娱乐感。弹面在获得调查认可的基础上一经生产上市，在当时便获得了方便面市场上的较高占有率。

2. 产品组合策略

产品组合策略是指在产品组合的宽度、深度和相关性等方面作出的筹划与安排。产品组合策略对市场营销具有重要的作用。产品组合策略主要有以下三种。

(1)扩大产品组合策略。扩大产品组合策略是指扩大产品组合宽度和深度的策略，具体包括三种策略：①垂直多样化策略，即不增加产品线宽度，只增加产品线深度，增加新品种；②相关系列多样化策略，即按照产品组合相关化原则，增加新的产品线；③无关联多样化策略，即拓展与原产品线不相关的新产品线。

(2)缩减产品组合策略。缩减产品组合策略是指减少产品组合宽度和深度的策略，具体包括两种策略：①有限产品线策略，即减少产品线，将生产经营集中在尽可能少的产品线上，实行专业化生产与经营；②合并产品项目策略，即将两种以上不同功能的产品合成一种产品，实行产品的多功能化，以节省生产成本和顾客的购买成本。

(3)产品延伸策略。产品延伸策略是指全部或部分地改变企业原有产品的市场定位，具体包括三种策略：①向下延伸策略，即企业原来生产高档产品，后来决定增加低档产品，它可以利用高档产品的声望来扩大销售，但也存在毁掉高档产品名声的风险；②向上延伸策略，即原来生产经营低档产品的企业，渐次增加高档产品，用以提高企业产品的声誉，它可以增加盈利，但也存在顾客怀疑其高档产品质量的风险；③双向延伸策略，即企业原来生产中档产品，同时向高档与低档两个方向延伸，它有利于扩大产品的销售量，占领更大的市场，但不利于打造品牌。

3. 品牌和包装策略

(1)品牌和商标策略。当前市场的商品竞争的一个重要趋势是由价格竞争转向商品价值竞争。塑造品牌则是商品价值竞争的一个撒手锏。因此，品牌策略对企业而言是至关重要的。

品牌是产品的名称标识及其在消费者心目中树立的一种美好形象。品牌或品牌的一部分在政府有关部门依法注册并取得专用权后，称为商标。

品牌和商标策略包括：①品牌有无策略，即决定是否为本企业的产品塑造一个品牌，塑造品牌要有相当的支出，但同时也能带来巨大的利益；②品牌使用者策略，企业可以有三种选择，一是决定使用本企业的品牌，二是使用中间商的品牌，三是不同产品分别使用本企业的品牌和中间商的品牌；③品牌统分策略，该策略解决一个企业同时生产经营许多不同类别、规格和质量的产品是全部使用统一的品牌，还是分别使用不同的品牌的问题，一般有三种选择，一是不同产品分别使用不同的品牌，二是所有产品都使用统一的品牌，三是各种产品使用不同的品牌，但前面都冠以本企业的名称；④品牌拓展策略，该策略利用本企业成功品牌的声誉来推出改良产品或新产品；⑤品牌重新定位策略，由于消费者偏好变化等，品牌需要重新定位，重新定位时一定要考虑成本与风险；⑥多品牌策略，该策略是指同一企业在同一种产品上设立两个或多个品牌，甚至设立相互竞争的品牌，目的在于吸引消费者、开拓不同市场、鼓励内部竞争等。

(2)包装策略。消费者越来越重视产品的外观价值和精神价值，使得产品包装越来越受到重视，包装策略已成为市场营销的重要策略。

包装策略主要有：①统一包装策略，即企业生产经营的产品采用统一的包装，这有利于树立产品与企业的形象；②差异包装策略，即同一个企业的各种产品采用不同的包装，以利于吸引消费者和分散企业风险；③配套包装策略，即把几种消费上相关联的产品放在一个特制的包装物中销售，以方便顾客购买与使用；④分档包装策略，即按照不同顾客的购买力水平或不同的购买目的，对同一产品采取不同档次的包装；⑤附赠品包装策略与多用途包装物策略，即顾客除了获得所购买的商品外，还可以得到附加利益。

4. 产品生命周期各阶段营销策略

(1)介绍期营销策略。介绍期是指新产品刚投入市场的阶段。在该阶段，顾客对产品不了解，企业支出大量的促销费用，但销售量增长缓慢，效益不高。

对于处在介绍期的产品，企业可采取的策略包括：①快速撇脂策略，即企业以高价格、高促销费用推出新产品，目的在于尽快收回投资；②缓慢撇脂策略，即企业以高价格、低促销费用推出新产品，寻求以尽可能低的代价取得尽可能大的收益；③快速渗透策略，即企业以低价格、高促销费用推出新产品，以争取迅速占领市场，然后再寻求规模效益；④缓慢渗透策略，即企业以低价格、低促销费用推出新产品，以扩大销售，减少支出，增加盈利。

(2)成长期营销策略。当顾客开始接受新产品时，该产品进入成长期。在该阶段，销售额与利润均快速增长。

成长期的营销策略包括：①改进产品策略，根据消费者的需求，提高产品质量，增加新的功能、特色和款式；②开拓新市场策略，积极开拓新的子市场，增加新的分销渠道；③塑造品牌策略，广告宣传的重点应从新产品转向塑造本企业产品的品牌；④适当降价策略，在适当时机降低价格，既可以吸引价格敏感型顾客，又可以阻止新的竞争者进入。

(3)成熟期营销策略。当市场需求趋于饱和时，该产品进入成熟期。在该阶段，竞争十分激烈，销售额增长缓慢直至下降，利润下降。

成熟期的营销策略包括：①调整市场策略，即寻找新的子市场和营销机会；②调整产品策略，即通过改进产品质量和款式，增加产品功能来吸引顾客；③调整营销组合策略，即通过调整产品、定价、渠道和促销等市场营销组合来刺激顾客购买。

(4)衰退期营销策略。随着新产品的出现或消费者需求的下降，销售额与利润急速下降，该产品进入衰退期。在该阶段，企业要决策何时退出市场。

衰退期的营销策略包括：①维持策略，即用原营销组合，在原市场上继续维持；②集中策略，即将营销力量与资源集中于最有利的子市场或分销渠道，再争取一些利润；③收缩策略，即大幅度降低营销费用，以增加目前利润；④放弃策略，即当机立断，放弃经营，转战新的市场或项目。

(二)价格策略

价格策略主要指中小微企业如何估量顾客的需求与分析成本，以便选定一种吸引顾客、实现市场营销组合的价格。值得注意的是，价格的市场反应是消费者关于产品质量与品牌定位的重要信息，价格如果得不到消费者的认可，营销组合的其他努力就会失效，因为价格是消费者对市场营销组合感到满意时愿意支付的数额大小。

价格策略主要是考虑与定价有关的内容，包括价格水平、折扣价格、折让、支付期限、商业信用条件等相关问题。

1. 定价策略

定价策略是企业在定价目标的指导下，根据产品特征和市场条件，运用具体的定价方法，对产品价格进行决策。

中小微企业常用的定价策略有以下几种。

(1)心理定价策略。这是针对顾客的心理需求与特点，制定令顾客愿意接受的价格的一种策略。它主要包括：①整数定价，它便于消费者分清档次，作出购买决定，适用于高档豪华的商品；②尾数定价，又称奇数定价，就是给商品定一个带有零头数结尾的非整数价格，因为消费者对非整数有一种信任感和便宜感，给人一种经过精确计算和低一级数目的感觉，顺应了消费者求廉、求实的心理；③习惯定价，某些常用消费品，如肥皂、火柴等的价格，在消费者心目中已形成习惯心理，其价格稍作变动便会影响其购买，因此，企业可通过降低费用、加强管理等措施，来维持此类商品价格不变；④寓意定价，由于消费者对某些数字的谐音有着不同的理解，或者有不同的风俗习惯用法，定价时应尽量采用消费者认为有好兆头的数字定价；⑤招徕定价，零售商利用部分顾客求廉的心理，特意将某几种商品的价格定得较低以吸引顾客，如某些商店每天都有一两种商品降价出售，吸引顾客经常来采购廉价商品，同时也选购其他正常价格的商品。

(2)优惠折扣定价策略。这是为了鼓励顾客早付款或大量购买，给顾客一些价格折扣与优惠的一种策略。它主要包括：①现金折扣，即对于一次性付清货款的顾客给予折扣奖励；②数量折扣，即根据顾客的购买数量不同给予相应的价格折扣，购买数量越大，折扣越大；③季节折扣，即淡季定价较低，鼓励购买者淡季购买；④价格折让，即通过“以旧换新”等形式减价销售。

(3)差别定价策略。这是对同种产品在不同情况下制定不同价格的一种策略。它主要包括：①顾客差别定价，即企业将同一种产品或劳务以不同价格出售给不同的顾客，如电力部门对工商企业和居民用电分别制定了不同的价格；②产品形式差别定价，即对不同型号或形式的产品制定不同的价格；③产品部位差别定价，即为处于不同位置的产品或劳务分别制定不同的价格，即使它们的成本没有任何差异，如火车卧铺的上下铺票价不同；④销售时间差别定价，即企业为不同季节、不同日期甚至同一天内不同时间的产品或劳务制定不同的价格，如很多旅游景点实行淡旺季门票；⑤区域差别定价，即对于相同的产品，在不同的区域销售，制定不同的价格。

(4)新产品定价策略。新产品定价是否合理关系到其能否及时打开销路、占领市场和获得预期的利润。它主要包括：①高价策略，又称市场撇脂定价法，是在新产品刚投放到市场上时采用高价策略，以便获取尽可能多的利润，尽快收回投资；②低价策略，又称市场渗透定价法，即对新产品制定较低的价格，使新产品迅速为顾客所接受，迅速打开和扩大市场，一般适用于需求弹性大、销路广、销量大、有市场潜力的产品；③中间价策略，又称稳妥价格策略，将新产品价格定在适中的位置上，使顾客比较满意，企业又能获得适当利润，适用于产销较为稳定的产品。

(5)产品组合定价策略。当企业生产经营在需求或生产上存在相互联系的多种产品时，企业就需要按整个系列制定产品价格，以使产品组合利润最大化。它主要包括：①产品线定价策略，即在产品线的系列产品中，挑选典型品，制定不同盈利水平的价格，以实现产品线利润最大化的目标，如选择关键性产品制定较低的价格，以吸引消费者购买，选择与之消费关联度高的产品制定较高的价格，以实现更多的盈利；②产品群定价策略，即将消费相关度高的不同产品组合销售，制定优惠的价格；③单一价格策略，即当企业销售品种繁多且成本差别不大的产品时，可将所销售的全部产品制定单一的价格，以方便顾客挑选，并使顾客产生廉价购买的感受。

2. 定价方法

定价方法是指企业在特定的定价目标指导下，依据对影响价格形成各因素的具体研究，运用价格决策理论对产品价格进行测算的具体方法。定价方法的选择和确定是否合理，关系到中小微企业定价目标能否实现和定价决策的最终成效。制定价格应综合考虑成本、供求和竞争三个基本因素。但在实际定价时，往往又侧重某一因素，于是便形成了以下三种类型的基本定价方法。

(1)成本导向定价法。该法主要依据成本因素进行定价。成本导向定价法包括：①成本加成定价法，即按产品单位成本加上一定比例的毛利制定销售价格；②目标定价法，是以盈亏平衡分析为基础，确定目标报酬率，制定保证实现预期目标的一种定价方法；③变动成本定价法，又称边际贡献定价法，是指在变动成本的基础上，加上预期的贡献计算价格的定价方法。

(2)需求导向定价法。该法主要依据市场需求因素制定价格。需求导向定价法包括：①理解价值定价法，是指企业以消费者对产品价值的理解为定价依据，运用各种营销策略和手段，影响消费者对产品价值的认知，形成对企业有利的价值观念，再根据产品在消费者心目中的价值地位来指定价格的一种方法；②反向定价法，是指根据消费者能够接受的最终价格，逆向推算出产品的价格，而成本和利润只是作为参与计算的依据之一。

(3)竞争导向定价法。该法是以市场上竞争对手的价格作为制定企业同类产品价格主要依据的方法。这种方法适于市场竞争激烈、供求变化不大的产品。竞争导向定价法包括：①随行就市定价法，即按照行业的平均现行价格来定价；②投标定价法，即企业参与政府采购招标，根据对竞争者报价的估计，制定有竞争力的价格；③竞争价格定价法，即根据本企业产品的实际情况及与竞争对手的产品的差异状况来确定价格。

(三)分销渠道策略

分销渠道策略主要是指企业如何选择产品从制造商顺利转移到顾客的最佳途径。如何合理选择营销渠道和组织商品实体流通来实现其营销目标日益受到企业的重视，因为大量的市场营销职能是在营销渠道中完成的。甚至在某些情况下，除了产品本身，营销渠道成为中小微企业品牌能否成功的决定性因素。

分销渠道策略包括区域分布、中间商选择、营业场所、网点设置、运输储存及配送中心、服务标准等因素的组合运用。

1. 分销渠道的类型

一般而言，中小微企业常用的分销渠道策略有以下几种。

(1)根据商品在流转过程中是否经过中间商，分销渠道分为直接渠道和间接渠道。

①直接渠道，是指没有中间商而由生产企业把产品直接销售给消费者，如小型企业的前店后厂或大型企业自设的销售门市部；②间接渠道，是指商品从生产领域向消费领域转移过程中经过若干中间商的分销渠道。

(2)根据商品在流通过程中所经过环节或层次的多少，分销渠道分为短渠道和长渠道。①短渠道，是指商品从生产领域向消费领域转移过程中仅利用一道中间商的分销渠道，其基本形式有生产者—零售商—消费者，生产者—批发商—产业用户，生产者—代理商—消费者或产业用户；②长渠道，是指商品从生产领域向消费领域转移过程中利用两道以上中间商的分销渠道，其基本形式有生产者—批发商—零售商—消费者或用户，生产者—代理商—零售商—消费者或用户，生产者—代理商—批发商—零售商—消费者或用户。

(3)根据分销渠道宽窄不同，分销渠道具体又可分为广泛分销、有选择的分销、独家专营分销三种类型。①广泛分销策略，又称密集型分销策略，是指对在同一地区经销本企业产品的中间商数目不加限制，耐用消费品、小工业品、低值易耗的日用品都适于这种分销策略；②有选择的分销，是指在一定地区内选择几家信誉较好、地理位置优越的中间商去推销本企业的产品，适用于消费品中的选购品、特殊用品和工业品的零配件；③独家专营分销，是指制造商在一定时期、一定地区只选择一家批发商或代理商来推销本企业的产品，双方订有书面协议，中间商不得再经销别的厂家生产的同类竞争性产品。

(4)现代营销渠道类型。20 世纪 70 年代以来，营销渠道出现了联合化的趋势，主要有垂直渠道系统和水平渠道系统两种类型。①垂直渠道系统，是指由制造商、批发商和零售商组成的统一联合体，在一个系统内渠道成员之间采取不同程度的一体化经营或联合经营；②水平渠道系统，是指两家或两家以上独立公司通过某种形式的合作，共同开发新的市场机会而形成的渠道系统，目的是通过联合发挥资源协同作用和回避风险。

扫描二维码，阅读垂直渠道系统和水平渠道系统的相关内容。

拓展阅读	学习笔记

2. 分销渠道的设计

分销渠道设计是指为有效实现市场营销目标，在综合分析有关因素的基础上，选择与确定分销渠道的长度与宽度，制定正确渠道策略的过程。确定中小微企业所要达到的目标市场是渠道设计的起点，选择与确定达到目标市场的最佳途径是渠道设计的中心环节。

(1)影响分销渠道设计的因素。其主要包括：①市场因素，包括潜在的客户数量、市场类型、消费者购买习惯、市场区域集中程度等，如企业潜在的客户不是很多，可能就会采用直接渠道进行销售，而客户数量比较庞大，可能会采用中间商；②产品因素，包括产品的价值大小、体积与体重、时尚性、替代性、易逝性、产品的生命周期、技术性和售后服务等，如体积或重量较大、价值高、专用性强、技术服务要求高的产品宜采用直接销售，而低价、轻便、通用性强的产品则适合采用批发—零售渠道；③环境因素，影响渠道结构和行为的环境因素既多又复杂，但可概括为社会文化环境、经济环境、竞争环境等；

④企业自身因素，包括企业是否希望控制营销渠道、提供的服务、管理能力、财力等。

(2)分销渠道设计的原则。一般来说，中小微企业选择营销渠道应遵循以下三个基本原则：①经济性原则，是指企业选择分销渠道应能够最大限度地节约成本，减少开支，以获取更多的效益，因此，就要求企业在选择分销渠道时，必须将分销渠道决策所可能引起的销售收入增长同实施这一渠道方案所要花费的成本进行比较，如果生产企业自身销售渠道的投资报酬率低于利用中间商的投资报酬率，就应选择中间商来开展销售，反之则可以实行自销；②控制性原则，是指企业选择分销渠道应考虑能够对分销渠道进行有效控制，以便建立一套长久和稳定的分销系统，从而保证市场份额和销售的稳定性，一般来说，生产企业自销系统是最容易控制的，但是成本较高，市场覆盖面较窄，对于“长而宽”的分销渠道，企业则比较难以控制，相比之下，建立了特约经销或代理关系的中间商一般比较容易控制，并且市场覆盖面也较高，因此是一种较理想的形式；③适应性原则，是指企业选择分销渠道应充分考虑分销渠道的适用性，这就要求企业在选择分销渠道时，在销售区域上要考虑不同地区的消费水平、市场特点、人口分布等，在时间上要根据产品的特性、消费季节性等因素选择，以适应市场的客观要求，在中间商的选择上，要合理确定利用中间商的类型、数量及其对分销产品的态度，以避免中间商的渠道冲突，同时调动其积极性。

(3)分销渠道设计的步骤。其主要包括：①确定渠道目标与限制，要在上述所分析各种因素的制约限制条件下，制定正确的渠道目标；②寻找与设计多种渠道交替方案，设计可供选择的方案要分析四个因素，包括中间商的基本类型、每一渠道层次要使用的中间商的数目、各中间商的营销任务、与各中间商的交易条件及责任分工；③评估各种渠道交替方案，进而作出最后抉择。

(四)促销策略

广义上的促销就是市场营销，包括市场营销组合策略的各种要素；狭义上的促销特指各种传播性的促进销售的行为，是营销组合策略的核心构成部分。促销策略主要是指企业利用信息传播手段传递“合适的产品在适当的时候以适当的价格出售”的信息。

促销的作用：一是传递企业何时何地以何种方式、何种价格销售何种商品的信息；二是引起消费者注意，激发购买兴趣；三是增强企业品牌的知名度。因此，促销包含企业与市场沟通的所有方法。

促销的方法包括人员推销和非人员推销两大类。非人员推销又包括广告、营业推广和公共关系三个方面。

1. 人员推销

人员推销是指推销人员通过自己的声音、形象、动作或拥有的样品、宣传图片等直接向顾客展示、操作、说明，直接与顾客交流，向目标顾客推销商品或劳务的过程。

推销人员在与客户取得联系，并前往拜访客户时需注意以下几个方面：一是在见面与初次交谈时应该先给客户一个良好的印象，讲究仪表和服饰，还要具备礼仪和修养；二是要设法营造一种融洽的气氛，要注意与决策人物打交道，但又不要轻易抛开你认为微不足道的人物；三是推销的中心环节是介绍产品，以实物和有关资料来引起客户的注意和兴趣，耐心地解除客户的各种疑虑，化解各种相反意见；四是对各种恶意的反对意见要控制住自己的情绪；五是在谈到十分敏感的价格问题时，应表述充分理由以说服对方，让对方感到货真价实和物美价廉；六是讨价还价时要有充分的耐心和信心，把握尺度；七是要密切注意各种成交信号，抓住契机，或提供多种选择性决策，或给予合理的建议，或承诺便利的售后服务；八是果断地揭示优惠价格，一举促成顾客的购买；九是产品销售出去后，要及时地、经常地进行书信和电话联系，向用户提供有关资料和信息，促使其重复购买；十是收集用户对企业产品和售后服务的改进意见，并及时地反馈给企业有关部门。

2. 非人员推销

(1)广告。广告是利用一定媒介，把产品、劳务、观念等信息传递给社会公众的一种促销方式。广告作为促销的一种重要形式，能起到传递信息、诱导购买、指导消费、传播文化、美化生活的作用。广告所运用的媒体有网络、报纸、杂志、广播、电视、电影、幻灯片、户外张贴、广告牌、霓虹灯、样本、传单、书刊和包装纸等。

由于不同的广告媒体有不同的特点，在广告活动中应根据实际情况进行挑选。选择广告媒体的依据主要有：①广告媒体性质，不同广告媒体有不同的信息传播方式、受众与价格，这些性质与特点必须同广告的要求相适应；②目标顾客的媒体习惯，要研究与选择目标顾客接触最多、影响最大的媒体；③产品的特性，如演示性、观赏性强的产品使用直播方式的效果更好；④信息内容，如介绍机器技术资料的广告更适合在杂志上刊登；⑤成本，各种媒体费用差别很大，企业要量力而行。

人们可以通过对广告作品的欣赏，产生丰富的生活联想，得到美的享受。中小微企业常用的广告定位策略有以下几种：①功效定位，即结合产品在功能效用上的独特之处进行宣传，如傻瓜相机的广告“只要你按一下快门，其余工作都由我做”，体现其使用方便；②品质定位，即主要强调该产品在品质方面与其他同类产品的不同之处，以便使消费者消除在使用方面的顾虑，如雪碧饮料广告词是“晶晶亮，透心凉”，“晶晶亮”说明产品不含色素，对人体无害，“透心凉”又极具解渴效果；③市场定位，即把自己的产品放在什么市场位置上；④价值定位，是指突出自己产品的价值位置。

(2)营业推广。营业推广是指为刺激需求而采取的能够迅速激励购买行为的促销方式。与其他促销方式不同，营业推广多用于一定时期、一定任务的短期特别推销。中小微企业应根据营销目标、市场类型、竞争环境、政策法规等正确选择营业推广的方式。

常见的营业推广方式有：①有奖销售，顾客购买物品或服务达到一定数量或金额后，企业发给相应奖券，中奖者可获得一定的奖品、奖金或其他优待；②赠送样品，企业把一部分产品作为样品免费赠送给消费者，通过他们扩大影响和促进销售；③赠优惠券，企业向顾客发放优惠券，顾客凭优惠券到指定地点优先购买或减价购买；④附赠礼品，顾客在购买了某种产品后，企业向顾客赠送一定的礼品；⑤产品陈列与现场示范，通过举办产品展览与现场表演活动，使消费者了解产品，打消疑虑，促成购买；⑥组织竞赛，举办各种竞赛或竞技活动，为竞赛参与者或优胜者提供一定的优惠或奖励；⑦折扣或回扣，包括数量折扣、现金折扣和季节折扣；⑧交易印花，每次购买商品时，购买者得到一定张数的交易印花，凑够一定数量就可以享受特殊利益。

(3)公共关系。公共关系是指企业与相关公众为实现双向沟通、谅解、信任、合作而进行的有目标、有计划的公关活动。中小微企业公共关系的直接目标是树立良好的社会形象。一方面，中小微企业要在生产中创造优质名牌产品，树立形象，在经营中重合同、守信用，诚实、热忱地对待客户；另一方面，则需要做好公关，提高企业的知名度和美誉度。

公共关系活动的主要方法有以下几种：①宣传性公关促销，即通过各种大众传播媒介，向广大公众，特别是顾客，传播有关企业发展、服务社会、产品创新等信息，以引导舆论，树立形象；②交际性公关促销，如举办各种联谊会，开展各种社会交际活动，特别是与顾客建立亲和融洽、长期稳定的关系；③服务性公关促销，即向社会与顾客提供各种服务，使顾客获得实实在在的利益，以取悦公众与顾客，促进营销目标的实现；④社会性公关促销，即企业通过积极参与社会公益事业、为社区发展作贡献等形式，扩大企业影响，树立企业形象，有利于企业市场营销目标的实现；⑤征询性公关促销，即企业通过民意调查、征求用户意见、开展消费咨询等方式，扩大影响，促进销售。

在动态的市场营销环境中，上述四个基本因素互相依存，处于同等地位。在中小微企业的实践活动中，只有把它们互相结合形成一个统一的整体才是有意义的。需要注意的是，这四个变量是围绕目标市场的消费者需求而协调成一个整体的，脱离了顾客需要，就失去了意义。

扫描二维码，阅读有关助农直播的相关内容。

拓展阅读	学习笔记

三、市场营销因素组合策略应用的约束条件

市场营销组合的格局看似简单，但实际上在这一格局之内作出各种选择是相当复杂的。随着市场的发展，各种变量的数目不断增加，市场营销组合的可选择策略会按几何级数增长。而且，任何企业在运用营销因素组合时，都不可能对所有的策略平均使用力量，往往想办法突出营销因素组合中的一个或两个因素，兼顾其他的因素。例如，工厂企业可能特别强调它的产品先进，而零售商主要是以定价策略作为自己的竞争手段。中小微企业在销售工作中突出什么策略，兼顾什么策略，就要根据企业内外环境及市场营销组合的各个约束条件来作出决定。

市场营销因素组合策略应用的约束条件包括以下内容。

(一)中小微企业的营销战略

在中小微企业经营中，营销因素组合策略是企业设计营销商品的行动方案。这种方案是企业根据外界当前和未来的市场机会和限制因素，考虑如何更有效地利用企业内部现有的及潜在的资源和能力优势，去满足目标市场的需求，从而完成企业的既定目标。由此可见，市场营销因素组合策略是目标和手段的有机统一体。没有目标，就无从制定策略；没有策略，目标就不可能实现。

在运用市场营销因素组合时，应先通过市场分析，选择最有利的目标市场，确定目标市场和市场发展策略。在这个基础上，再对营销因素组合策略进行综合运用。

(二)企业的营销环境

中小微企业在市场营销因素组合活动中面临的困难和所处的环境是不同的。中小微企

业选择市场营销组合时，应把环境看作一个主要要素，时刻重视对宏观环境各因素的研究与分析，并对这些不可控制因素作出营销组合方面的必要反应。一个企业成功地进入了本国或本地区的目标市场，实际上是企业利用了已经存在的市场机会。那么，如果企业要把其市场营销组合推广到新的目标市场，主要是看那里是否存在着同样的环境变量。如果环境变量相似，原有的市场营销组合就基本适合；如果环境变量相差很大，任何在原有市场营销组合上的努力都将是徒劳的或事倍功半的。

(三)目标市场的特点

目标市场的需要决定了市场营销组合的性质。中小微企业要规划合理的市场营销组合，应先分析目标市场各个方面的条件。根据目标市场以下三个方面的条件来看它们对各个基本策略的影响，从而判断哪种营销组合更切实可行、更具有吸引力和更有利可图。

第一，目标市场消费者情况，如年龄、性别、文化、收入、分布密度、消费模式和消费者行为等。这影响了目标市场是否有发展潜力，应该使用何种促销策略，产品如何适应顾客的物质需要和心理需要，在什么地点、什么时间可买到产品，企业的产品策略(如设计、包装、品种系列等)如何投消费者所好等。

第二，目标市场消费者选购商品的意愿。顾客购买商品的迫切性是企业制定营销组合的重要影响因素。它包括影响分配渠道的长度、宽度，销售服务标准，影响顾客自愿支付的商品价款等。

第三，目标市场竞争状况。目标市场的竞争状况可以影响市场营销组合的各个方面：如果市场处于垄断状态或是新开发领域，竞争并不激烈，一般的市场营销组合就比较容易成功；反之，就必须追求最优组合方案。对一个新企业来说，如果进入竞争充分的市场，就意味着有较多的竞争者的营销组合方案可供借鉴，资料比较丰富，可比性强，是企业应对市场竞争的较好方法。

(四)中小微企业的资源情况

中小微企业的资源情况包括企业公众形象、员工技能、企业管理水平、原材料储备、物质技术设施、专利、销售网、财务实力等。这些决定了选择合适的市场营销组合必须与企业实际相符合。

企业不可能超出自己的实际能力去满足所有消费者与用户的需要。所有的企业在资源方面都会有与其竞争企业相区别的实力和弱点。而市场营销组合就应该充分利用企业的优势，在目标市场上完成企业的既定目标。这就应注意以下几点：第一，不要实行超过企业能力的多样化经营；第二，不选择那些使企业声誉受损的营销机会，即使在短期内可以为企业快速提供收益；第三，不随意否定企业现有的市场营销组合方案，因为那样会增大市场机会不确定性带来的风险；第四，不与同类企业恶性竞争；第五，不能超出市场营销的财务预算计划进行市场营销组合，设计市场营销组合时，要考虑支持组合的总预算、经费分配计划、资金投入回收周期。

需要强调的是，市场营销因素组合的最优化方案，实际上是中小微企业对各种营销策略运用程度上的合理控制。中小微企业在实践中，只有不断地注意各因素间的协调与配合，必要时以企业的整体营销目标为原则，适当放弃局部利益，作出适当调整，才有可能获得营销组合的最佳效果。

任务深层思考

以某家中小微企业为例，为其某产品设计市场营销组合策略。

项目小结

亲爱的同学，你已经完成了项目八的学习，相信你已经获得了丰厚的回报，了解和掌握了市场营销的概念及观念演变、进行市场营销研究和制定市场营销组合策略的相关知识。初步具备了市场开拓的能力。

下面请进入“能力自测”部分，一方面巩固了项目八所学内容，另一方面为后续课程的学习夯实理论基础。

能力自测

一、单项选择题

1. 下列不属于扩大产品组合策略的是(　　)。

A. 垂直多样化策略　　B. 相关系列多样化策略

C. 无关联多样化策略　　D. 产品延伸策略

2. 下列不属于产品组合策略的是(　　)。

A. 扩大产品组合策略　　B. 缩减产品组合策略

C. 品牌和包装策略　　D. 产品延伸策略

3. 影响消费者购买行为的因素不包括(　　)。

A. 心理因素　　B. 生理因素　　C. 社会因素　　D. 经济因素

4. 直接或间接影响人的看法和行为的群体是(　　)。

A. 公众　　B. 相关群体　　C. 社会阶层　　D. 信息控制者

5. 下列不属于产品延伸策略的是(　　)。

A. 向下延伸策略　　B. 向上延伸策略　　C. 双向延伸策略　　D. 多向延伸策略

6. (　　)能给消费者价格低的印象，并能产生企业定价精确计算的心理感觉。

A. 奇数定价策略　　B. 整数定价策略　　C. 声望定价策略　　D. 特价策略

7. 集中策略属于(　　)营销策略。

A. 介绍期　　B. 成长期　　C. 成熟期　　D. 衰退期

8. 缓慢渗透策略属于(　　)营销策略。

A. 介绍期　　B. 成长期　　C. 成熟期　　D. 衰退期

9. 改进产品策略属于(　　)营销策略。

A. 介绍期　　B. 成长期　　C. 成熟期　　D. 衰退期

10. 调整产品策略属于(　　)营销策略。

A. 介绍期　　B. 成长期　　C. 成熟期　　D. 衰退期

在线测试	总　结

二、简答题

1. 简述影响消费者购买行为的因素。
2. 简述产品市场生命周期各阶段的特点及其策略。
3. 市场营销调研的主要内容有哪些？
4. 企业可选择的营销组合包括哪些？
5. 企业选择营销战略的条件是什么？

案例分析

中国绣花鞋畅销美国

在美国西部的一些城市盛行一种以中国绣花鞋为生日礼物向女性长辈祝寿的做法，而且经久不衰，颇有风行之势。第一次用它作生日礼物的是一位名叫约翰·考必克的美国青年医师。当初，他在中国旅行，出于好奇心理而将绣花鞋带回国，分别在母亲60岁生日、姑母70岁生日、外婆80岁生日的时候，各献上一双精美、漂亮的中国绣花鞋作为祝寿的礼品。不曾想这三位长辈穿上这珍贵的“生日鞋”时，都感到非常的舒服和非凡的惬意，他们称赞约翰·考必克为她们送来的是“长寿鞋”“防老鞋”“防跌鞋”。

关于此事的消息不胫而走，使得美国西部各地的人们纷纷仿效，争相购买。于是，中国绣花鞋便神话般地成为当地市场的抢手货。绣花鞋上的花色图案千姿百态，各显异彩。

现在，绣花鞋已似乎可以献给每一位女性。有一位6岁的美国小女孩，在她17岁的未婚姑姑生日时，送给姑姑一双绣花鞋，上面绣有17朵色彩不同的花。绣花鞋的特殊意义，由此可见一斑。

问题：

1. 中国绣花鞋畅销美国，反映了顾客的何种需要？
2. 本案例中，顾客是在哪些动机驱使下采取购买行为的？
3. 请为该产品在美国进一步打开销路进行营销策划。

实训操作

【实训目标】

将所学的市场营销策划分析、市场细分、目标市场及市场定位策划、市场营销组合等知识系统地衔接起来，并能根据所给的背景材料制定一套完整的策划方案。

【实训内容与要求】

1. 背景：小明在新员工培训班的专业培训已经接近尾声，公司人力资源部经理要求大家把所学的全部技能整理完善，形成一套营销策划方案，以此检验培训的效果与大家的策划能力。小明计划为公司的新产品做一份营销策划方案。

2. 具体问题可参考下列问题。

(1)根据背景案例，设计整套市场营销策划方案的编写提纲。

(2)根据编写提纲，编制市场营销分析策划方案。

(3)编制市场细分、目标市场及市场定位策划方案。

(4)编制营销组合策划方案。

3. 对以上遇到的问题召集小组会议，逐项进行分析、制定策划方案，指定相应成员书写完善，时间为 2 课时。

【实训成果与检测】

1. 教师根据各小组的表现进行评估打分。

(1)各小组内成员研讨表现考核。

(2)各小组研讨的成果考核。

2. 各小组在讨论的基础上，完成一份市场营销策划方案，并制作成 PPT 在课堂上进行交流汇报。

学习笔记

项目九

现代中小微企业如何理财

知识目标：

1. 了解理财方式；
2. 掌握最佳资本结构的衡量方法；
3. 掌握中小微企业各种筹资方式的资本成本及综合资本成本。

能力目标：

1. 能分析中小微企业日常经营成本；
2. 能运用营销组合策略开展市场营销。

素质目标：

1. 具备严谨诚信的职业品质；
2. 坚持实事求是、客观公平的工作态度。

项目任务：

1. 认知公司理财；
2. 明确理财方式；
3. 确定理财成本；
4. 确定资本结构。

扫描二维码，获取本项目的教学内容展示。

教学内容展示	预习笔记

项目导入

相关阅读

资金筹资方式——利息的计算

Michael和Jack这对好朋友经营一家小型的书店已经一年多了。这期间，两人由于经营理念上的分歧经常争吵。于是，将近400天的合作宣告终止。

Michael将这家书店的股份撤离出来后，在另一座城市重新开了一家书店。对刚刚单干的Michael来说，所有的工作都要从头开始，困难重重也应该是在Michael的意料之中的了。不过在书店开业之前，Michael就将开书店遇到的最大的难题顺利地解决了。他将自己家的房产作为抵押，从当地银行取得了一笔数目可观的中短期贷款。Michael利用这笔资金对书店进行了扩建、内装修，同时还利用剩余的一部分款项垫支了购书款，就这样书店开张营业了。

虽然书店的生意很不错，但贷款的高利息使Michael感到偿债风险给书店经营带来的压力。于是，Michael开始游说身边的朋友和亲属，请他们以担任书店股东的形式进行投资。在Michael的努力下，书店相继接受了几位朋友的投资，并约定书店的所有经营事项均由Michael来决定。在吸收了大量的股本的条件下，Michael开始大刀阔斧地经营这家书店。没过两年，Michael就利用同样的方法将先后多次从银行、股东融资来的款项进行再投资，并顺利地在当地开了第三家连锁店。Michael的生意可以说是蒸蒸日上。

相反，和Michael经营理念不同的Jack一直守着当初两人初建的那家书店，靠着每天那点可怜的营业额度日。在Jack看来，与其过着风风雨雨的日子，还不如守着平静的生意过活，虽然不富裕，却图个自由自在。当然，以Jack这种经营观念来看，他的书店是不可能再继续扩大经营规模，更谈不上开连锁店了。

Michael和Jack都过着令自己满意的生活，也正在经营企业。既然作为企业存在于经济社会中，就必须遵照企业的目标去运作。如果Jack以后依旧持不融资、不扩张的经营态度，长此以往，迟早会被其他同行吃掉。

这个案例具有启发意义。绝大多数企业的开办者都想通过各种途径来扩大企业的经营规模，以达到占领市场的目的。当然，作为主要支撑的工具——资金，就成了达到这个目标的最重要的因素之一。

从这个案例中不难看出，Michael在数次筹资过程中均做了大量的准备性的工作。在此期间他至少应完成以下几项任务：①筹资过程中需要支付的利息是如何计算的；②多种方式的筹资成本是如何测算出来的，投资的回报是否能够补偿筹资成本，在此基础上是否存在盈余；③筹资过程中，选择代价相对较低、理财风险相对较大的债务融资，还是选择代价相对较高、理财风险相对较小的权益融资；④从理财的角度编写筹资方案说明书。

扫描二维码，获取本项目的项目说明。

项目说明	预习笔记

任务1　认知公司理财

任务分析

投资决策、融资决策、营运资本决策、分配决策等活动构成公司理财的主题。公司理财是对企业理财活动实施决策与控制，并对其所体现的价值属性与理财关系进行的一种管理。在学习公司理财内容以前，应先学习以下相关知识。

相关知识

一、公司理财对象

企业资金如何运转？公司理财主要是资金管理，其对象是现金及其流转。公司理财也会涉及成本、收入和利润问题。从理财的观点来看，成本和费用是现金的耗费，收入和利润是现金的来源。公司理财主要从这种意义上研究成本和收入，而不同于一般意义上的成本管理和销售管理，也不同于计量收入、成本和利润的会计工作。

(一)现金流转

我们以制造业企业为例来说明企业资金的运转，如图9-1所示。

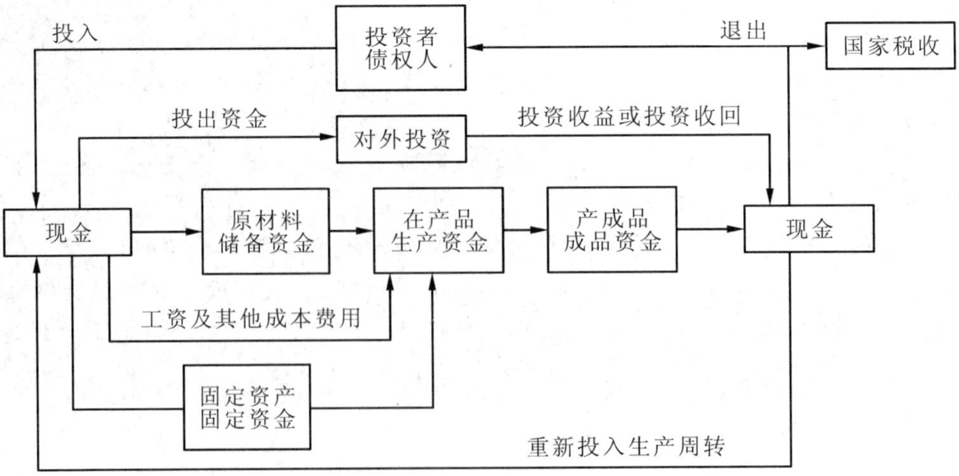

图9-1　企业资金的运转

通过图 9-1 可以看出，企业的生产经营过程具有两重性。它既是使用价值的生产和交换过程，又是价值的形成和实现过程。在生产经营过程中，随着使用价值的生产和交换，物质的价值形态和价值量在不断发生变化：现金流转的起点和终点都是现金，其他资产都是现金在流转中的转化形式。因此，公司理财的对象也可以说是现金及其流转。这种流转周而复始，不断循环，形成现金的循环。

在资金循环过程中，应注意折旧也是现金的一种来源。

(二)现金流转不平衡的原因及其影响

如果企业的现金流入量与流出量相等，公司理财工作将大大简化。实际上这极为少见，大多数情况不是收大于支，就是支大于收。现金流转不平衡的原因有企业内部引起的，如盈利、亏损或扩充；也有企业外部引起的，如市场的季节性变化、经济波动、通货膨胀、竞争等。

1. 影响企业现金流转的内部原因

(1)盈利企业的现金流转。不打算扩充的盈利企业，其现金流转一般比较顺畅。税后净利使企业现金增加，折旧、摊销等也会积存现金。盈利企业也可能由于抽出过多现金而发生临时流转困难，如付出股利、偿还借款、更新设备等。

(2)亏损企业的现金流转。从长期来看，亏损企业的现金流转是不可能维持的。从短期来看，又分为两类：一类是亏损额小于折旧额的企业，在固定资产重置以前是可以维持下去的；另一类是亏损额大于折旧额的企业，如果不从外部补充现金将很快破产。

(3)扩充企业的现金流转。任何要迅速扩大经营规模的企业，都会遇到相当严重的现金短缺情况。固定资产的投资扩大、存货增加、应收账款增加、营业费用增加等，都会使现金流出扩大。

理财主管人员的任务是不仅要维持当前经营的现金收支平衡，而且要设法满足企业扩大的现金需要，并且力求使企业扩充的现金需求不超过扩充后新的现金流入。从企业内部寻找扩充项目所需资金，如出售短期证券、减少股利分配、加速收回应收账款等。内部理财的资金不能满足扩充需要时，外部理财需要填补资金缺口。从外部理财获得的资金，要承担资本成本，将来要还本付息、支付股利等，会增加未来的现金流出。

2. 影响企业现金流转的外部原因

(1)市场的季节性变化。通常来讲，企业的生产部门力求全年均衡生产，以充分利用设备和人工，但销售总会有季节性变化。因此，企业往往出现在销售淡季现金不足，销售旺季过后积存过剩现金的情况。

(2)经济波动。在经济收缩时，销售下降，进而生产和采购减少，使得整个短期循环中的资金减少，企业有过剩的现金。如果预计经济不景气的时间很长，推迟固定资产的重置，折旧积累的现金也会增加。这种理财状况给人以假象。随着销售额的进一步减少，大量的经营亏损很快会接踵而来，现金将被逐步销蚀掉。当经济“热”起来时，现金需求迅速扩大，积存的过剩现金很快被用尽，不仅扩充存货要大量投入现金，而且受繁荣时期乐观情绪的影响，企业会对固定资产进行扩充性投资，并且往往要超过提取的折旧。此时，银行和其他贷款人大多也很乐观，愿意为盈利企业提供贷款，筹资不会太困难。但是，经济过“热”必然造成利率上升，过度扩充的企业背负巨大的利息负担，会先受到经济收缩的打击。

(3)通货膨胀。通货膨胀会使企业遭遇现金短缺的困难。由于原料价格上升，保持存货所需的现金增加，人工和其他费用的现金支付也增加。企业唯一的希望是利润也会增加，否则，现金会越来越紧张。增加收入，受到市场竞争的限制。企业若不降低成本，就难以应对通货膨胀造成的理财困难。通货膨胀造成的现金流转不平衡，不能靠短期借款解决，因其不是季节性临时现金短缺，而是现金购买力被永久地“蚕食”了。

(4)竞争。竞争会对企业的现金流转产生不利影响。价格竞争会使企业立即减少现金流入。在竞争中获胜的一方会通过多卖产品挽回其损失，这实际是靠牺牲别的企业的利益加快自己的现金周转。失败的一方，不但蒙受价格下降的损失，还受到销量减少的打击，现金周转可能严重失衡。广告竞争会立即增加企业的现金流出。最好的结果是广告促进销售，加速现金回流。若竞争对手也作推销努力，企业广告只能减缓其销售额的下降，不能从根本上解决问题。

二、企业理财活动

企业理财活动是以现金收支为主的企业资金收支活动的总称。企业理财活动可分为以下四个方面。

(一)企业筹资引起的理财活动(筹资活动)

企业要进行生产活动，必须先从各种渠道筹集资金。企业的资金来源方式主要有两种：一是企业的自有资金，企业可通过向投资者吸收直接投资、发行股票、企业内部留存收益等方式取得；二是企业的债务资金，企业可通过从银行借款、发行债券、利用商业信用等方式取得。企业通过发行债券或股票等方式筹资，会产生资金的流入，而支付利息、股利等会发生资金的流出。这种因为资金理财而产生的资金收支，便是由企业筹资而引起的理财活动。

在筹资过程中，企业一方面要确定筹资的总规模，以保证投资所需要的资金；另一方面要通过筹资渠道、筹资方式或工具的选择，合理确定筹资结构，以降低筹资成本和风险。理财生产所需资金是资金运动的起点，也是投资的必要前提，是企业理财的主要内容之一。

(二)企业投资引起的理财活动(投资活动)

企业取得资金后，必须将资金投入使用，以谋求最大的经济效益，否则筹资便失去了意义。企业资金投放可分为对内资金投放和对外资金投放两种方式。企业把理财得到的资金投资于企业内部，用于购置固定资产、无形资产等，便形成企业的对内投资；企业把理财得到的资金投资于购买其他企业的股票、债券或与其他企业联营进行投资，便形成企业的对外投资。无论是企业购买内部所需各种资产，还是购买各种证券，都需要支出资金。当企业变卖其对内投资的各种资产或收回其对外投资时，则会产生资金的收入。这种企业因投资而产生的资金的收支，便是由投资而引起的理财活动。

企业在投资过程中，必须考虑投资规模，同时还必须通过投资方向和投资方式的选择，确定合理的投资结构，以提高投资效益，降低投资风险，这是企业理财的主要内容之一。资金投放是现金流动的中心环节，它不仅对资金理财提出要求，而且也是决定企业未来经济效益的先决条件。

(三)企业经营引起的理财活动(经营活动)

企业因经营而引起的理财活动会发生一系列的资金收支。首先，企业要采购材料或商品，以便从事生产和销售活动，同时，还要支付工资和其他营业费用；其次，当企业把产品或商品售出后，便可取得收入，收回资金；最后，如果企业现有资金不能满足企业经营的需要，还要采取短期借款方式来取得所需资金。

企业的营运资金主要是为了满足企业日常营业活动的需要而垫支的资金。在一定时期内，资金周转越快，资金的利用效率就越高，就可能生产出更多的产品，取得更多的收入，获得更多的报酬。因此，加速资金周转，提高资金利用效果，也是企业理财的主要内容之一。

(四)企业分配引起的理财活动(利润及其分配活动)

企业在经营过程中会产生利润，也可能会因对外投资而分得利润，这表明企业有了资金的增值或取得了投资报酬。企业的利润要按规定的程序进行分配。首先，要依法纳税；其次，要用来弥补亏损，提取公积金、公益金；最后，要向投资者分配利润。这种因利润分配而产生的资金收支便属于由利润分配而引起的理财活动。

随着分配过程的进行，资金会退出或留存企业，它必然会影响企业的资金运动。这不仅表现在资金运动的规模上，还表现在资金运动的结构上(如筹资结构)。因此，如何依据一定的法律原则，合理确定分配规模和分配方式，确保企业取得最大的长远利益，也是企业理财的主要内容之一。

上述理财活动的四个方面是相互联系、相互依存的。这四个方面就是企业理财的基本内容：筹资管理、投资管理、经营管理、利润及其分配的管理。

三、企业理财关系

理财关系是指企业在组织理财活动过程中与有关各方发生的经济关系。企业的筹资活动、投资活动、经营活动、利润及其分配活动与企业内外各方面有着广泛的联系。

企业的理财关系可概括为以下几个方面。

(一)企业与投资者和受资者之间的理财关系(投资—受资)

企业与投资者的理财关系主要是指企业的投资人向企业投入资金，而企业向其支付投资报酬所形成的经济关系。

企业与受资者的理财关系主要是指企业以购买股票或直接投资的形式向其他企业投资而形成的经济关系，并按约定履行出资义务，出资企业以其出资额参与受资企业的经营管理和利润分配。

企业与投资者、受资者的关系即投资同分享投资收益的关系，在性质上属于所有权关系。处理这种理财关系必须维护投资、受资各方的合法权益。

(二)企业与债权人、债务人之间的理财关系(债权—债务)

企业与债权人的理财关系主要是指企业向债权人借入资金，并按合同定时支付利息和归还本金而形成的经济关系。企业的债权人主要有债券持有人、贷款银行及其他金融机构、商业信用提供者和其他出借资金给企业的单位和个人。企业与债权人的理财关系在性质上属于债务与债权的关系。

企业与债务人的理财关系主要是指企业将其资金以购买债券、提供借款或商务信用等形式出借给其他单位而形成的经济关系。企业在这种关系中有权要求其债务人按约定的条件支付利息和归还本金。

(三)企业与政府之间的理财关系(纳税—征税)

政府作为社会管理者，担负着维持社会正常秩序、保卫国家安全、组织和管理社会活动等任务，行使政府职能。政府依据这一身份，无偿参与企业利润的分配。企业必须按税法规定向政府缴纳各种税款，包括所得税、流转税、资源税、财产税和行为税等。这种关系体现一种强制和无偿的分配关系。

(四)企业内部各单位之间的理财关系

企业内部的各职能部门和生产单位既分工又合作，共同形成一个企业系统。这主要是指企业内部各单位之间在生产经营各环节中相互提供产品或劳务所形成的经济关系。企业的供、产、销各部门及各生产部门之间，相互提供劳务费和产品也要计价结算。这种在企业内部形成的资金结算关系体现的就是企业内部各单位之间的理财关系。

(五)企业与职工之间的理财关系

企业和职工之间的理财关系是在企业向职工支付劳动报酬的过程中形成的经济关系。企业职工以自身提供的劳动参加企业的分配，企业根据劳动者的劳动情况，用其收入向职工支付工资、津贴和奖金，并按规定提取公益金用于职工集体福利等，体现着职工个人和集体在劳动成果上的分配关系。企业与职工的分配关系会直接影响企业利润并由此影响所有者权益。

任务深层思考

现阶段企业理财的主要矛盾是什么？应如何解决？请运用企业理财相关知识进行解释。

任务 2　明确理财方式

任务分析

资金是企业生存和发展的必要条件。理财资金既是保证企业正常生产经营的前提，又是谋求企业发展的基础。筹资工作做得好，不仅能降低资本成本，给经营或投资创造较大的可行或有利的空间，而且能降低理财风险，增加企业的经济效益。理财资金是企业资金运动的起点，它会影响甚至决定企业资金运动的规模及效果。企业的经营管理者必须把握企业何时需要资金、需要多少资金、以何种合理的方式取得资金。

在学习理财方式之前，应先学习以下相关知识。

相关知识

理财方式是指企业理财资金所采用的具体形式。目前，我国企业的筹资方式主要有以下几种：吸收直接投资、发行股票、留存收益筹资、从银行借款、发行公司债券、融资租赁、利用商业信用。

一、吸收直接投资分析

吸收直接投资，即企业按照“共同投资、共同经营、共担风险、共享利润”的原则直接吸收国家、法人、个人投入资金的一种筹资方式。

(一)吸收直接投资的渠道

企业吸收直接投资的渠道有吸收国家投资、吸收法人投资、吸收个人投资、吸收外商投资四种。

(二)吸收直接投资中的出资方式

企业在采用吸收投资方式筹集资金时，投资者可以用现金、厂房、机器设备、材料物资、无形资产等作价出资。出资方式主要有以下几种：①以现金出资；②以实物出资；③以工业产权出资；④以土地使用权出资。

(三)吸收直接投资的优点

1. 有利于增强企业信誉

吸收直接投资所用于理财的资金属于自有资金，能增强企业的信誉和借款能力，对扩大企业经营规模、壮大企业实力具有重要作用。

2. 有利于尽快形成生产能力

吸收直接投资可以直接获取投资者的先进设备和先进技术，有利于尽快形成生产能力，尽快开拓市场。

3. 有利于降低理财风险

吸收直接投资可以根据企业的经营状况向投资者支付报酬。企业经营状况好，可向投资者多支付一些报酬；企业经营状况不好，则可不向投资者支付报酬或少支付报酬。报酬支付较为灵活，理财风险较小。

(四)吸收直接投资的缺点

1. 资本成本较高

一般而言，采用吸收直接投资方式筹集资金所需负担的资本成本较高，特别是企业经营状况较好和盈利较多时更是如此。因为向投资者支付的报酬是根据其出资的数额和企业实现利润的比率来计算的。

2. 容易分散企业控制权

采用吸收直接投资方式管理资金，投资者一般都要求获得与投资数量相适应的经营管理权，这是企业接受外来投资的代价之一。如果外部投资者的投资较多，则投资者会有相当大的管理权，甚至会对企业实行完全控制。这是吸收直接投资的不利因素。

二、发行股票分析

发行股票是指股份公司通过发行股票筹措权益性资本的一种筹资方式。股票是股份公司为筹集资金而发行的有价证券，是持股人拥有公司股份的凭证，表示持股人在股份公司中拥有的权利和应承担的义务。

股票按股东权利和义务的不同，有普通股和优先股之分。

(一)普通股筹资

普通股是股份公司发行的具有管理权而股利不固定的股票，是股份制企业理财权益资金的最主要方式。

1. 普通股的特点

普通股具有以下几个特点：①普通股股东对公司有经营管理权；②普通股股东对公司有盈利分享权；③普通股股东有优先认股权；④普通股股东有剩余财产要求权；⑤普通股股东有股票转让权。

2. 普通股筹资的优点

(1)增加股份公司的信誉。普通股筹资能增加股份公司主权资金的比重，较多的主权资金为债务人提供了较大的偿债保障，这有助于提高公司的信誉和增加公司的举债能力。

(2)减少股份公司的风险。普通股既无到期日，又无固定的股利负担，因此不存在不能偿付的风险。

(3)增强公司的经营灵活性。普通股筹资比发行优先股或债券限制少，它的价值很少因通货膨胀而贬值，普通股资金的理财和使用都较灵活。

3. 普通股筹资的缺点

(1)资本成本较高。发行普通股的资本成本一般高于债务资金。普通股股东期望报酬高，股利要从税后净利润中支付，且发行费用也高于其他证券。

(2)新股东增加的影响。新股东的增加导致分散和削弱原股东对公司的控股权，同时有可能降低原股东的收益水平。

(二)优先股筹资

优先股是股份公司发行的具有一定优先权的股票。它既具有普通股的某些特征，又与债券有相似之处。从法律上讲，企业对优先股不承担还本义务，因此它是企业自有资金的一部分。

1. 优先股的特点

优先股的特点是较普通股有某些优先权利，同时也有一定限制。其“优先”表现在以下几个方面。

(1)优先分配股利权。优先股股利的分配在普通股之前，其股利率是固定的。

(2)优先分配剩余财产权。当企业清算时，优先股的剩余财产请求权在债权人之后，但在普通股之前。

2. 优先股筹资的优点

(1)没有固定的到期日，不用偿还本金。企业可在有利条件下收回优先股票，具有较大的灵活性。

(2)股利支付率虽然固定，但无约定性。当公司理财状况不佳时，也可暂不支付。

(3)优先股属于自有资金，能增强公司信誉及借款能力，又能保持原普通股股东的控制权。

3. 优先股筹资的缺点

(1)资本成本高。优先股股利要从税后利润中支付，股利支付虽无约定性且可以延时，但终究是一种较重的理财负担。

(2)股利支付的固定性。这会影响企业形象，进而对普通股票市价产生不利影响，损害普通股股东的权益。

三、留存收益筹资分析

留存收益是权益资金的一种，是指企业按规定从税后利润中提取的盈余公积金、根据投资人意愿和企业具体情况留存的应分配给投资者的未分配利润。

留存收益筹资是指企业将留存收益转化为投资的过程，是企业理财权益性资本的一种重要方式。与其他权益资金相比，留存收益的取得更为主动简便，它不需做筹资活动，又无筹资费用，因此这种筹资方式既节约了成本，又提高了企业的信誉。

留存收益的实质是投资者对企业的再投资。但这种筹资方式受制于企业盈利的多少及企业的分配政策。

四、银行借款分析

银行借款是指企业根据借款合同向银行或非银行金融机构借入的需要还本付息的款项。

(一)银行借款的种类

银行借款按借款期限长短不同，可分为短期借款和长期借款；银行借款按借款担保条件不同，可分为信用借款、担保借款和票据贴现；银行借款按借款用途不同，可分为基本建设借款、专项借款和流动资金借款；银行借款按提供贷款的机构不同，可分为政策性银行贷款和商业性银行贷款。

(二)银行借款的信用条件

向银行借款往往附带一些信用条件，主要有以下几种。

1. 补偿性余额

补偿性余额是指银行要求借款企业在银行中保留一定数额的存款余额，为借款额的10%～20%，其目的是降低银行贷款风险，但加重了借款企业的利息负担。

【例题 9-1】 某企业按年利率 9%向银行借款 100 万元，补偿性余额比例为 10%。要求：计算企业的实际借款利率。

解： 企业的实际借款利率$=\dfrac{\text{名义利率}}{1-\text{补偿性余额比率}}=\dfrac{9\%}{1-10\%}=10\%$

2. 信贷额度

信贷额度是指借款企业与银行在协议中规定的借款最高限额。在信贷额度内，企业可以随时按需要支用借款。但如果协议是非正式的，则银行没有必须按最高借款限额保证贷款的法律义务。

3. 周转信贷协议

周转信贷协议是银行具有法律义务地承诺提供不超过某一最高限额的贷款协议。企业享用周转信贷协议，要对贷款限额中的未使用部分付给银行一笔承诺费。

【例题 9-2】 某企业与银行商定的周转信贷额度为 2 000 万元，承诺费为 1%。该企业一年内实际借款额为 1 600 万元。要求：计算该企业应向银行支付的承诺费。

解： 应付承诺费=(2 000－1 600)×1%=4(万元)

(三)银行借款筹资的优缺点

1. 银行借款筹资的优点

(1)筹资速度快。中小企业的借款申请，通过银行的审查，与银行签订贷款合同，并且满足贷款的发放条件，一般所需时间短，可以较快满足资金的需要。

(2)筹资成本低。与发行债券相比，银行借款利率较低，且不需支付发行费用。

(3)借款灵活性大。企业与银行可以直接接触，商谈借款金额、期限和利率等具体条款。借款后如果情况变化，可再次协商。如果到期还款有困难，在取得银行谅解的情况下，也可延期归还。

2. 银行借款筹资的缺点

银行借款筹资的缺点主要表现在筹资数额往往不可能很多，有时银行会提出对企业不利的限制条款。

五、发行公司债券分析

发行公司债券是指企业通过发行债券筹措债务性资本的一种筹资方式。债券是企业依照法定程序发行的、承诺按一定利率定期支付利息，并到期偿还本金的有价证券，是持券人拥有公司债权的凭证。

(一)债券的种类

债券按发行主体不同，可分为政府债券、金融债券和企业债券；债券按有无抵押担保，可分为信用债券、抵押债券和担保债券；债券按偿还期限不同，可分为短期债券和长期债券；债券按是否记名，可分为记名债券和无记名债券；债券按计息标准不同，可分为固定利率债券和浮动利率债券；债券按是否标明利息率，可分为有息债券和贴现债券；债券按是否可转换成普通股，可分为可转换债券和不可转换债券。

(二)债券的发行

国有企业、股份公司、有限责任公司只要具备发行债券的条件，都可以依法申请发行债券。

1. 债券的发行方式

债券的发行方式有委托发行和自行发行。委托发行是指企业委托银行或其他金融机构承销全部债券，并按总面额的一定比例支付手续费。自行发行是指债券发行企业不经过金融机构，直接把债券配售给投资单位或个人。

2. 发行债券的要素

(1)债券的面值。债券的面值包括两个基本内容，即币种和票面金额。币种可以是本国货币，也可以是外国货币，这取决于债券发行的地区及对象。票面金额是债券到期时偿还本金的金额。票面金额印在债券上，固定不变，到期必须足额偿还。

(2)债券的期限。债券从发行之日起至到期之日止之间的期间称为债券的期限。

(3)债券的利率。债券上一般都注明年利率，利率有固定的，也有浮动的。面值与利率相乘即为年利息。

(4)债券的偿还方式。债券的偿还方式有“分期付息，到期还本”和“到期一次还本付息”两种。

(5)债券的发行价格。债券的发行价格是指债券在发行市场上发行时所使用的价格。

通常，债券有面值发行、折价发行和溢价发行三种。面值发行也称平价发行，是指按债券的面值出售；折价发行是指以低于债券面值的价格出售；溢价发行是指按高于债券面值的价格出售。

3. 债券筹资的优缺点

(1)债券筹资的优点。

①债券利息作为理财费用在税前列支，而股票的股利需由税后利润发放，利用债券筹资的资本成本较低。

②债券持有人无权干涉企业的经营管理，因而不会削弱原有股东对企业的控制权。

③债券利率在发行时就已确定，如遇通货膨胀，则实际减轻了企业负担；如企业盈利情况好，由理财杠杆作用导致原有投资者获取更大的收益。

(2)债券筹资的缺点。

①筹资风险高。债券筹资有固定到期日，要承担还本付息义务。当企业经营不善时，会减少原有投资者的股利收入，甚至会因不能偿还债务而导致企业破产。

②限制条件多。债券持有人为保障债权的安全，往往要在债券合同中签订保护条款，这对企业造成较多约束，影响企业理财的灵活性。

③筹资数量有限。债券筹资的数量一般比银行借款多，但它的理财对象毕竟是债务资金，不可能太多，否则会影响企业信誉，也会因资金结构变差而导致总体资本成本提高。

六、融资租赁分析

租赁是承租人向出租人交付租金，出租人在契约或合同规定的期限内将资产的使用权让渡给承租人的一种经济行为。

融资租赁也称资本租赁或理财租赁，是区别于经营租赁的一种长期租赁形式，是指出租人根据承租人对租赁物和供货人的选择或认可，将其从供货人处取得的租赁物，按融资租赁合同的约定出租给承租人占有、使用，并向承租人收取租金，最短租赁期限为一年的交易活动，是企业理财长期债务性资本的一种方式。

相关阅读

经营租赁

经营租赁是出租人向承租人提供租赁设备，并提供设备维修和人员培训等服务性业务的租赁形式。从租赁期限看，它大多属于短期租赁；从承租人的目的看，承租人不在于通过租赁而融资，而在于通过租入设备，取得短期内的资产使用权和享受出租人提供的专门技术服务。因此，它又称营业租赁或服务租赁，不属于借贷关系范畴。

(一)融资租赁的形式

融资租赁包括售后租回、直接租赁和杠杆租赁三种形式。

1. 售后租回

售后租回，即根据协议，企业将某资产卖给出租人，再将其租回使用。

2. 直接租赁

直接租赁，即承租人直接向出租人租入所需要的资产，并支付租金。

3. 杠杆租赁

杠杆租赁涉及承租人、出租人和资金出借者三方当事人。从承租人的角度来看，这种租赁与其他租赁形式并无区别，同样是按合同的规定，在基本租赁期内定期支付定额租金，取得资产的使用权。但对出租人而言却不同，出租人只出购买资产所需的部分资金作为自己的投资，另外以该资产作为担保向资金出借者借入其余资金。因此，出租人也是贷款人，与资金出借者同时拥有对资产的所有权，既收取租金又要偿付债务。如果出租人不能按期偿还借款，资产的所有权就要转归资金的出借者。

(二)融资租赁的租金

融资租赁的租金是承租企业支付给租赁公司让渡租赁设备的使用权或价值的代价。租金的数额大小、支付方式对承租企业的理财状况有直接的影响，也是租赁决策的重要依据。

(三)融资租赁筹资的优缺点

1. 融资租赁筹资的优点

(1)筹资速度快。租赁往往比借款购置设备更迅速、更灵活。因为租赁是筹资与设备购置同时进行，可以缩短设备的购进与安装时间，使企业尽快形成生产能力，有利于企业尽快占领市场，打开销路。

(2)限制条款少。银行借款和债券都规定有相当多的限制条款，虽然类似的限制在租赁公司中也有，但一般比较少。

(3)设备淘汰风险小。当今，科学技术迅速发展，固定资产更新周期日趋缩短，企业设备陈旧过时的风险很大，利用租赁融资可减少这一风险。因为融资租赁的期限一般为资产使用年限的一定比例，不会像自购设备那样在整个期间都要承担风险，且多数租赁协议都规定由出租人承担设备陈旧过时的风险。

(4)理财风险小。租金在整个租期内分摊，不用到期归还大量本金。许多借款都在到期日一次偿还本金，这会给理财基础较弱的公司造成相当大的困难，有时会造成不能偿付的风险。而租赁则把这种风险在整个租期内分摊，可适当减少不能偿付的风险。

(5)税收负担轻。租金可在税前扣除，具有抵免所得税的效用。

2. 融资租赁筹资的缺点

融资租赁筹资的最主要缺点就是资本成本较高。一般来说，其租金要比举借银行借款或发行债券所负担的利息高得多。在企业理财困难时，固定的租金也会构成一项较沉重的负担。

七、商业信用分析

商业信用是指商品交易中的延期付款、预收货款或延期交货而形成的借贷关系，是企业之间的直接信用行为。商业信用是商品交易中“钱”与“货”在时间上的分离。它的表现形式主要是“先取货，后付款”和“先付款，后取货”两种，是自然性融资。商业信用产生于银行信用之前，在银行信用出现以后，商业信用依然存在。

企业之间商业信用的形式很多，主要有以下三种。

(一)应付账款

应付账款即赊购商品形成的欠款，是一种典型的商业信用形式。应付账款是卖方向买方提供信用，允许买方收到商品后不立即付款，可在一定时间后再付款。这样做既解决了买方暂时性的资金短缺困难问题，又便于卖方推销商品。

（二）应付票据

应付票据是企业在对外经济往来中，对应付债务所开出的票据。应付票据主要是商业汇票。商业汇票根据承兑人的不同可分为商业承兑汇票和银行承兑汇票。

商业承兑汇票是由收款人开出，经付款人承兑，或由付款人开出并承兑的汇票。商业承兑汇票由付款人承兑，若到期时付款人银行存款账户余额不足以支付票款，银行不承担付款责任，只负责将汇票退还收款人，由收款人与付款人自行协商处理。

银行承兑汇票是由收款人或承兑申请人开出，由银行审查同意承兑的汇票。银行承兑汇票由承兑银行承兑，若到期时承兑申请人存款余额不足以支付票款，承兑银行应向收款人或贴现银行无条件支付票款，同时对承兑申请人执行扣款，并对未扣回的承兑金额按每天万分之五计收罚息。

商业汇票是一种期票，最长期限为六个月。对于买方（即付款人）来说，它是一种短期融资方式。

（三）预收货款

预收货款是指卖方按照合同或协议的规定，在发出商品之前向买方预收的部分或全部货款的信用行为。它等于卖方向买方先借一笔款项，然后用商品偿还。这种情况中的商品往往是紧俏的，买方愿意预付货款而取得期货，卖方由此得到资金。采用这种形式，应防止卖方企业乘机乱收预收货款，不合理地占用其他企业资金。

商业信用融资有简单方便、无实际成本、约束和限制少等优点，但它的融资期限短。

扫描二维码，阅读股权筹资和债务筹资区别的相关内容。

拓展阅读	学习笔记

任务深层思考

企业在现阶段需要筹集资金 1 000 万元，请用权益资金筹集和负债资金筹集两种方式说明所筹集资金方案的可行性。

任务 3　确定理财成本

任务分析

在学习理财成本以前，应先学习以下相关知识。

相关知识

一、债券成本计算

债券成本是指债券利息和筹资费用。债券成本中的利息在税前支付，具有减税效应。债券的筹资费用一般较高，主要包括申请发行债券的手续费、债券注册费、印刷费、上市费及推销费等。债券成本的计算公式为：

$$K_b=\frac{I\times(1-T)}{B_0\times(1-f)}=\frac{B\times i\times(1-T)}{B_0\times(1-f)}$$

式中，K_b 为债券成本；I 为债券每年支付的利息；T 为所得税税率；B 为债券面值；i 为债券票面利息率；B_0 为债券筹资额，按发行价格确定；f 为债券筹资费率。

【例题 9-3】 某企业发行一笔期限为 10 年的债券，债券的总面值为 1 000 万元，票面年利率为 12%，每年付一次利息，发行费用占发行价格的 3%，所得税税率为 40%，债券按面值平价发行。要求：计算该笔债券资金成本率。

解： 该笔债券资金成本率$=\frac{10\ 000\ 000\times12\%\times(1-40\%)}{10\ 000\ 000\times(1-3\%)}\times100\%\approx7.42\%$

二、银行借款成本计算

借款成本是指借款利息和筹资费用。由于借款利息一般允许在所得税前支付，因此，企业实际负担利息的计算公式为：

$$\text{实际负担的利息}=\text{利息}\times(1-\text{所得税税率})$$

银行借款成本的计算与债券成本的计算基本一致，其计算公式为：

$$K_l=\frac{I\times(1-T)}{L\times(1-f)}=\frac{L\times i\times(1-T)}{L\times(1-f)}$$

式中，K_l 为银行借款成本；I 为银行借款年利息；T 为所得税税率；L 为银行借款筹资总额；i 为银行借款利息率；f 为银行借款筹资费率。

三、优先股成本计算

优先股的成本由筹资费用和股利构成，其股利在税后支付。

优先股成本的计算公式为：

$$K_p=\frac{D}{P_0\times(1-f)}$$

式中，K_p 为优先股成本；D 为优先股每年的股利；P_0 为发行优先股总额；f 为优先股筹资费率。

优先股成本通常要高于债券成本。一方面，优先股筹集的是自有资金，股东所承受的风险较大，要求较高的回报率；另一方面，优先股的股利在税后支付，而利息在税前支付。

【例题 9-4】 某企业按面值发行 100 万元的优先股，筹资费率为 4%，年股利率为 12%。要求：计算优先股资本成本率。

解：优先股资本成本率$=\frac{1\ 000\ 000\times 12\%}{1\ 000\ 000\times(1-4\%)}\times 100\%=12.5\%$

四、普通股成本计算

普通股成本的计算存在多种不同方法，其主要方法为估价法。这种方法是利用普通股现值的估价公式来计算普通股成本的一种方法。

普通股现值的计算公式为：

$$V_0=\sum_{i=1}^{n}\frac{D_i}{(1+K_S)^T}+\frac{V_n}{(1+K_S)^n}$$

由于股票没有到期值，则当 $n\to\infty$ 时，股票现值的公式为：

$$V_0=\sum_{i=1}^{n}\frac{D_i}{(1+K_S)^T}$$

式中，V_0 为普通股现值；D_i 为第 i 期支付的股利；V_n 为普通股终值；K_S 为普通股成本。

如果公司的每年股利固定不变，可视为永续年金，则普通股成本的计算公式可简化为：

$$K_S=\frac{D}{V_0\times(1-f)}$$

如果公司股利不断增加，假设年增长率为 g，则普通股成本的计算公式可简化为：

$$K_S=\frac{D_1}{V_0\times(1-f)}+g$$

式中，D_1 为第一年的股利；f 为普通股筹资费率。

【例题 9-5】 东方公司普通股的每股发行价格为 100 元，筹资费率为 5%，第一年年末发放股利 12 元，以后每年增长 4%。要求：计算普通股资本成本率。

解：普通股资本成本率$=\frac{12}{100\times(1-5\%)}\times 100\%+4\%\approx 16.63\%$

五、留存收益成本计算

一般企业都不会把全部收益以股份形式分给股东，所以，留存收益是企业资金的一种重要来源。企业留存收益相当于股东对企业进行追加投资，也要求有一定的报酬，所以，留存收益也要计算其成本。留存收益成本的计算与普通股基本相同，但不用考虑筹资费用。其计算公式为：

$$留存收益资本成本率=\frac{年留存收益增值额}{留存收益资金额}+普通股利年增长率$$

普通股与留存收益都属于所有者收益，股利支付不固定。企业如果破产，股东的求偿权位于最后，所以普通股股东所承担的风险最大，普通股的成本也最高。

六、综合资本成本计算

综合资本成本也称加权平均资本成本，是指将各种筹资方式的长期资金按比重加权计算的总成本。由于受多种因素制约，企业不可能只用某种单一的筹资方式，往往需要通过多种方式筹得所需资金。为了进行筹资决策和投资决策，需要计算企业的加权平均资本成本。其计算公式如下：

综合资本成本率 $=\sum$（某种资金来源占全部资金来源的比重×该种资金来源的资本成本率）

【例题 9-6】 某企业共有资金 1 000 万元，其中银行借款占 50 万元，长期债券占 250 万元，普通股占 500 万元，优先股占 150 万元，留存收益占 50 万元；各种来源资金的资本成本率分别为 7%，8%，11%，9%，10%。要求：计算综合资本成本。

解：综合资本成本＝

$$\frac{500\ 000\times7\%+2\ 500\ 000\times8\%+5\ 000\ 000\times11\%+1\ 500\ 000\times9\%+500\ 000\times10\%}{10\ 000\ 000}\times100\%=9.7\%$$

扫描二维码，阅读理财成本和资本成本的相关内容。

拓展阅读	学习笔记

相关阅读

降低资本成本的途径

降低资本成本，既取决于企业自身筹资决策，如筹资期限安排是否得当，筹资效率是否提高，信用等级状况好坏，资产抵押或担保工作是否做得较好等；又取决于投资性项目的未来风险状况，以及市场环境，特别是通货膨胀状况、市场利率变动趋势等。

降低资本成本的基本途径主要有以下三种。

1. 合理安排筹资期限

资本的筹集主要是为了满足投资的需要，尤其是为了满足用于长期投资的需要。在这种情况下，投资年限越长，筹资期限的要求越长。由于投资是分阶段、分时期进行的，因此，企业在筹资时，可按照投资的进度来合理安排筹资期限。这样既可减少资本成本，又可减少资金不必要的闲置。

2. 提高企业信誉，积极参与信用等级评估

企业要想提高信用等级，必须先积极参加等级评估，让市场了解企业，也让企业走向市场。只有这样，才能为以后的资本市场筹资提供便利，才能增强投资者的投资信心，才能积极有效地取得资金，降低资本成本。

3. 积极利用负债经营

在投资收益率大于债务成本率的前提下，积极利用负债经营，取得财务杠杆效应，降低资本成本，提高投资效益。

任务深层思考

某企业共有资金 2 000 万元，企业的理财方式有银行借款、长期债券、普通股、留存收益四种模式，资本成本分别为 5%，6%，12%，11%。请使用综合资本成本进行方案的分配。

任务 4　确定资本结构

任务分析

在学习资本结构以前，应先学习以下相关知识。

相关知识

资本结构是指企业各种资金的构成及其比例关系。它是企业筹资管理的核心问题。企业应综合考虑有关影响因素，运用适当的方法确定最佳资本结构，并在以后追加筹资中继续保持。企业现有资本结构不合理，应通过筹资活动进行调整，使其趋于合理。

在实务中，资本结构有广义和狭义之分。狭义的资本结构是指长期资本结构，广义的资本结构是指企业全部资金(包括长期资金和短期资金)的结构。

企业资本结构是由企业采用各种筹资方式理财而形成的，各种筹资方式的不同组合类型决定着企业资本结构及其变化。企业筹资方式虽然很多，但总的来说分为负债资金和权益资金两类。因此，资本结构问题总的来说是负债资金的比例问题，即负债在企业全部资金中所占的比重问题。

一、比较资本成本法确定资本结构

比较资本成本法是计算不同资本结构(或筹资方案)的加权平均资本成本，并以此为标准相互比较，进行资本结构决策。具体来说，企业在作出筹资决策之前，先拟定若干个备选方案，分别计算各方案加权平均资本成本，并根据加权平均资本成本的高低来确定企业的最优资本结构。

加权平均资本成本计算公式如下：

$$加权平均资本成本=\sum 某种资金占总资金的比重\times 该资金的成本$$

【例题 9-7】 华光公司原来的资本结构如表 9-1 所示。普通股每股面值为 1 元，发行价格为 10 元，今年期望股利为 1 元/股，预计以后每年增加股利 5%。该企业所得税率假设为 30%，并假设发行的各种证券均无筹资费。

表 9-1　资本结构

筹资方式	金额/万元
债券(年利率 10%)	800
普通股(每股面值为 1 元，发行价为 10 元，共 80 万股)	800
合计	1 600

该公司现拟增资 400 万元，以扩大生产经营规模，现有如下三个方案可供选择。

甲方案：增加发行债券 400 万元，因负债增加，投资人风险加大，债券利率增至 12%才能发行，预计普通股股利不变，但由于风险加大，普通股市价降至 8 元/股。

乙方案：增加发行债券 200 万元，年利率为 10%，增加发行股票 20 万股，每股发行价 10 元，预计普通股股利不变。

丙方案：增加发行股票 36.36 万股，普通股市价增至 11 元/股。

要求：计算上述三个方案的加权平均资本成本，并确定哪个方案最好。

解： 原加权平均资本成本 $=\dfrac{8\ 000\ 000}{16\ 000\ 000}\times 10\%\times(1-30\%)+\dfrac{8\ 000\ 000}{16\ 000\ 000}\times\left(\dfrac{1}{10}+5\%\right)=11\%$

甲方案加权平均资本成本 $=\dfrac{8\ 000\ 000}{20\ 000\ 000}\times 10\%\times(1-30\%)+\dfrac{4\ 000\ 000}{20\ 000\ 000}\times 12\%\times(1-30\%)+\dfrac{8\ 000\ 000}{20\ 000\ 000}\times\left(\dfrac{1}{8}+5\%\right)=11.48\%$

乙方案加权平均资本成本 $=\dfrac{8\ 000\ 000+2\ 000\ 000}{20\ 000\ 000}\times 10\%\times(1-30\%)+\dfrac{8\ 000\ 000+2\ 000\ 000}{20\ 000\ 000}\times\left(\dfrac{1}{10}+5\%\right)=11\%$

丙方案加权平均资本成本 $=\dfrac{8\ 000\ 000}{(363\ 600\times 11+16\ 000\ 000)}\times 10\%\times(1-30\%)+\dfrac{8\ 000\ 000+363\ 600\times 11}{(363\ 600\times 11+16\ 000\ 000)}\times\left(\dfrac{1}{11}+5\%\right)\approx 11.25\%$

经比较，乙方案的加权平均资本成本最低，所以应选用乙方案。

运用比较资本成本确定资本结构，计算过程也不复杂，是确定最优资本结构的一种常用方法。但因其所拟定的方案数量有限，故有把最优资本结构的方案漏掉的可能。

二、息税前利润——用每股利润分析法确定资本结构

每股利润分析法是利用每股利润无差别点来进行资本结构决策的方法。每股利润无差别点是指两种筹资方式下普通股每股利润等同时的息税前利润点，也称息税前利润平衡点。根据每股利润无差别点，可以分析判断在什么情况下运用债务筹资来安排和调整资本结构。

每股利润无差别点可以通过计算得出。其计算公式为：

$$\frac{(\mathrm{EBIT}-I_1)(1-T)-D_1}{N_1}=\frac{(\mathrm{EBIT}-I_2)(1-T)-D_2}{N_2}$$

式中，EBIT 为每股利润无差异点处的息税前利润；I_1，I_2 为两种筹资方式下的年利息；D_1，D_2 为两种筹资方式下的优先股股利；N_1，N_2 为两种筹资方式下的流通在外的普通股股数；T 为所得税税率。

在每股利润无差别点上，无论是采用负债筹资，还是采用权益筹资，每股利润都是相等的。

【例题 9-8】 某公司原有资本 700 万元，其中债务资本 200 万元(每年负担利息 24 万元)，普通股资本 500 万元(发行普通股 10 万股，每股面值 50 元)。由于扩大业务，需追加筹资 300 万元。其筹资方式有以下两种。

(1)全部发行普通股：增发 6 万股，每股面值为 50 元；

(2)全部筹借长期债务：债务利率仍为 12%，利息为 36 万元。

要求：计算每股利润为多少。(所得税率为 33%)

解：将上述资料中的有关数据代入计算公式：

$$\frac{(\text{EBIT}-240\ 000)\times(1-33\%)-0}{100\ 000+60\ 000}=\frac{(\text{EBIT}-240\ 000-360\ 000)\times(1-33\%)-0}{100\ 000}$$

解上式得：EBIT＝1 200 000

此时的每股利润：$\frac{(1\ 200\ 000-240\ 000)\times(1-33\%)}{100\ 000+60\ 000}=4.02$(元)

上述每股收益无差别分析，可描绘如图 9-2 所示。从图 9-2 可以看出，当息税前利润额高于 120 万元(每股收益无差别点的息税前利润额)时，运用负债筹资可获得较高的每股利润；当息税前利润额低于 120 万元时，运用权益筹资可获得较高的每股利润。

这种方法只考虑了资本结构对每股利润的影响，并假定每股利润最大，股票价格也最高。但把资本结构对风险的影响置于视野之外，是不全面的。因为随着负债的增加，投资者的风险加大，股票的价格和企业价值也会有下降的趋势。但在资金市场不完善的时候，投资人主要根据每股利润的多少来作出投资决策，每股利润的增加也的确有利于股票价格的上升。

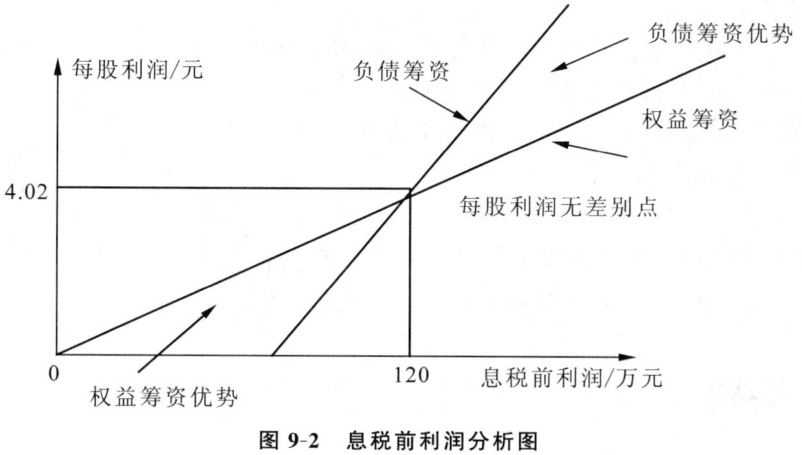

图 9-2　息税前利润分析图

扫描二维码，阅读最优资本结构的相关内容。

拓展阅读	学习笔记

任务深层思考

分析当前中国房地产市场价格居高不下的原因，运用资本结构进行深入分析。

项目小结

亲爱的同学，你已经完成了项目九的学习内容，结合前面各项目的认识和学习，相信你对公司理财方式和结构有了较好的认识和理解。本项目的重点在于通过分析公司理财的内容和构成，介绍资金时间价值的计算方式、资本结构的计算内容，使同学们能真正体会到公司理财对中小微企业发展的重要性，并学会如何在实践中进行应用。

下面请进入“能力自测”部分，通过对项目九内容的学习，能及时将其转化为应用知识。

能力自测

驰宏集团2020年年末总股本为300万股，该年利息费用为500万元，假定该部分利息费用在2021年保持不变，预计2021年销售收入为15 000万元，预计息税前利润与销售收入的比率为12%。该企业决定于2021年年初从外部筹集资金850万元。具体筹资方案有两个。

方案1：发行普通股股票100万股，发行价每股8.5元。2020年每股股利为0.5元，预计股利增长率为5%。

方案2：发行债券850万元，债券利率为10%，适用的企业所得税税率为33%。假定上述两方案的筹资费用均忽略不计。

董事会在讨论筹资方案时要求了解如下指标。

(1)2021年预计息税前利润。

(2)每股利润无差别点。

(3)根据每股利润无差别点作出最优筹资方案的决策，并说明理由。

(4)计算方案1增发新股的资本成本。

实训操作

【实训目标】

调研房地产开发商销售的住宅楼报价，确定最佳的资本结构，并在下次课程开始时以宣讲的形式对最佳资本结构进行一次评价。

【实训内容与要求】

1. 收集一家房地产开发商销售的住宅楼报价，根据实际情况计算每月的按揭款。

2. 实地调查现实中的银行贷款利率并计算企业长期贷款、企业债券的资本成本；制定企业的现金股利发放标准，并测算股票筹资的资本成本；对上述几种资金的成本进行评价；最后确定加权资本成本，并在下次课程宣讲时对这一数据进行评价。

3. 从一则案例出发，确定最佳的资本结构，并在下次课程开始时以宣讲的形式对最佳资本结构进行一次评价。

4. 编写一份筹资方案说明书。

【实训成果与检测】

1. 教师综合以下评估打分。

(1)小组的问卷设计。

(2)小组收集的相关企业资料。

(3)小组的调研报告和课堂交流心得，要求提交书面材料(1 500 字左右)。

(4)小组课堂口头表述。

(5)小组每位成员实训期间的工作表现。

2. 个人须上交的实训心得与体会。

学习笔记

项目十

学习浙商管理之道

知识目标：

1. 了解企业家素养与企业家精神；
2. 理解浙商的管理之道；
3. 掌握管理创新、创新方法及创新实践。

能力目标：

1. 能挖掘自身的管理潜质；
2. 能分析浙商企业典型案例和创新实践方法。

素质目标：

1. 培育企业家精神和素养；
2. 培养创新创业意识和能力。

项目任务：

1. 学习企业家精神；
2. 认识浙商的管理之道；
3. 学习中小微企业管理创新启示。

扫描二维码，获取本项目的教学内容展示。

教学内容展示	预习笔记

项目导入

相关阅读

浙商精神的力量

著名经济学家吴敬琏说："浙江是一个具有炽烈企业家精神的地方，浙江商人既聪明又肯吃苦，敢冒风险，敢为人先，最让人佩服。"

著名实战管理咨询专家沈玉龙说：第一，浙江人会做生意，他们的生意经是我们看不懂的，可谓无孔不入；第二，浙江人会管理；第三，浙江人会盘活人力资源。

曾任德力西集团股份有限公司总裁的胡成中这样总结浙商精神："饥渴"理论、"四千"精神和"两板"作风。"四千"即千方百计、千辛万苦、千言万语、千山万水，"两板"即白天当老板、晚上睡地板。所谓"饥渴"理论，胡成中解释，因为浙江人多地少，大部分农民"洗脚上岸"，"有饭吃饭，有水喝水，只要能填饱肚子就行"。他认为这其实是浙江人的一切从实际出发的精神。"浙江人实际上是逼出来的，闯出来的，苦出来的。穷的人不开心，闲的人不自在，大家个个都想创业。"

正泰集团股份有限公司董事长南存辉一语道破了浙商的成功秘诀："关于成功经验，可用四句话概括心得。一是诚信经营，不要投机取巧，不管是对合作伙伴，对经营客户，还是对民族，对国家。二是以人为本，对内对外都要有良好的人际关系。三是不好高骛远，要立足实际。四是不断创新，先是观念的创新，因为很多事情只怕你想不到。"

许多人认为，经商、做企业需要有一些天赋或资质，自己缺少这种天赋和资质，实际上，经商、做企业并不像常人所说的那么困难，一个会做人的人，都能够经商和创业。因为，做企业其实就是做人。

2011 年 10 月，浙江展开双臂，迎来了全球五大洲的浙商精英。他们共赴以"创业创新闯天下、合心合力强浙江"为主题的首届世界浙商大会(见图 10-1)。首届世界浙商大会不仅让海内外的浙商齐聚一堂，还让浙商精神得以继续发扬和传承，我们在浙商论坛上看到了什么是"浙商的力量"。

图 10-1 世界浙商大会开幕式现场

扫描二维码，获取本项目的项目说明。

项目说明	预习笔记

任务1　学习企业家精神

任务分析

在了解企业家具有哪些素养之前，应先学习以下相关知识。

相关知识

一、企业家与企业家精神的含义

企业家通常是指那些开创新事业的管理者。企业家精神则是指在新的市场、新的产品、新的技术上进行创新、投资和拓展的能力。一些理论家把“企业家精神”一词与管理作了明确的区分，但也有人认为企业家精神是一种管理的形式。

关于企业家的概念至今尚无定论，有些人将那些创建新企业的人称为企业家；而另一些人则从企业家工作的目的出发，认为那些不断创造社会财富的人才是真正的企业家。大多数人在提到企业家时往往喜欢将之与“大胆”“创新”“投机”“冒险”等形容词相联系。“企业家”一词，在大英百科全书中的解释是“经济学中的术语，指对企业承担风险和管理的人士。”

早期的经济学家通常把生产要素分成土地、劳动力和资本，并以此来划分经济学上的阶级——地主和农民、工人和资本家。资本家为企业提供资本，并且指挥企业，他们因这些活动而收取利息和利润。利润既包括专业管理人士和企业主的所得，也包括他们承担风险的报酬。假如他们开创一家风险企业，开辟一个新市场，采用一种新工艺及引入一种新产品获取成功，就会得到利润收益。正是获得利润收益，资本家才可称得上真正的企业家。

法国经济学家让·巴蒂斯特·萨伊曾说过：“企业家能把经济资源从生产率较低和产量较少的领域转移到生产率较高和产量较大的领域。”但萨伊并没有告诉我们企业家究竟是谁。自从萨伊创造这个新词以来，对“企业家”和“企业家精神”的定义就存在着很大的争议。

德文中的“企业家”指的是既拥有资产，又负责经营的人，相当于英语中的“业主”或“经理”。这里拿权力和财产作为标准，同样不是我们讲的企业家。企业家必须要有创新精神。彼得·德鲁克曾说过：“企业家就是赋予资源以生产财富能力的人。”

总括以上种种阐述，可见“企业家”是指那些不断寻觅机会，通过创新满足需要，赋予资源以生产财富能力的人。

一个国家的繁荣和昌盛，主要依靠经济的发展。作为社会“经济细胞”的企业，是整个社会经济发展的基础，而企业的灵魂是企业家，企业家良好的素质是企业成功的保证。可以说，一个国家有没有高素质的企业家，是一个国家经济能否健康、快速发展的关键。

二、企业家素质的内涵

本书认为企业家素质就是企业家在管理和经营企业过程中，所表现出的道德水平、智力水平、知识水平、实际能力和身体状况。企业家素质具有很强的综合性，有先天性的部分，但更主要的是后天的培养。

市场经济条件下对企业家素质的要求包括：首先，企业家应具有高尚的道德情操，要把自己个人的利益与整个企业和整个社会的利益联系在一起，要顾全大局，企业家制订战略决策和目标一定要以满足人民的生活需求、提高人民的生活水平和促进整个社会的进步为出发点，要以民族复兴为己任；其次，企业家应具有高智商，一个智力低下的人是不能成为企业家的，但仅有高智商又是不够的，企业家必须和社会、和自己的团队打交道，所以还必须具有较高的情商；再次，企业家应具有创新能力、应变能力、公关能力和组织能力，经济全球化的时代，企业的外部环境瞬息万变，内部环境日趋复杂，企业家只有具备这些方面良好的能力，才能带领企业健康发展，使企业立足于不败之地；最后，企业家应具有多元文化的素养，这是经济全球化和国际竞争的需要，无论是在跨国公司工作，还是创立自己的国际型企业，都必须了解世界上不同国家和民族的文化。

三、企业家素质与企业家精神的意义和作用

(一)一个企业家的良好素质与修养是企业能否取得成功的关键

现代企业的生存与发展已不再单纯依靠拼资源和拼劳动力的粗放型的生产方式，而是逐步转向依靠先进技术和先进管理的集约型生产方式。这种复杂的管理过程始终离不开企业家。只有高素质的企业家，才能用好、用活企业的人、财、物，发挥其最大效能，产生最大效益。

(二)企业家经营管理是否成功和有效，关系企业全体员工的利益

如果一个企业家经营成功，他将为企业创造丰厚的利润，职工的工资、福利就会提高，股东也会获得丰厚的利润分红，国家的税收就有了保障；如果一个企业家经营失败，企业出现亏损，那么上述利益都要受到严重的影响。

(三)企业家的战略决策行为决定企业成长与发展的方向

“大海航行靠舵手”，企业家就是他所经营管理企业的“舵手”。企业家指引着全体员工在复杂多变和充满着激烈竞争的市场环境中乘风破浪。企业家具有雄心伟略，能高瞻远瞩，能够根据市场发生的变化迅速地作出反应，制订相应的战略目标、方针和政策。以其巨大的感召力，号召大家向既定的目标方向大步前进。

(四)企业家的经营理念和管理哲学是建立企业文化的基础

企业文化在企业成长与发展过程中起着巨大的凝聚和激励作用，它能凭借一股无形的引力让企业全体员工团结在企业家周围。而企业家的经营理念和管理哲学是企业文化的核

心和基础。企业家靠他的威望把这种理念和哲学潜移默化地灌输给全体员工，从而使得整个企业上下士气高昂、意气风发，使企业焕发旺盛的生命力和活力。

(五)企业家精神是整个企业生命的灵魂，企业家是企业变革的源泉

一家企业能否在激烈竞争的环境中获得长期的生存与发展，关键在于这个企业制订的战略目标对环境变量的适应性和企业的组织结构对战略目标的适应性。当战略目标、环境变量、组织结构三者发生重大不协调时，企业就需要变革，这正是企业家精神的体现。企业家能明察秋毫，洞察一切。当市场技术和社会环境发生重大变化，企业组织结构、战略目标变得不适应时，企业家能迅速带领全体员工转换方向。因此，企业家是企业变革力量的源泉，是现代市场经济社会企业战略重组、企业再造的主要策划者。

可以说，企业家在企业内部是整个企业的核心，在企业外部代表着整个企业的行为。由此可见，企业家良好的素质和修养，对一个企业的发展、企业的成败得失至关重要。

任务深层思考

发现和掌握企业家素养的内涵，并挖掘自己有哪些潜质。

任务 2 认识浙商的管理之道

任务分析

浙商身上有很多值得探索和总结的地方，要想了解浙商的管理之道，应学习以下相关知识。

相关阅读

浙商中没有懒人

浙商最大的优势在于精神优势，浙商中没有懒人。接触浙商，不管是在车站旁摆地摊的小商贩，还是大集团的老总，人们都会有这样的体会，那就是“浙商中没有懒人”。说浙商中没有懒人，是因为他们几乎把所有的精力都放在了生意上。很多浙商在创业时期往往“从鸡鸣忙到狗叫”，晚上还经常加班加点。想和他们“扯闲篇”，对不起，忙着呢，没空。

杭州飞鹰船艇有限公司的创始人兼董事长熊樟友，和很多民企的老总一样，吃苦耐劳、爱厂如家，为了工厂的生存和发展，不辞劳苦。刚创业那会儿，熊樟友一般没有休息日，他说“除了年三十和年初一，我好像都不休息”。他的工作时间也很长，从早到晚，不知疲惫。到了工厂，他也不在办公室里待着，而总是在车间里忙得不亦乐乎，跟这个人讨论技术的问题，跟那个人讨论质量的提升。“只有经常在车间里转，才能真正发现问题。”

浙商的手脚勤快，还在于他们对财富永远有兴趣。只要有生意，他们什么地方都能去，走遍千山万水，想尽千方百计，寻找最有价值的市场去开发。

一、浙商对企业创业模式的启示

(一)吃苦耐劳，艰苦奋斗，积累资本

可以说，浙商能在改革开放以后取得如此大的成功，很大一部分原因在于他们能吃苦耐劳和艰苦奋斗，以此来完成资本的原始积累。经济学家李兴山曾说："浙江人有着强烈的自我创业、自我发展的欲望，有着深厚的务工经商传统和商品经济意识，有着百折不挠、自强不息的艰苦创业精神。凭着这股精神，浙江经济细胞不断裂变，发展水平不断提高，使得一些原本是掌鞋的、打铁的、缝衣服的、修打火机的等普通劳动者成了百万富翁、千万富翁，成长为国内著名、世界知名的企业家。"

浙商创业模式、温州创业模式的成功，触动了其他地方商人敏感的神经。这种模式里成功典型中的许多企业老总都是白手起家。以艰苦奋斗、永不言败的精神，用自己的创业模式和发展战略为企业注入了生命的甘泉。很多人很值得敬佩，"做得老板，睡得地板"。任何一个家庭都可以背起包裹，闯荡天南地北。这种创业的吃苦耐劳精神是可敬可佩的。而所谓的模式，只是对方式和方法的概括，不是永久性的。必须长期坚持和不懈地创新才会获得永久的活力。可见，吃苦耐劳、艰苦奋斗是商人成功的基本条件。一个企业从无到有是一个质变的过程，而这个质变需要创业者在平时就能吃苦耐劳，一点一滴地积累财富，才能积聚成足够的原始资本。作为现代的商人，要做到富而不骄、穷而有志、致富思源、富而思进、脚踏实地、艰苦奋斗。

(二)以不怕冒险、敢为天下先的勇气开拓市场

浙商成功就是因为他们具备了不怕冒险、敢为天下先的勇气。另外，浙商有着一股不屈不挠的拼搏精神，他们永不满足。著名经济学家钟朋荣感慨地说："在浙商眼里，没有办不成的事，他们还喜欢不断地给自己设定新的目标，不等不靠，相信市场、相信自己，因此浙商的自立性比较强。"

浙商历来具有坚毅的冒险精神和开拓精神，这在他们的商业活动中显露无遗。在19世纪末和20世纪40年代，宁波人曾两次大规模地前往日本、欧美国家及中国香港、中国澳门等地区创业，其中不少人成长为当地工商界或金融界的巨子。分布在海外各地的宁波人始终保持着经商传统。老一辈的宁波商人的后代又成为新一代的商人，在海外商界形成了"宁波风"。

从理论上讲，风险与收益并存，风险越大，成功后的收益越丰厚。不少人在有了资本以后，唯恐再失去财富，因而在做投资选择时，往往选择那些风险小而收益稳的行业或干脆固守原有的行业，结果是小步前进，难成大气候。但是浙商们就敢冒风险，锐意进取，能够把握高风险与高收益的机会。虽然他们中也有人失败，但是成功者却是多数。他们都是"敢于第一个吃螃蟹的人"。曾有一位学者这样评论道："温州人敢于实践。他们敢去其他地方人不敢去的地方，敢做其他地方人不敢做的事情。"

浙商的理念告诉我们，创业不但要有很大的勇气，还要有冒险的精神。如果只是持有"小富即安"的想法，那很难把企业做大做好。在越是着手困难的地方，有时越能发现和创造市场的机会。做一般人不敢做的事，去一般人不敢去的地方，就能获得别人无法获得的成功。当我们正处于事业开始阶段时，面对困难一定要勇敢面对，要培养自己敏锐的眼光，努力地去发现和开拓。

(三)以四海为家、求真务实的态度扩大产业规模

浙商在省内特色产业区"集群"的同时，流动性极强成为其又一特征。到处都有操浙江口音的投资者和生意人，浙商散布全国甚至全球每一个角落。头脑精明、嗅觉敏锐的浙商逐"市场"而居，这是浙商足迹遍及全国每一个角落的重要原因。

几乎浙江全部知名的大型专业市场都在省外办起了分市场。随着"浙产"市场在全国各地的生根发芽，一批又一批的浙商也被"输出"到祖国的各个角落。

不断进取的浙商并不满足于国内的市场，他们还积极地向外发展。浙商"走出去"最早的形式是"跑单帮"。多年前，浙江的一些企业和个体工商户就以"跑单帮"的形式到独联体、东欧和周边国家经商，成为浙江境外商品市场的雏形。再往后就是有组织地走出国门办市场。在欧洲大陆各国城市，几乎都能见到从事皮具、时装、百货、土产、托运、餐饮的浙商，特别是温州、台州人。他们中有新一代移民，也有已经本土化了的，但浙商精神不改。他们所从事的行业十分庞杂，"什么都敢干，什么都能干"，因此民间素有"浙商不倒"和"中国犹太人"的说法。

1998 年，浙商在里约市繁华的圣保罗商业区开出的占地 4 000 平方米的中华商城，现已成为南美一个中国小商品集散中心。在莫斯科市有一座著名的"海宁楼"，它是十多位浙江海宁商户创办的专业皮革服装市场。义乌商人在南非、尼日利亚投资数百万美元创办了南非中华门商业中心和尼日利亚贸易公司，将浙江服装百货产品销往世界各地。中国日用商品城在阿联酋迪拜设立分市场，成为西亚、北非的一个商品辐射中心。

二、浙商对企业管理方法和营销方式的启示

在管理领域中，管理和伦理是相互补充、相互促进的，只有将两者结合，企业的管理才会成功。

(一)以"天下之主不如买主"的态度重视顾客

在为人处世上，浙江人非常善于根据对方的身份、地位、想法来调整自己的思想，把每一个人都当成最重要的人来对待。正如杭州旅游集团有限公司原总经理楼金炎所说："我做了 33 年的厂长，得出三句话，一是老老实实做人，二是认认真真办事，三是诚心诚意待人。"学会诚心诚意待人，就要重视每一个人。由此可见，重视他人是世界上最小的投入，但产出却是巨大的。重视他人，将会带来无穷的回报。浙商的经验总结告诉我们，和他人保持和谐良好的关系需要做到重视每一个人。而且，这种重视除了在观念上要有坚持，行为上也要注意方法。

重视每一个人，先要了解每一个人，这是人际交往最基本的一步。遇到陌生的人，应该主动地打招呼，主动介绍自己，以博得对方的好感，从而建立初步的关系。其次，真诚关心他人是重视他人的主要表现。真诚关心他人就要让他人感到温暖。当然，关心要真诚。同时，关心他人时要避免涉及对方的隐私，避免使对方陷入尴尬的境地。最后，赞美是重视他人的另一种表现。有些人认为，赞美他人就是奉承，这是比较俗套的。事实上，这完全是两回事。人性的本质是希望得到赏识，你赞美他人，会让他人觉得受到了尊重，会令对方感到心情愉悦。

重视顾客，并非要求无视自己的尊严去迎合顾客。"天下之主不如买主"，主要体现了顾客在经商中所处的地位的重要性。但是，重视顾客并不是无条件地去迎合或奉承。当浙

商处于经营初期时，由于做的都是小本生意，并且大部分的人都是在他乡经营，难免会受到很多人的歧视与白眼，无法得到像晋商、徽商那样大商人同样的尊重。所以，他们意识到了只有重视顾客的需求，才能做成生意。商业活动的实质就是一种服务的活动，商人是服务的主体，顾客是服务的客体，只有满足顾客对服务的需要，才算得上是合格的服务。

(二)诚信经营，建立企业信誉

浙商以“仁中取利真君子，义内求财大丈夫”为其经商理念，可以说，浙商在现代社会中时时处处以诚信来要求自己的。例如，同仁泰百货店的挂牌上写明了“货真价实，薄利多销；选货精良，讲求实惠；童叟无欺，诚实可靠”的经营宗旨，并在经营过程中恪守这一宗旨，赢得了客户的信任，也为公司树立了良好的形象。曾创下数十个“全国第一”的“宁波帮”企业家、湖州商人，之所以能取得骄人业绩，也是因为他们秉承了浙商伦理思想中“诚信”的文化基因。这种基因经过世代的历史积累，已经对现代诚信社会的构建，产生了积极的作用。

浙江商人传统的诚信观念值得提倡，历史已经证明它是行之有效的。市场经济的诚信建设要落到实处，靠的还是商业领域中每家企业的自律。商业领域作为市场经济中交换的集结地，是市场经济伦理的最直观的体现。因此，商业领域信用准则的确立会对市场经济的诚信建设起关键作用。商业领域的诚实守信原则主要表现在商家与供货方、商家与消费者之间的关系调节上。在商家与供货方的关系上，双方应该确立双方遵守协议、履行合同、买卖公道的信用体系，防止假冒伪劣、以次充好、以假乱真的产品进入市场。在商家与消费者的关系上，商家也需要从法律和制度上确立信用至上、信誉至上的原则，做到诚实无欺、买卖公平、货真价实、真诚服务。

(三)树立团结互助的理念，加强与其他企业的合作

曾担任杭州商学院经济学院副院长的郑勇军先生曾说：“浙江企业成功的关键是由于浙江商人天生有着一种经商的能力资源。浙江没有良好的工业发展所需的自然资源，没有大规模的外资投入，但浙江众多小企业、个体户的模式，却给浙江人提供了高出内陆人几十倍的经商机会。浙江商人在这种锻炼中，积累资本很快，这使得浙江商人在观念、行为上能走在别人的前面。经商过程中，并不只是单打独斗，更需要他人的帮助与相互扶持。商人相重，而非相轻。不能一味重功利，更要团结合作。这些理念可以说是成功的秘诀之一。今日的浙商重视这种精神，他们将合作、团结集结成为力量，指引着浙商人取得更大的成就。”

扫描二维码，阅读浙商生意经的相关内容。

拓展阅读	学习笔记

任务深层思考

通过学习，学会分析不同类型浙商企业家的管理之道。

任务3 中小微企业管理创新启示

任务分析

浙商经商如何走得更为顺畅？创新非常重要。探讨浙商的创新实践方法和经验，应先学习以下相关知识。

相关知识

一、创新的概念

国外有一门课程为“创造学”，产生于20世纪中叶，作为一门科学已初步形成一个独立的学科。该学科对人在创造性活动中的心理作了研究并在此基础上提出了一些创新技术和方法。

1912年，美籍奥地利人、经济学家约瑟夫·熊彼特第一个从经济学角度系统地提出了创新理论，从而为现代社会、现代组织引入了经济发展、生产率增长和改善人民生活水平的真正驱动力。现在，国际上一些著名的成功企业都将创新视为关键的竞争优势源。

创新是一个民族进步的灵魂，是国家兴旺发达的不竭动力，更是现代企业进步的原动力。“创新”这一概念是约瑟夫·熊彼特在20世纪初提出的。创新是指企业家对生产要素的新组合。创新与发明、创造不同。发明是指一种新产品、新技术或新的经营方式的初次出现；创造是指以独特的方式综合各种思想或在各种思想之间建立起独特关系的一种能力；创新是指把一种发明创造引入经济之中，从而给经济带来较大的影响或使经济发生较大变革。创新实质上就是形成一种创造性思想并将其转换为有用的产品、服务或作业方法的过程。当管理者说到要将组织变革得富有创造性的时候，通常指的就是激发创新。

创新包括五种情况：①引入一种新产品或提供一种产品的新的质量；②采用一种新的生产方法；③开辟一个新市场；④获得一种原料或半成品的新供给来源；⑤实行一种新的组织形式，如建立垄断地位或打破垄断。因此，创新是一个经济概念，而不是技术概念。管理体系中的创新者是指那种看到了经济中存在的风险，把新发明引入经济中，以便获取这种潜在利益的企业家。

二、创新的因素

（一）结构因素

1. 有机式结构对创新有正面的影响

因为其纵向变异、正规化和集权化程度低，有机式结构可以提高组织的灵活性、应变力和跨职能工作能力，从而使创新更易于被采纳。

2. 拥有富足的资源，能为创新提供另一重要的基石

组织资源充裕，就使管理当局有能力购买创新成果，敢于投巨资推行创新并承受失败的损失。

3. 单位间密切的沟通有利于扫除创新过程中的潜在障碍

像委员会、任务小组及其他这类机制都可促进部门之间的相互交流，从而得到创新成功组织的广泛采用。例如，明尼苏达采矿制造公司就是高度分权化的、拥有小型有机式组织的大部分特征。这家公司还有一个“大口袋”，用以支持、鼓励科学家和工程人员将15%以上的时间用于他们自己选择的开发项目的政策。

(二)文化因素

富有创新力的组织，通常具有某种共同的文化。例如，鼓励试验，赞赏失败，不论成功还是失败都给予奖励，等等。

充满创新精神的组织文化通常有如下特征：①接受模棱两可，过于强调目的性和专一性会限制人的创造性；②容忍不切实际，组织不反对员工对“如果……就……”这样的问题作出不切实际的甚至看似愚蠢的回答；③外部控制少，组织将规则、条例、政策这类的控制程度降到最低；④接受风险，组织鼓励员工大胆试验，不用担心可能出现失败的后果；⑤容忍冲突，组织鼓励提出不同的意见；⑥注重结果甚于手段；⑦强调开放系统。

(三)人力资源因素

在人力资源因素中，我们发现有创造力的员工，并对之进行培训，以使其保持知识的更新。同时，还给员工提供支持，减少他们担心因犯错误而遭解雇的顾虑。组织也鼓励员工成为革新能手，高度自信、旺盛、敢于冒风险。

三、创新的过程

创新并非少数专家们的特有领地，一般的涉猎者也完全能提出创新思想。创新思想是“产生的而非再生的”，是一个完整过程的结果。多年来，一些专家始终致力于创新思维的研究。他们认为，创新的过程(包括艺术创造)都可以划分为若干个阶段。早在1926年就有人提出了创新思维过程的“四阶段论”，即准备、构思、明朗和确立。以后又有人在此基础上作了进一步修正，提出了更为精确的所谓“创新五步”历程。

(一)收集素材

这是一个积累的过程。在这段时期需要开展广泛的探索，研究与问题有关的一切事物。积累和收集各种有用的信息与素材是进行创新的必要前提。

(二)深思熟虑

在此阶段要克服各种思想障碍，发挥思维的灵活性，运用多种创造原理，如演绎、归纳、移植、侧向思维、分析与综合等思维方法。此阶段有时也会闪现出思想火花(灵感)，经过时间的孕育，也能发展为创新思想。

(三)酝酿储备

酝酿储备阶段即通常所谓的孕育阶段。当某些新思想偶尔浮现时，也许它是以初级、粗糙的形式出现的，需要进一步琢磨、充实与完善，把原始的数据信息和思索时发掘的新资料通过加工整理，进行酝酿构思。

(四)领悟发现

这是作出创造性发现的阶段。在此阶段，直觉、灵感、想象等非逻辑思维起着决定性的作用。在继续深思熟虑与酝酿储备的基础上，一旦出现思维的飞跃，新的认识与见解也就最终产生了。

(五)确立完善

对创新思想，通过修正、扩充、提炼加以完善，并运用评估的能力加以检验与抉择。

以上划分的各阶段，只是大概地反映了人们创新的思维过程，并非截然分割的、刻板的法定模式。创新的过程通常是一个不太规则的过程。理解上述创新的过程有助于充分发挥自身的创造和创新能力。

四、创新的方法

创新的方法很多，这里主要介绍以下两种。

(一)综摄法

“综摄法”(Synectics Method)源于希腊文，意思为“把表面上看起来无关联的事物作强行结合”，有点“强拉硬扯”“硬往一起捏”之意。

这是以类比思考为核心的著名创新技术。综摄法最早是由歌顿提出的。他观察了个人的创造活动，并推断了创造活动的心理过程，发现在创造活动中有几种心理状态会反复出现，如迷恋、清醒、拖延、遐想、超脱等。人们只有达到这些境界，才能产生更多的创造力。这些心理过程同样也适用于集体创造活动，通过集思广益，其创造效率将更高。

综摄法的英文词头“SYN”表示“共同一起”，所以此法也成了集体创新的一种方法。这种方法的基本观点假设如下：①人人都有创新能力，它并非少数人特有的神秘东西；②人类的创造活动有共同的心理过程，这些心理过程是可以描述的；③在创造活动过程中，非理性的和不自觉的感情因素比理智的理性因素更为重要；④这种心理过程可以通过适当的方法加以训练并被驾驭；⑤集体的创造过程可模仿个人的创造过程。

综摄法主要运用两大操作机制：一是变陌生为熟悉，即对不熟悉的事物用熟悉的事物和知识去分析对待它，此机制主要是让人们能以新的方式观察问题，以便更好地理解它；二是变熟悉为陌生，即对熟悉的事物和知识以不熟悉的态度来观察分析，从而启迪出创造性的设想来，其主要目的是让解决问题者能超脱问题本身，以发现更具创新性的解决办法。

(二)头脑风暴法

头脑风暴法(Brain Storming，BS)的实质就是一种特殊形式的小组会。它规定了技巧，从而形成了一种有益于激励创造力的环境气氛，使与会者能提出自己的各种构想、新主意，并因相互启发、联想，引起创新设想。

使用头脑风暴法的基本要求包括：①参加者6～12人，最好是有不同的背景，可从不同的角度分析问题的人；②鼓励参加者提出别出心裁的甚至是极端的想法；③鼓励修改、补充并结合他人的想法，形成新建议；④严禁对他人的想法提出批评；⑤数量也是一个追求的目标，提议多多益善。

与会者要特别关注以下六个方面。①新产品或服务；②新材料的应用；③新的市场细分与应用；④以新的方式发挥一种竞争优势；⑤新奇的促销技术；⑥确认新的选址机会。

这种方法着重指出，一个参加者所表达的想法，即使是想入非非，却有可能使另一个与会者受到启发，而提出使它变得可行的建议。那些异想天开的想法之所以有用，是因为它们开拓了新的领域。

五、创新实践

创新是企业家的特殊手段。靠这种手段，他们才能把变化作为开创新事业的机会加以利用和开发。

作为一个企业家，需要有目的地寻找创新源泉，捕捉变化，抓住一切可以使创新成功的机会。因此，需要懂得如何创新才能取得成功的原理，并把这些原理应用于实践。

任务深层思考

通过学习，要求知道什么是管理创新，并学会分析浙商的管理之道和创新实践方法。

项目小结

亲爱的同学，你已经完成了项目十的学习内容。结合对前面各项目的认识和学习，相信你对企业家精神和浙商的管理之道有了较好的认识和理解。本项目的重点在于通过分析企业家和企业家精神、浙商的管理之道，使同学们能真正体会浙商管理之道的精髓。

下面请进入“能力自测”部分，通过对项目十内容的学习，能及时将其转化为应用知识。

能力自测

1. 你是如何理解企业家与企业家精神的？
2. 你是否同意“企业家精神是一种管理的形式”这一说法？
3. 什么是创新？它与发明、创造有何区别？
4. 一些有创意的新产品投放市场后有的大获成功，有的则不然，试分析原因。
5. 比较头脑风暴法和综摄法各自的优点及适用对象。

实训操作

【实训目标】

调研某家浙商企业，了解浙商的管理实践对该企业发展的影响。

【实训内容与要求】

1. 以小组为单位设计一份浙商调查问卷。
2. 小组选择一家企业进行问卷调查。
3. 调查访问结束后，小组整理好调查资料，并撰写调研报告，课堂以小组为单位进行讨论与交流，时间为 2 课时。文字材料整理后上交教师保存。

【实训成果与检测】

1. 教师综合以下评估打分。

(1)小组的问卷设计。

(2)小组收集的相关企业资料。

(3)小组的调研报告和课堂交流心得，要求提交书面材料(1 500 字左右)。

(4)小组课堂口头表述。

(5)小组每位成员实训期间的工作表现。

2. 个人须上交实训心得与体会。

学习笔记

参考文献

[1] 肖余春. 管理学[M]. 3版. 杭州：浙江大学出版社，2013.

[2] 刘兆信，陆家春. 现代企业管理[M]. 2版. 北京：北京交通大学出版社，2013.

[3] 吴拓. 现代企业管理[M]. 3版. 北京：机械工业出版社，2021.

[4] 苏东水. 管理心理学[M]. 6版. 上海：复旦大学出版社，2021.

[5] 文武. 员工激励36计[M]. 北京：当代中国出版社，2003.

[6] 李爱梅，肖胜. 员工激励与企业创富[M]. 北京：中国纺织出版社，2010.

[7] 徐成德，陈达. 员工激励手册[M]. 北京：中信出版社，2001.

[8] 曾仕强，刘君政. 领导与激励[M]. 北京：清华大学出版社，2004.

[9] 何天静，许宏. 把人当"人"看[M]. 广州：广东人民出版社，1998.

[10] 陈西. 做一个善于激励的人[M]. 北京：中华工商联合出版社，2007.

[11] 陈亭楠. 现代企业文化[M]. 北京：企业管理出版社，2003.

[12] 罗长海，林坚. 企业文化要义[M]. 北京：清华大学出版社，2003.

[13] 张德. 企业文化建设[M]. 3版. 北京：清华大学出版社，2015.

[14] 李海，郭必恒，李博. 中国企业文化建设传承与创新[M]. 北京：企业管理出版社，2005.

[15] 李长江. 中小企业文化管理之道[M]. 北京：中国经济出版社，2009.

[16] 甘会斌. 儒家文化语境下的中国企业文化变革[J]. 重庆大学学报(社会科学版)，2004(6)：43—45.

[17] 李长江. 我国企业文化管理的困惑、误区及发展路径[J]. 经济社会体制比较，2008(6)：172—175.

[18] 陈福军. 生产与运作管理[M]. 4版. 北京：中国人民大学出版社，2017.

[19] 徐兆祥，马仕华. 生产与运作管理[M]. 5版. 北京：高等教育出版社，2021.

[20] 王自勤. 现代物流管理[M]. 3版. 北京：电子工业出版社，2018.

[21] 刘丽文. 生产与运作管理[M]. 5版. 北京：清华大学出版社，2016.

[22] 顾平. 现代质量管理学[M]. 北京：科学出版社，2004.

[23] 董文尧. 质量管理学[M]. 2版. 北京：清华大学出版社，2010.

[24] 吴健安，钟育赣. 市场营销学[M]. 6版. 北京：清华大学出版社，2018.

[25] [美]菲利普·科特勒，加里·阿姆斯特朗. 市场营销：原理与实践[M]. 17版. 楼尊，译. 北京：中国人民大学出版社，2020.

[26] 孟韬. 营销策划：方法、技巧与文案[M]. 4版. 北京：机械工业出版社，2021.

[27] 王自勤. 物流管理概论[M]. 杭州：浙江大学出版社，2004.

[28] 张涛. 公司财务学基础[M]. 北京：经济科学出版社，2004.
[29] 仲岩，王宏伟. 公司理财[M]. 北京：高等教育出版社，2009.
[30] 尹隆森，孙宗虎. 管理流程设计实务[M]. 北京：人民邮电出版社，2005.
[31] 李习彬. 规范化管理：管理系统运行设计方法论[M]. 北京：中国经济出版社，2005.
[32] 汪中求. 细节决定成败[M]. 2版. 北京：新华出版社，2005.
[33] 汪中求，吴宏彪，刘兴旺. 精细化管理[M]. 北京：新华出版社，2005.
[34] 王璞，曹叠峰. 流程再造[M]. 北京：中信出版社，2005.
[35] 王振. 浙商的268条生意经[M]. 北京：石油工业出版社，2009.